일러두기
이 책에 등장하는 주요 회사명, 자동차 모델명, 인명 등은
국립국어원의 규범 표기를 따르지 않고
해당 회사의 국내 지사에서 사용하는 우리말 표기나
자동차 업계에서 통용되는 표기를 따릅니다.

LAMBORGHINI

람보르기니 60년

60 YEARS

스튜어트 코들링 지음 | 엄성수 옮김 | 제임스 만 사진 | 발렌티노 발보니 서문

람보르기니가 어때야 하는지 늘 알고 있었던 밥 월리스와 발렌티노 발보니에게.

-스튜어트 코들링

자동차를 향한 사랑을 물려주신 아버지, 데이비드 만을 기억하며.

-제임스 만

서문

발렌티노 발보니
람보르기니 前 수석 테스트 드라이버

1968년 4월 21일, 정비 학교를 마친 나는 아우토모빌리 람보르기니Automobili Lamborghini에 입사했다. 이곳에서 정비 견습생으로 일을 시작해, 선임 정비공을 보조하면서 자동차를 수리하고 관리하는 법을 배웠다.

나는 평생을 아우토모빌리 람보르기니에서 보냈다. 일과 열정이 본능적으로, 동시에 완벽하게 어우러진 시간이자 경외를 담아 헌신한 시간이었다.

다행히도 운이 좋아서 적절한 때에 이곳에 있었다고 해야겠다. 회사는 하루가 다르게 성장 중이었다. 창업자 페루치오 람보르기니Ferruccio Lamborghini는 종종 우리와 함께 시간을 보냈는데, 뛰어난 능력으로 구성원 모두에게 동기를 부여하고 격려하며 우리 모두가 회사의 중요한 일원이라는 마음을 심어주었다.

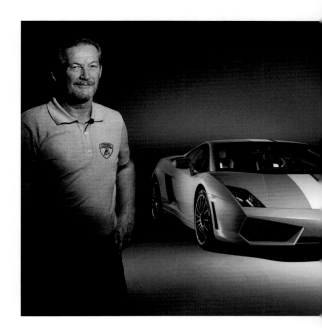

당시 페루치오는 대학을 갓 졸업한 젊은 엔지니어들을 채용했다. 청년들이 서로 협력하면서도 비범한 무언가를 개발하는 주인공이 되고 싶은 야망을 품었음을 그는 잘 알았다. 실제로 그 시절 고성능 스포츠카 세계의 진취적인 분위기는 젊은 인력의 주도로 이루어졌으니, 결국 페루치오가 옳았던 셈이다!

페루치오는 늘 경쟁사보다 나은 성능의 자동차를 내놓고 싶어 했다. 첫 양산 모델로 성공을 거두면서 그는 독보적인 스포츠카는 어떠해야 하는가에 대한 새로운 비전을 제시했다. 동시에 세상을 향해 자신이 어떤 성격과 기질을 지녔는지 뚜렷하게 보여주었다.

나는 늘 우리의 오랜 경쟁자들과 업계 관련자들에게 합당한 존경심과 고마움을 품고 살았다. 그러나 한편으로 우리 아우토모빌리 람보르기니가 창업자와 람보르기니 소유주들을 차별화하는 독보적인 이미지를 쌓으며 통념을 깨고 나아가는 선두에 서길 바랐다.

그 과정에서 나온 미우라Miura는 분명 스포츠카 세계의 새로운 시대를 열어젖힌 모델이었다. 덕분에 아우토모빌리 람보르기니는 전 세계에서 널리 인정받는 자동차 제조사가 되었다.

쿤타치Countach는 어떤가. 공격적이고 위협적인 쿤타치의 디자인은 지금 봐도 아주 독특하다. 열린 마음에 더해, 현대적인 스포츠카는 유려하면서도 편안해야 한다는 생각에 끊임없이 이의를 제기하는 람보르기니 정신을 대변하는 모델이다.

물론 미우라와 쿤타치는 람보르기니의 역사를 규정짓는 많은 모델 가운데 일부에 지나지 않는다. 람보르기니의 모든 전통과 열정은 현재 산타가타 볼로냐의 람보르기니 공장에서 생산되는 예술 작품 속에 고스란히 녹아 있다. 앞으로도 그 뿌리 깊은 전통과 열정은 람보르기니 애호가와 소유주에게 영원히 큰 기쁨을 안겨줄 거라 확신한다. 오직 람보르기니만 할 수 있는, 우리만의 독창성도 언제나 함께하며.

부디 즐겁게 읽어주시길!

Valentino Balboni

시작하며

황소의 탄생

페루치오 람보르기니는 제2차 세계대전 이후
트랙터를 제조해 부와 명성을 쌓았다.
아울러 공압 밸브와 난방 장치 제조를 통해서도
큰 수익을 거두었다.

엔초 페라리Enzo Ferrari와 페루치오 람보르기니Ferruccio Lamborghini가 감정 섞인 언쟁을
벌이고 나서 람보르기니가 자신의 자동차 제조사를 세웠다는 이야기가 있는데, 설사 그 말이
사실이라고 해도 언쟁에서 정확히 어떤 말이 오갔는지는 알 길이 없다. 다만, 실제 벌어진 일
이든 꾸며낸 이야기이든 워낙 그럴듯한 '설'이어서 60년 넘게, 그리고 회사 소유권이 다섯 차
례나 바뀐 지금까지도 이 이야기가 아우토모빌리 람보르기니의 창업 비화로 회자되곤 한다.

페루치오 람보르기니는 보잘것없는 집안 출신이었지만, 1960년대 초 자동차 업계에 뛰어
들기로 마음먹었을 때 이미 트랙터 제조, 난방 장치 공급, 공압 밸브 제조 등 다양한 사업으로
큰 성공을 거둔 기업가였다. 당시는 고성능 고급 자동차 제조사 창업 붐이 일던 시기였다. 따
라서 그가 페라리의 애프터 서비스 방식에 환멸을 느끼지 않았다고 하더라도 자신의 자동차
브랜드를 만들기로 한 건 필연에 가까웠다.

브랜드에 신비감을 부여하는 데는 '신화'가 필수 요소다. 많은 사람이 60년 넘는 세월 동안
꾸준히 황소 엠블럼을 부착한 람보르기니 자동차를 구입하고 간직하는 것도 신화 덕분이다.
아주 비현실적이며 종종 변덕스럽기도 한 짐승 같은 차임에도 불구하고.

이제 페루치오 람보르기니의 이야기를 들어보자. 1991년 자동차 전문지《Thoroughbred & Classic Cars*》와의 인터뷰에서 그가 남긴 말이다.

첫 페라리 자동차를 사고 나서 알파 로메오Alfa Romeo와 란치아Lancia, 메르세데스Mercedes, 마세라티Maserati, 재규어Jaguar 등 제 나머지 자동차 여섯 대는 차고에서 잠자는 신세가 됐습니다. 1958년, 처음으로 페라리 본사가 자리한 마라넬로에 가서 피닌파리나Pininfarina가 디자인한 2인승 250GT 쿠페 모델을 샀죠. 이후 스카글리에티Scaglietti가 디자인한 숏-휠베이스* 자동차인 250GT 베를리네타 모델을 한 대 샀어요. 아니, 아마 두 대였을 겁니다. 그 모델을 정말 좋아했죠. 시대를 앞서간 자동차로, 완벽한 균형미에다 엔진도 아주 강력했습니다. 마지막으로 피닌파리나가 디자인한 4인승 자동차 250GT 2+2를 구입했습니다. 역시 엔진이 아주 강력했고 잘 나갔죠.
　　그런데 저의 페라리는 전부 클러치에 문제가 있었습니다. 평상시 몰고 다닐 때는 괜찮다가도 고속도로에서 액셀러레이터를 밟을 때면 클러치가 미끄러졌습니다. 제 기능을 못한 거죠. 저는 수시로 페라리 마라넬로 공장을 찾아가 클러치를 수리하거나 교체했는데, 그때마다 몇 시간 동안 차를 어딘가로 끌고 가서 수리하는 장면을 못 보게 했습니다. 클러치 문제가 도무지 해결되지 않아서 결국 엔초 페라리를 만나기로 했죠. 정말 오랜 시간이 걸려서 만났습니다. "페라리, 당신 자동차들은 쓰레기예요!" 저는 불만을 터뜨렸습니다. 그러자 '일 코멘다토레*'가 불같이 화를 내며 말하더군요. "람보르기니, 자네는 트랙터는 잘 모는지 모르겠지만, 페라리는 절대 제대로 다루지 못할걸." 그래서 제가 완벽한 자동차를 만들기로 결심했습니다.

페루치오 람보르기니는 1916년 4월 28일, 레나차 디 센토의 농촌 마을에서 5남매 중 막내로 태어났다. 점성술을 잘 아는 독자라면 그날이 강인하고 단호한 성격이라고 여겨지는 사람들의 별자리인 타우루스, 즉 황소자리의 날임을 알 것이다. 십대가 된 페루치오는 농지를 가는 일보다 농지를 가는 데 쓰이는 기계의 메커니즘에 관심을 보였다. 정식 기록으로 남은 건 아니지만, 그가 엔지니어링을 공부하기 위해 기술 대학(볼로냐의 프라텔리 타디아Fratelli Taddia 일 가능성이 높다)에 들어갔다는 말도 전해온다.
　　1940년, 스물네 살이 되던 해에 페루치오는 영장을 받고 이탈리아 공군에 입대해 에게해의 로도스섬 공군 기지에서 지상 근무를 하며 정비 일을 시작한다. 1943년 7월, 베니토 무솔리니Benito Mussolini의 몰락 이후 이탈리아가 연합군에 항복하자, 군사 비행장을 세 개나 갖고 있던 전략 요충지 로도스섬은 주요 군사 기지이면서 동시에 중요한 공격 목표가 되었다. 같은 해 9월, 로도스섬은 도데카니사 전투 중 연합군과 독일 양쪽으로부터 공격을 받아 처음에는 독일 품에 들어갔으나, 1945년 독일이 항복하자 영국에 복속된다. 그 바람에 페루치오 역시 수개월간 영국 정부의 포로 신세가 되었다.

소유권이 여러 차례 바뀌었지만, 람보르기니 자동차는 산타가타 볼로냐 한 곳에서 계속 제작된다. 람보르기니는 규모를 확장할 여유 공간이 많다는 점, 지방 정부로부터 많은 혜택을 받을 수 있다는 점을 이곳의 장점으로 꼽는다.

페루치오 람보르기니는 피폐해진 조국으로 돌아왔다. 자동차 공장과 기타 엔지니어링 시설은 모두 군수품 제조 시설로 전용되었고, 해체하거나 녹인 기계는 전부 군수물자의 재료로 써버려 이탈리아 전역이 굶주림과 경기 침체로 신음하고 있었다. 그러나 위기는 동시에 새로운 기회이기도 했다. 전쟁에 쓰인 많은 기계가 무용지물이 되면서 새로운 용도로 개조해야 했고, 낡아빠진 농기구도 수리나 교체가 필요했다. 페루치오는 낡은 농가 차량을 유지보수하고 쓸모없어진 군수품은 사다가 새로운 제품으로 만들어 되파는 소규모 사업을 시작했다. 그리고 더 이상 쓸데없는 군용차는 엔진을 비롯해 차량 전체를 완전히 새로 제작할 요량으로 람보르기니 트랙토리Lamborghini Tractori SpA를 설립했다.

페루치오는 고객들을 위해 각종 로드카와 배기량 569cc짜리 소형 피아트 토폴리노Fiat Topolino 모델을 수리하기도 했다. 또 보어×스트로크 750cc짜리 자동차를 끌고 1948년 밀레 밀리아Mille Miglia 로드 레이스*에도 출전했으나 완주하지는 못했다. "밀레 밀리아 로드 레이스는 술집에서 끝났답니다. 내가 어느 술집 벽을 뚫고 들어갔거든요."

1950년대 내내 람보르기니 트랙토리는 이탈리아의 대규모 트랙터 제조사 가운데 하나로 많은 돈을 벌었다. 그러나 페루치오는 만족하지 않았다. 1960년, 그는 기업 및 가정용 난방 장치를 만드는 람보르기니 브루치아토리Lamborghini Bruciatori SpA를 설립했다. 이후 10년 내, 아우토모빌리 페루치오 람보르기니Automobili Ferruccio Lamborghini SpA를 설립하고, 이어서 공압 밸브를 만드는 수익성 좋은 회사 람보르기니 올레오디나미카Lamborghini Oleodynamica SpA를 설립한다.

자신이 직접 남긴 창업 비화에 따르면, 페루치오는 엔초 페라리와 언쟁을 벌인 뒤에 마음에 들지 않는 자신의 페라리 자동차 클러치를 직접 손봤다고 한다. 다시 자동차 전문지 《Thoroughbred & Classic Cars》와의 인터뷰.

먼저 보그 & 벡Borg & Beck에서 큰 클러치를 사서 트랙터 공장 작업장에서 교체했습니다. 그리고 페라리의 실린더 헤드를 뺐는데, 싱글 오버헤드 캠샤프트*와 로커 열두 개만 다루면 되었기에 비교적 쉬웠죠. 그다음은 우리가 직접 설계한 트윈 캠샤프트가 달린 실린더 헤드로 교체하고, 페라리 250GT 모델에 다시 엔진을 집어넣어 2년 후 나온 페라리 350GT 모델처럼 수평으로 장착된 여섯 개 카뷰레터에 끼워서 맞췄습니다. 그것만으로도 아주 훌륭한 자동차가 되더군요.

저는 여러 차례 모데나 근처 고속도로 입구에서 Prova MO* 번호판을 단 페라리 마라넬로 공장의 테스트 드라이버를 기다렸습니다. 우리는 시속 230에서 240km로 달렸고, 얼마 지나지 않아 테스트 드라이버들을 따돌릴 수 있었죠. 포-캠 개조 덕분에 제 페라리는 그들의 자동차보다 최소 시속 25km는 빨랐거든요. 나중에는 도리어 그쪽에서 저에게 묻더군요. "이봐요, 람보르기니, 대체 차에 뭔 짓을 한 거요?" 저는 씩 웃으며 이렇게 대답하곤 했죠. "글쎄요, 잘 모르겠는데요."

성공한 기업가였던 페루치오 람보르기니가 단순히 무시당한 일을 앙갚음하려고 고성능 자동차 제조처럼 위험 부담이 큰 사업에 뛰어들었을 리는 없다. 당시 고성능 자동차 제조 분야는 제대로만 한다면 돈을 벌 여지가 많았다. 그가 1964년 잡지 《스포팅 모토리스트Sporting Motorist》와의 인터뷰에서 언뜻 내비쳤듯이 고성능 자동차 시장에는 어떤 빈틈이 있었다. "과거에 저는 가장 비싼 고성능 자동차를 구입했는데, 그 멋진 차마다 늘 문제가 있었습니다. 어떤 차는 덥고, 어떤 차는 불편하고, 어떤 차는 빠르지 못했죠. 아니면 마무리가 완벽하지 않거나. 그래서 제가 직접 흠 없는 고성능 자동차를 만들려고 합니다. 기술적 문제가 많은 폭탄 같은 자동차 말고요. 아주 정상적이면서도 완벽한 자동차 말입니다."

이 말은 1962년 자동차 회사 설립에 필요한 서류를 제출할 때, 그리고 새로운 공장을 짓기 위해 여러 금융 기관과 지방 정부 관계자들과 협상을 벌일 때 제시한 창업 목표이기도 했다. 회사 설립에 필요한 여러 절차를 마무리한 뒤, 페루치오는 시제품 개발을 이끌어갈 파올로 스탄자니Paolo Stanzani, 지오토 비자리니Giotto Bizzarrini, 잔 파올로 달라라Gian Paolo Dallara 등 젊고 재능 있는 엔지니어를 자신의 트랙터 공장에 끌어모았다. 그의 다른 회사들이 모여 있는 산타가타 볼로냐 지역에 새로운 공장을 짓기로 한 것 역시 관리 측면에서 타당한 결정이었다. 더욱이 그곳은 빈곤한 지역이어서 공산당 지배를 받던 지방 정부로부터 공장 건축 허가도 쉽게 받았다. 비록 기술 인력이 부족해 일부 작업은 외주를 맡겨야 했지만, 인건비가 저렴하다는 장점도 무시할 수 없었다. 개인의 재정 상태가 고스란히 드러난다는 문제가 있었지만, 이 역시 공장 직원들을 판금 노조 조합원 중에 채용한다는 조건으로 지방 정부로부터 장기 저리로 대출을 받음으로써 해결할 수 있었다. 이러한 직원 채용 조건이 몇 년 후 페루치오의 발목을 잡고 말았지만 말이다.

람보르기니 측은 시제품 보디 디자인 작업을 프랑코 스카글리오네Franco Scaglione에게 의뢰했다. 스카글리오네는 토리노에서 작업을 진행했다. 훗날 이 보디 디자인 작업은 보디 제작업체 카로체리아 투어링Carrozzeria Touring으로 넘어가 양산차 350GT 모델의 토대가 된다. 엔지니어 지오토 비자리니에 따르면, 그가 페루치오에게 자신이 디자인한 배기량 1.5리터짜리 쿼드-캠 12기통 포뮬러 원* 엔진을 보여주었는데, 배기량을 더 키워 페라리의 경쟁 모델보다 더 강력한 엔진을 만들어달라는 요청을 받았다고 한다. 하지만 이후 비자리니는 애초의 계획과 달리 너무 강력한 경주용 레이스카 엔진을 만들었고, 그 결과 페루치오와 결별하고 만다. 이와 관련해서는 엔지니어 잔 파올로 달라라를 비롯한 다른 사람들 이야기도 들어보아야 할 듯하다. 그들에 따르면 당시 페루치오는 빠른 로드카 엔진을 만들지, 아니면 또 다른 경주용 레이스카 엔진을 만들지 결정하지 못한 상태였다고 한다.

자동차 전문 저널리스트 L.J.K. 세트라이트L.J.K. Setright만큼이나 해박하기로 이름난 어느 전문가에 따르면 지오토 비자리니의 엔진은 제작된 적이 없다. 람보르기니의 12기통 엔진은 혼다Honda 자동차가 비밀리에 제작했다는 것이다. 해당 전문가는 1986년 자동차 전문지 《슈퍼카 클래식스Supercar Classics》에 실은 기사에서 이렇게 주장했다.

> 믿을 만한 소식통에 따르자면, 오리지널 엔진은 페루치오의 의뢰에 따라 비자리니가 자신이 만든 배기량 1.5리터짜리 그랑프리Grand Prix 레이스카 엔진 디자인을 토대로 만들었습니다. 하지만 (내 기억이 정확하다면) 그 엔진은 실패작이었고, 이후 달라라가 수정 내지 다운그레이드했죠. 물론 저는 젊은 달라라의 작품에 마음 깊이 경의를 표합니다. 그럼에도 솔직히 말하자면 이전이나 지금이나 두 엔지니어의 엔진에서 눈에 띌 만큼 좋은 점은 보지 못했습니다. 오히려 저는 1975년에 품었던 저의 생각을 더더욱 믿게 되었습니다. 페루치오가 비밀리에 혼다 측에 디자인 작업을 의뢰했다는 얘기 말이죠. 최초의 람보르기니 모델이 처음으로 세상에 모습을 드러내기 전 10년간 나온 다른 엔진들, 특히 12기통 엔진 가운데 혼다를 능가할 엔진은 없었습니다. 이후 수년간에도 마찬가지였고요. 세계 최고의 엔진에 속했던 람보르기니 엔진을 세계 최고의 엔진 제조사가 아니면 대체 누가 제조했겠습니까?

혼다가 1965년 배기량 1.5리터짜리 12기통 엔진이 장착된 자동차로 포뮬러 원에 참가했다는 건 잘 알려진 사실이다. 그 엔진은 유입관이 V자 안이 아닌 캠샤프트 사이에 위치하는 등 몇 가지 특이한 공통점이 있었다. 그러나 그의 주장은 다소 억지스럽고 익명의 출처와 희망 사항에 근거를 둔 듯하다. L.J.K. 세트라이트처럼 공공연한 혼다 예찬자라면 얼마든지 내세울 수 있는 주장이었다. 오랜 세월 람보르기니의 테스트 드라이버였던 밥 월리스Bob Wallace는 그런 주장이 다 '헛소리'라고 일축한다.

3.5리터짜리 올-알루미늄 12기통 엔진은 당시로서는 발전된 엔진이었다. 각 실린더 뱅크마다 더블 오버헤드 캠이 있었고, 듀플렉스 롤러 체인으로 동력이 전달되었으며, 버킷 타입의 종동 캠inverted cam으로 작동했다. 웨트-라인드 블록wet-lined block*은 전통적인 60도 각도로 V자 모양이었고, 세븐-베어링 크랭크샤프트와 반구형 연소실을 갖고 있었다. 현존하는 엔지니어링 설계도를 보면 윗부분이 납작한 피스톤을 고려했지만, 실제의 피스톤 크라운*은 분명 돔 모양을 하고 있었다.

당시 지오토 비자리니는 드라이 섬프 윤활 방식과 여섯 개의 웨버 다운드래프트 카뷰레터를 명시했으며, 약 360 제동마력의 출력을 제시했다. 1963년, 토리노 모터쇼에서 공개된 엔진도 그런 형태가 될 예정이었다. 그러나 그 무렵 비자리니가 프로젝트에서 손을 떼면서, 대신 달라라가 12기통 엔진을 가지고 웨트 섬프 윤활 방식과 수평 카뷰레터를 쓰는 등 재작업을 했다. 그는 350GT 모델 시제품의 특성에 맞춰 최대 출력을 좀 더 낮추는 작업도 병행했다.

1963년 토리노 모터쇼에서는 350GTV 모델 시제품도 공개되었다. 엔진은 장착하지 않았지만, 길고 유연하며 우아할 정도로 심플한 라인을 가진 시제품이었다. 다만 너무 늦게 조립되어 드라이브트레인*이 장착되지 못했고, 엔진은 낮은 후드 밑에 제대로 들어가지도 않았다. 람보르기니는 12기통 엔진을 따로 전시했고, 시제품의 후드는 꼭 닫아둔 채 엔진 격납실 안에 세라믹 타일을 잔뜩 집어넣어 자동차 전면부가 들뜨지 않고 안정된 자세를 취하게 했다. 잠재 고객이 캐빈 안이나 후드 밑을 보고 싶어 하면 페루치오 람보르기니가 근처에 있는 직원

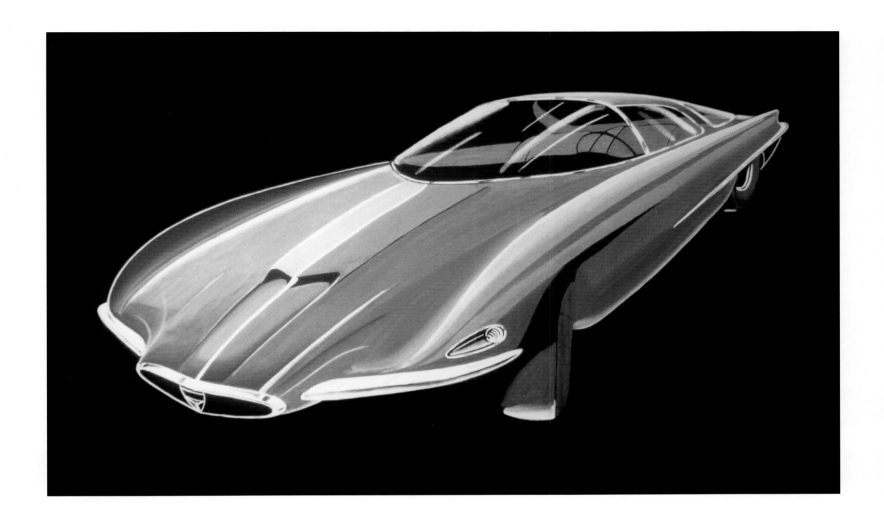

에게 신호를 보내며 이렇게 말했다. "저 바보 보이시죠? 키를 잃어버렸대요." 일부 작가들은 이러한 이야기를 미우라Miura 모델 공개를 앞둔 이벤트로 생각하지만, 그건 틀린 생각이다.

페루치오는 그 자동차에 확신이 없었고, 보디 제작업체 카로체리아 사르지오토Carrozzeria Sargiotto 역시 양산 시설을 확보하지 못한 상태였다. 결국 페루치오는 카로체리아 투어링에 양산차 350GT 모델에 쓸 수 있는 보디로 재디자인을 의뢰했다. 카로체리아 투어링은 1930년대에 수페르레게라★ 보디 제작법 특허를 내는 등 아주 뛰어난 보디 제작업체였으나 판매 부진에 시달리던 영국 루츠 그룹Rootes Group의 자동차를 제작했다가 곤궁한 시기를 보내는 중이었다. 카로체리아 투어링이 법정 관리에 들어가 있을 때, 람보르기니 350GT 모델은 1964년 제네바 모터쇼에서 성공적으로 선을 보이고 곧바로 시판에 들어갔다.

350GT 모델에서는 시제품에 있었던 팝업 스타일의 헤드라이트가 없어졌다. 스페이스-프레임★ 방식의 강철 섀시와 알루미늄 보디 패널도 훨씬 개선됐다. 그러나 이 차는 1964년에 단 13대만 제작되었다. 페루치오는 보다 작은 엔진을 장착한 모델을 내놓기로 하고, 달라라에게 12기통 엔진의 배기량을 4리터로 늘려달라고 요청했다. 아울러 테스트 드라이버 밥 월리스를 영입해 여전히 미흡했던 공기역학을 개선하는 데 박차를 가했다. 당시 람보르기니는 350GT 모델을 손해 보며 팔고 있었기에 페루치오는 페라리 275 모델 같은 자동차와 경쟁할 수 있는 더 크고 더 강력한 모델을 내놓아야 했다.

카로체리아 투어링은 법정 관리를 받는 상황임에도 불구하고 보다 긴 섀시에 강철 보디 패널을 채택한 배기량 4리터짜리 400GT 모델 보디 제작을 맡았다. 여기에 350GT 모델의 컨버터블 버전도 두 가지로 제작했다. 1965년 카로체리아 자가토Carrozzeria Zagato는 400GT 모

프랑코 스카글리오네의 람보르기니 350GT 오리지널 스케치는 매우 드라마틱한 디자인이 돋보였다. 그러나 페루치오 람보르기니에게는 오리지널 스케치보다 부드러워진 시제품조차 실용적인 자동차로 보이지 않았다.

1965년부터 350GT 모델에는 배기량이 큰 3929cc짜리 엔진이 장착되어 400GT 모델로 판매됐다. 그러나 보디 제작업체 카로체리아 투어링의 자금난 때문에 23대밖에 제작되지 못했다.

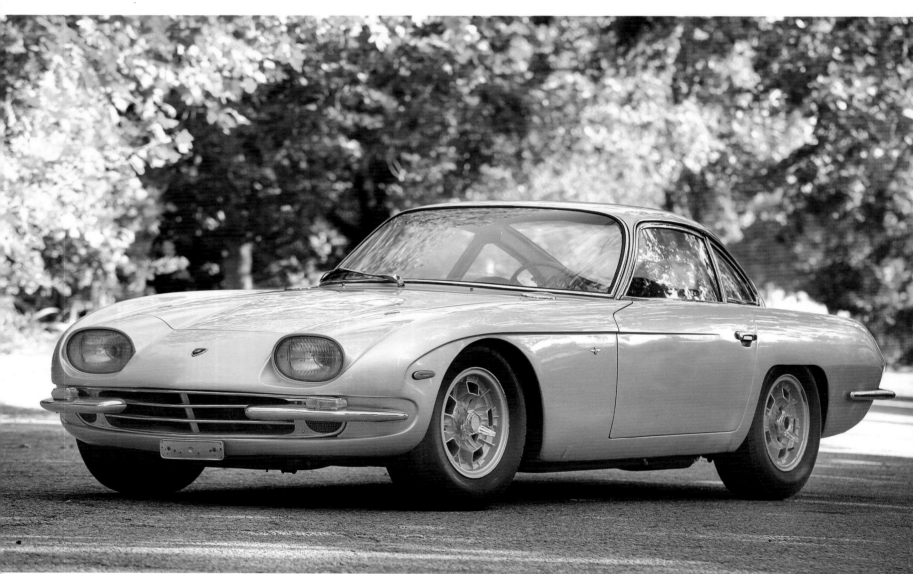

350GT

섀시	강철 튜브 프레임
서스펜션	독립 더블 위시본 프론트/리어, 코일 스프링, 텔레스코픽 쇼크 업소버, 안티-롤 바
브레이크	비통풍형 걸링 디스크
휠베이스	2550mm
프론트/리어 트랙	1380mm/1380mm
휠/타이어	15×6.5인치, 피렐리 신투라토 205/15
엔진	60도 각도의 전방 세로 장착형 12기통 엔진
보어/스트로크	77mm/62mm
엔진 배기량	**3464cc**
엔진 압축비	**9.5:1**
최대 출력	**6500rpm에서 275 제동마력**
밸브 장치	듀얼 오버헤드 캠샤프트, 체인 구동, 실린더 당 밸브 2개
연료/점화 장치	웨버 카뷰레터 6개, 벤딕스 펌프, 코일 및 배분기 2개
윤활 시스템	웨트 섬프
기어박스	ZF 5단
변속기	후륜구동
클러치	드라이 싱글-플레이트, 유압식
건조 중량	**1297kg**
최고 속도	시속 약 249km

400GT

섀시	강철 튜브 프레임
서스펜션	독립 더블 위시본 프론트/리어, 코일 스프링, 텔레스코픽 쇼크 업소버, 안티-롤 바
브레이크	비통풍형 걸링 디스크
휠베이스	2550mm
프론트/리어 트랙	1380mm/1380mm
휠/타이어	15×6.5인치, 피렐리 신투라토 205/15
엔진	60도 각도의 전방 세로 장착형 12기통 엔진
보어/스트로크	77mm/62mm
엔진 배기량	**3929cc**
엔진 압축비	**10.2:1**
최대 출력	**6500rpm에서 320 제동마력**
밸브 장치	듀얼 오버헤드 캠샤프트, 체인 구동, 실린더 당 밸브 2개
연료/점화 장치	웨버 카뷰레터 6개, 벤딕스 펌프, 코일 및 배분기 2개
윤활 시스템	웨트 섬프
기어박스	ZF 5단
변속기	후륜구동
클러치	드라이 싱글-플레이트, 유압식
건조 중량	**1380kg**
최고 속도	시속 약 249km

델의 주행 장치를 토대 삼아 자동차 두 대를 디자인했다. 페루치오 람보르기니는 자가토가 디자인한 자동차 외관이 마음에 들었지만, 400GT 모델을 람보르기니의 주력 모델로 삼기로 결정했다. 1966년에는 실내 바닥을 개조해 조그만 뒷좌석 두 개를 추가하고, 오리지널 ZF 주행 장치 대신 람보르기니 기어박스 및 디퍼렌셜*을 장착한 400GT 최종 모델이 나왔다.

그러나 람보르기니의 관심은 좀 더 특별한 모델 쪽으로 향하고 있었다. 그때까지 350GT 모델 총 120대 외에 400GT 모델 23대와 400GT 2+2 모델 224대가 제작됐으며, 람보르기니에 열광한 팬들은 이 잘 만든 그랜드 투어링카*에 큰 관심을 보였다. 그러나 그 모델들 모두 람보르기니가 곧 선보일 새로운 모델 미우라에 비하면 역부족이었다.

12기통 엔진 시제품은 지오토 비자리니(사진 왼쪽. 페루치오 람보르기니, 잔 파올로 달라라와 함께)가 설계했다. 하지만 엔진을 도로 주행용으로 만든 이는 달라라이다.

오른쪽 페루치오 람보르기니는 1970년대 초에 회사를 매각했지만, 지금까지도 아우토모빌리 람보르기니 역사에 핵심 인물이다. 람보르기니 박물관에서도 가장 중요한 자리를 점하고 있음은 물론이다.

지오토 비자리니

전설적인 엔지니어 지오토 비자리니는 이탈리아에서 가장 위대한 자동차 엔진 제조업체로 손꼽히는 소시에타 아우토스타르Societa Autostar의 창업자로 명성을 날렸다. 1926년에 태어나 피사대학교에서 기계 공학을 전공한 그는 고용주들과 다소 복잡하고 격한 상황에 놓이기도 했다. 그럼에도 자기 이름을 건 한정판 자동차를 제조하고, 많은 사랑을 받은 레이스카를 탄생시켰기에 명성에는 타격이 없었다.

비자리니는 구태를 견디지 못하는 성격이라 한 프로젝트에 길게 머물지 못했다. 1950년대 중반, 이탈리아의 유서 깊은 자동차 제조업체 알파 로메오에 잠시 몸담았던 그는 1957년 테스트 드라이버 겸 엔지니어로 페라리에 합류해 섀시 개발은 물론 엔진 연구에 관여했다. 페라리 마라넬로 공장에서 나온 자동차 가운데 그가 제작에 참여한 자동차로는 전설적인 숏-휠베이스 모델 250GT와 250GTO를 꼽을 수 있다.

1961년 비자리니는 다른 직원들과 함께 페라리를 떠나 볼피 디 미수라타Volpi di Misurata 백작이 자금을 댄 레이스카 제조업체 ATS 설립에 참여한다. 안타깝게도 ATS는 단명하고 마는데, 프로젝트가 성과를 거두지 못하자 자동차 제작에 흥미를 잃은 볼피 백작 때문이었다.

바로 이때 람보르기니로부터 프로젝트 제안이 들어온다. 비자리니가 자신의 엔진 제조업체 소시에타 아우토스타르를 설립하고 처음으로 맡은 프로젝트이다. 비록 사람마다 이야기가 다르지만, 비자리니 본인에 따르면 페루치오에게 자신이 설계한 배기량 1.5리터짜리 포-캠 12기통 포뮬러 원 엔진 디자인을 보여주었고, 다시 배기량 3리터짜리 페라리 엔진 정도로 큰 엔진을 만들어달라는 의뢰를 받았다고 한다. 비자리니는 페루치오가 목표 출력을 뛰어넘는 엔진을 만들면 주겠다고 약속한 보너스를 지급하지 않아서 그를 상대로 소송을 제기했다는 이야기도 했다. 그래서였을까. 두 사람의 인연은 금방 끝났다. 비자리니는 당시 엔진의 스케치 작업부터 시제품 제조까지 4개월 걸렸다고 말한다.

이후 그는 이탈리아 자동차 제조사 이소 리볼타Iso Rivolta와 함께 리볼타Rivolta 모델과 그리포Grifo 모델 제작에 참여한다. 1966년, 비자리니는 피에로 리볼타Piero Rivolta와의 의견 차이로 또 법적 소송을 치렀고, 자신의 이름으로 그리포 모델을 개발할 권리를 확보한다. 그렇게 해서 나온 비자리니 5300 스트라다Bizzarrini 5300 Strada는 단 110대만 제작되었고, 지금까지도 많은 자동차 애호가가 탐내는 귀한 모델로 자리 잡았다.

자신의 회사 소시에타 아우토스타르는 결국 파산했지만, 비자리니는 프리랜서 신분과 대학을 오가며 자신의 이름으로 소수의 콘셉트카를 만들었다.

파올로 스탄자니

1938년 이탈리아 북부 도시 볼로냐에서 태어난 파올로 스탄자니는 잔 파올로 달라라보다 약간 늦게 람보르기니에 합류했다. 트럭 운전사 아버지 밑에서 자란 그는 노동자 집안 출신답게 재정 문제를 비롯한 모든 분야에서 신중하면서도 현실적이었다. 볼로냐대학교에서 엔지니어링을 공부한 후 1963년 페루치오의 소개로 달라라의 조수로 입사한다.

5년 후, 그는 달라라에게 수석 엔지니어 자리를 물려받아 우라코Urraco 모델을 개발하고, 미우라 모델을 최종 SV 버전으로 바꾸는 작업을 진두지휘했다. 엔진과 기어박스의 배열을 혁신적으로 뒤바꾸며 쿤타치 모델을 제작하는 데도 핵심 역할을 한 그는 1975년 람보르기니를 떠났다. 인생 후반에는 프랑스 자동차 제조사 부가티Bugatti의 수석 엔지니어가 되어 마르첼로 간디니Marcello Gandini가 디자인한 EB110 슈퍼카 제작을 진두지휘했다.

스탄자니가 람보르기니를 떠난 이유는 1967년 초반부터 페루치오가 전권을 그에게 넘기고, 아우토모빌리 람보르기니의 경영에서 서서히 발을 빼기 시작했기 때문이라는 설이 있지만 확실진 않다. 다만 풍전등화의 위기였던 람보르기니가 1970년대 초에 도산하지 않았던 데는 스탄자니의 역할이 절대적이었다.

파올로 스탄자니는 잔 파올로 달라라로부터 기술 책임자 자리를 물려받은 뒤 람보르기니의 미우라 모델 개발에 관여하며 쿤타치 모델의 엔지니어링을 이끌었다.

400GT 2+2 모델은 매력적인 그랜드 투어링카였으나, 람보르기니의 더 멋진 모델에 가려 빛을 보지 못했다.

350GT 모델 시제품은 1963년 토리노 모터쇼에서 지대한 관심을 받았으나, 페루치오 람보르기니는 마음에 들어 하지 않았다.
© Martin Buckley

마르첼로 간디니

자신이 디자인한 마지막 람보르기니 모델이 출시된 지 25년이 지났음에도 불구하고, 피에몬테 지역에서 태어난 자동차 디자인의 대가 마르첼로 간디니는 미우라, 쿤타치, 디아블로Diablo를 비롯한 람보르기니 대표 모델은 물론 우라코, 에스파다Espada 같이 눈에 덜 띄는 모델 덕분에도 영원히 '성난 황소*'와 깊은 인연이 있는 인물로 기억될 것이다.

마르첼로 간디니는 1938년 오케스트라 지휘자의 아들로 태어났는데, 훗날 그가 자리를 물려받은 자동차 디자인 스튜디오 누초 베르토네Nuccio Bertone의 디자인 책임자 조르제토 주지아로Giorgetto Giugiaro 역시 그해에 태어났다.

간디니가 자동차 디자이너로 명성을 날린 건 베르토네에 몸담고 있었을 때였다. 그는 람보르기니를 위해 모험적이면서도 드라마틱한 미우라 모델 디자인을 담당했고, 이어서 란치아의 란치아 스트라토스Lancia Stratos 모델, 람보르기니의 쿤타치 모델, 피아트의 피아트 X10 모델 등 각지고 모난 디자인의 자동차를 만들기 시작했다. 널리 알려지지 않았지만, 시트로엥Citroen BX 모델(로고를 위아래로 두 개 겹친 프랑스 자동차 제조사 시트로엥의 '더블-쉐브론' 로고를 단 마지막 괴짜 모델), BMW 5 시리즈의 1세대 모델, 르노 슈퍼생크Renault Supercinq 모델 같은 유럽 주류 자동차도 그의 디자인이다.

14년간 베르토네에 몸담으면서 간디니는 늘 자신이 저평가됐다고 느꼈다. 그래서 인터뷰 때마다 베르토네에 유감을 표명하곤 했다. 베르토네를 나와서는 프리랜서 디자이너로 활동했으며, 1980년대를 빛낸 뛰어난 탐미주의자 중 한 사람으로 꼽히고 있다. 그의 람보르기니 쿤타치 디자인은 지금까지도 타의 추종을 불허한다. 그는 CAD 단말기가 아닌 제도판을 이용해 디자인했으며, 전성기 이후 대중의 시선에서 벗어나 행복한 삶을 누렸다.

마르첼로 간디니. © Ian Dawson

1장

MIURA

미우라

세 계 최 초 의 미 드 —

엔 진　슈 퍼 카

미우라 모델은 페루치오 람보르기니도 모르는
사이에 개발했다는 이야기가 전설처럼 회자된다.
하지만 프로젝트에 참여한 사람들은 모두
사실이 아니라고 부인한다.

토리노 모터쇼에서 P400이란 글자를 붙인 채 발표된 롤링 섀시*는 어느 모로 보나 나중에 나온 최종 결과물만큼 매혹적이었다. 레이스카를 염두에 두고 제작된 이 롤링 섀시는 강철로 된 센트럴 모노코크* '터브tub*'에 세로로 3개의 박스-섹션을 부착하고, 차체 무게를 줄이기 위해 여기저기 구멍을 냈으며, 양쪽 끝이 바닥과 칸막이벽으로 연결되어 있었고, 비슷한 박스-섹션 때문에 앞쪽과 뒤쪽이 늘어나 엔진과 서스펜션이 들어갈 수 있었다. 비자리니 12기통 엔진은 운전자 뒤쪽, 뒷바퀴보다 약간 앞쪽에 가로로 장착되었고, 변속기와 디퍼렌셜은 이음매 없는 복잡한 주물과 엔진 오일을 공유했다.

일설에 의하면, 페루치오는 롤링 섀시를 공개하며 람보르기니의 엔지니어링 역량을 과시한 데 대해 큰 자부심을 느꼈다고 한다(실제로 성공했다). 1965년, 드 토마소De Tomaso의 발레룬가Vallelunga 모델, ATS의 2500GT 모델, 르네 보네Rene Bonnet의 제트Djet 모델을 제외하고, 미드-엔진*을 장착한 고성능 자동차는 헨리 포드 2세Henry Ford II와 함께 지속적인 트랙 경쟁을 벌이던 엔초 페라리의 페라리 자동차뿐이었다.

람보르기니의 수석 엔지니어였던 잔 파올로 달라라, 밥 월리스, 그리고 파올로 스탄자니에 대한 이야기는 사람마다 다르게 전해온다. 일부가 주장하는 것처럼 완벽한 고성능 자동차를 제작하자는 그들의 고집에 페루치오의 마음이 흔들린 걸까. P400 롤링 섀시는 그런 변화의 신호탄이었는지도 모른다.

달라라, 윌리스, 스탄자니, 이 세 사람은 퇴근 후에도 원래의 섀시 디자인을 놓고 이런저런 연구를 계속했다. 어느 날, 달라라는 개발 예산을 늘려달라는 내용을 담은 제안서를 들고 페루치오를 찾아갔다. 페루치오는 제안서대로 미드-엔진을 장착한 로드카를 만들라고 지시했다. 결국 토리노 모터쇼에서 공개한 롤링 섀시에 찬사가 쏟아지며 주문이 쇄도했고, 새로운 자동차 보디 셸을 제작할 기회를 잡고자 많은 보디 제작업체가 몰려들었다. 그때까지 람보르기니가 가장 선호하던 보디 제작업체인 카로체리아 투어링은 파산 선고를 받고 법정 관리 중이었으므로 페루치오는 다음 해 3월에 열리는 제네바 모터쇼에서 완성차를 공개하기 위해 신차 디자인을 토리노에 있는 베르토네로 넘겼다. 그리고 달라라에게 베르토네의 새로운 디자이너 마르첼로 간디니와 긴밀히 협조해달라는 지시를 내렸다.

오늘날에는 간디니가 미우라의 디자인을 주도했다는 이야기가 정설로 인정받지만, 몇 가지 미묘한 문제는 상존한다. 간디니는 이탈리아 디자인 스튜디오 카로체리아 기아Carrozzeria Ghia로 이직한 수석 디자이너 조르제토 주지아로 대신 1965년 11월부터 베르토네 디자인 팀을 맡았다. 문제는 주지아로가 1996년 권위 있는 자동차 잡지 《클래식 & 스포츠카Classic & Sports Car》와 가진 인터뷰에서 이런 말을 했다는 것이다. "간디니는 내 스케치북을 가져가 그 자동차를 완성했습니다. 디자인의 70퍼센트는 제 겁니다." 주지아로는 1964년 8월부터 11월까지 다수의 디자인을 스케치했는데, 미우라의 최종 모델과 그 스케치에 공통점이 많아서 이 주장에 힘이 실렸다.

미우라 디자인에 관한 간디니와 주지아로 사이의 이야기는 이후 여러 차례 논점이 바뀌며 흥미를 모았다. 일단 주지아로는 믿을 만한 증인을 내세우지 못했다. 그의 인터뷰를 실었던 《클래식 & 스포츠카》에서도 이후 후속 보도를 통해 주지아로의 주장과 전혀 다른 새로운 주장을 제기했다. 2008년, 주지아로는 자동차 잡지 《오토모티브 뉴스 유럽Automotive News Europe》과의 인터뷰에서 이렇게 말을 해버렸다! "미우라 모델은 간디니가 디자인했고, 저는 이 간단명료한 사실을 다르게 얘기한 적이 전혀 없어요. 당연히 부인할 이야기도 없습니다."

디자인의 진실에 대한 역추적이 가능했던 이유는 미우라 모델의 탄생과 관련된 이전 기사에 논란이 된 자동차 도안 중 하나가 공개되면서 잡지사가 법적 분쟁에 휘말릴 위기에 직면했기 때문이었다. 2012년 영국 자동차 전문 잡지 《카Car》는 미우라 모델 디자인 스케치에 관한 주지아로의 입장을 다시 소개했다. "내가 디자인 스케치를 회사에 두고 나왔죠. 잘은 모르겠지만, 아마 그도 보았을 겁니다."

미우라 모델의 콤팩트한 강철 모노코크 '터브'는 페라리를 비롯한 람보르기니의 경쟁사에 비해 한층 발전했다. 무게를 덜려고 의도적으로 여기저기 구멍을 낸 게 특징이다.

주지아로는 스케치가 지오토 비자리니의 프로젝트에 필요했다고 밝혔지만, 실제 그랬다는 증언은 없었다. 베르토네에서 그의 조수로 일했던 피에로 스트로파Piero Stroppa조차 당시 두 사람을 본 기억이 없다고 말했다. 주지아로가 언제 베르토네를 떠났는지는 사람마다 이야기가 다르지만, 스트로파의 확인에 따르면 주지아로와 간디니의 재직 기간은 겹친 적이 없었고, 간디니가 11월 1일 출근하기 전까지 스트로파 자신이 디자인 팀을 이끌었다고 한다.

베르토네는 토리노 모터쇼에서 람보르기니와 계약을 체결했는데, 파올로 스탄자니는 당시를 이렇게 기억한다. "첫 미팅에서 달라라와 저는 마르첼로 간디니에게 우리의 새로운 자동차는 어때야 하는지, 특히 보디에 대한 생각을 얘기했습니다. 도로 주행용 레이스카를 만들자는 거였죠! 우리는 당시에 가장 완벽한 도로 주행용 레이스카였던 포드 GT40 모델을 언급했습니다. 며칠 뒤, 간디니가 여러 장의 스케치와 스타일링 제안서를 제시했습니다. 페루치오를 비롯한 우리는 쌍수를 들어 환영했죠."

1965년 크리스마스이브, 간디니의 제안서를 본 그날에 대한 기억은 달라라도 같다. "그 제안서는 즉시 승인됐습니다." 이후 몇 가지 세부 사항만 바뀐 제안서에 페루치오가 보인 반응은 아주 간단했다. "그대로 진행해요."

자동차 잡지《클래식 & 스포츠카》의 설문에 따르면, 저명한 스타일리스트를 섭외해 주지아로의 스케치와 완성차를 비교한 결과 응답자 대부분이 중요한 특징과 비율 등의 측면에서 공통점이 거의 없다는 의견을 내놓았다고 한다. 익명을 요구한 한 스타일리스트는 이렇게 말했다. "세기의 디자이너는 세기의 디자인이 자기 작품이 아니라는 사실을 인정할 수밖에 없을 겁니다. 미우라는 의심의 여지없이 마르첼로 간디니의 작품이죠. 주지아로는 아무 상관없습니다."

탄생을 둘러싼 논쟁을 뒤로하고 1966년 3월 제네바 모터쇼에서 공개된 보디 셸에는 처음으로 미우라(이 모델명은 스페인 투우사 에두아르도 미우라Eduardo Miura의 이름에서 따온 것으로, 그가 맞서 싸운 투우들은 람보르기니의 엠블럼에도 영감을 주었다)의 엠블럼이 붙었다. 이 보디 셸은 큰 반향을 불러일으켰다. 눈부신 오렌지색으로 칠한(그리고 곧 람보르기니의 상징이 된) 아름답게 균형 잡힌 쿠페 스타일에 '속눈썹'까지 있는 팝업형 헤드라이트는 매우 독특했다. 시제품 헤드라이트의 눈썹은 양산 모델에서 람보르기니가 없앴지만 말이다.

약 109cm밖에 되지 않는 미우라의 전고*는 도로를 달리는 어떤 자동차보다도 낮았다. 통으로 이루어진 전방 패널과 후방 패널은 이탈리아 최고의 장인 정신을 보여줄 뿐만 아니라 이론적으로 엔진 격납실, 짐칸, 스페어타이어, 연료 탱크에 뛰어난 접근성을 제공했다. 실제로 많은 금속 부품을 탑재하고 주행한다는 건 강도 높은 훈련과 능숙함, 그리고 힘이 필요한 도전 과제였다.

멋진 외양과는 별개로, 미우라는 색깔과 세세한 특징만으로도 자동차 업계에 지대한 영향을 끼쳤다. 자동차 전문 칼럼니스트 L.J.K. 세트라이트는 저서 『몰아보라! 자동차의 사회적 역사Drive On! A Social History of the Motor Car』에서 이렇게 적었다.

> 미우라는 색깔 덕에 한층 매력적으로 보였다. 그 어떤 자동차에서도, 심지어 어떤 모터쇼에서도 본 적 없는 색깔. 노란색과 오렌지색의 중간 어디쯤인 그 색깔은 이후 몇 년간 가장 매혹적이고 유행하는 자동차 색깔로 자리 잡았다. 스포츠카에 처음 쓰인 이 색깔은 '포지타노 옐로Positano Yellow'에서부터 텍사스 서부의 특징인 '햇볕에 그을린 오렌지색' 등 다양한 이름으로 불리며 자동차 업계를 점령했다.
>
> 미우라는 패션에도 지속적으로 상당한 영향을 미쳤다. 미우라에는 놀랄 만큼 긍정적인 오렌지색 외에 그에 대비되는 극단적으로 부정적인 무광

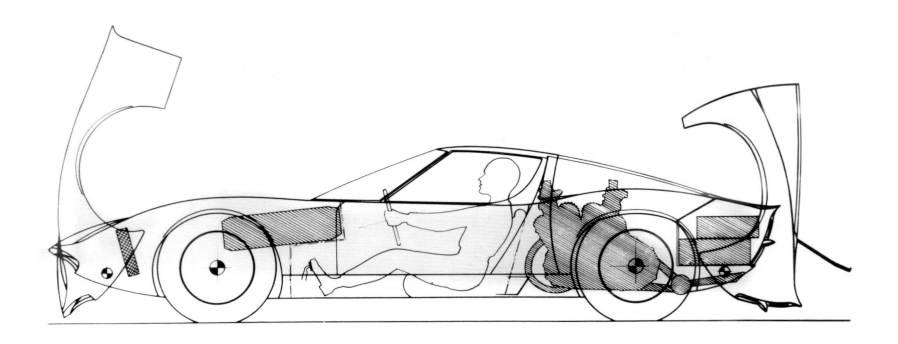

검은색도 사용됐다. 그 무광 검은색은 윈도우 서라운드 몰딩과 와이퍼 암은
물론 거울과 그릴, 그리고 루버*와 램프 가장자리 등 그야말로 모든 부분에
적용되었다. 원래는 광을 내거나 도금했던 부분들이라 경쟁업체들은 따라 하기
바빴다. 무광을 유지하면서 잘 벗겨지지 않는 검은색 코팅 방식을 찾기까지
시간이 제법 걸렸지만, 이 선택은 제작 단가를 낮추는 데 상당한 도움을 주었다.
한때 값비싼 크롬이나 스테인리스강을 썼지만, 무광 검은색 덕분에 차 값이
내려가자 소비자들은 싫어할 이유가 없었다. 더욱이 반사되지 않는 무광
검은색은 눈부심을 막아주어 한층 안전했다.

이 측면도를 보면 운전자의 머리가 가로로
장착된 엔진의 실린더 뱅크에 얼마나 가까운지
알 수 있다.

　이렇게 혁신적인 자동차가 롤링 섀시 상태로 모터쇼에 정식 공개되기까지 단 4개월밖에
걸리지 않았다는 사실은 그저 놀라울 뿐이었다. 잠깐, 제네바 모터쇼에 진열했던 미우라 모델
에 수치스러운 비밀이 숨겨져 있었다는 이야기를 아는가? 그건 바로 자동차 뒷부분을 적절한
높이로 유지하는 일부 바닥짐을 제외하곤 엔진 격납실이 텅 비어 있었다는 것이다. 시제품 완
성을 서두르느라 그랬을 텐데, 하긴 엔진이 할당된 공간에 제대로 들어가는지 확인할 사람이
몇이나 있겠는가. 아무튼 모터쇼 기간 내내 엔진 격납실은 꼭 잠겨 있었다. 그 사이 람보르기
니의 영업 책임자 우발도 스가르지Ubaldo Sgarzi는 미우라와 400GT 모델을 제작하는 데 필
요한 자금을 미리 확보해놓았다.

베르토네의 독특한 미우라 로드스터 모델은 1968년 브뤼셀 모터쇼에서 첫선을 보였다. 권장할 만한 일은 아니나, 일부 미우라 소유주는 여러 해에 걸쳐 자신들의 자동차를 개조해 미우라 로드스터와 비슷한 자동차로 만들고 싶은 유혹을 느꼈다.

미우라 모델의 시제품이 베르토네 작업장에서 람보르기니 본사가 있는 산타가타 볼로냐로 배송된 뒤 피터 콜트린Peter Coltrin이 찍은 사진을 보라. 자동차 잡지 《로드 & 트랙Road & Track》의 표지에 실린 이 사진을 보면 시제품의 뒤쪽이 다소 높아 보인다. 누초 베르토네는 당시 자신이 직접 이 시제품을 몰고 제네바까지 갔다고 말했는데, 세월이 흘러 기억이 흐릿해졌거나 350GT 시제품 출시와 미우라 모델 출시를 헛갈리면서 잘못된 이야기가 퍼졌을 가능성이 높다.

그런데 미우라 모델을 팔 만한 넓은 시장이 있었을까? 당시 람보르기니 사람들 중 누구도 미우라가 팔릴 거라고 확신하지 못했다. 제네바 모터쇼가 열리기 전, 페루치오와 달라라, 베르토네, 스가르지는 이듬해 미우라 모델을 얼마나 팔 수 있을지 각자의 예상을 종이에 적었다. 페루치오는 20대, 달라라는 100대, 베르토네는 5대, 그리고 스가르지는 50대를 적었다.

람보르기니가 미우라를 실제로 얼마나 제작할 수 있을지에 대한 우려도 상당했다. 1966년 초반 산타가타 볼로냐에 있는 람보르기니 공장의 노동자는 300명까지 늘어났지만, 미우라의 연속 생산은 그해 말까지 시작하지도 못한 상태였다. 질적 측면에서 극복해야 할 장애물도 있었고, 적합한 곳에는 전부 제어 장치가 들어 있는 듯한 실내의 특이한 인체공학적 특성으로 인해 압축적인 자동차 디자인 및 개발 과정도 필요했다. 예를 들어, 헤드라이트를 사용하려면 운전자는 스위치 두 개를 작동시켜야 했다. 헤드라이트를 올리기 위해서는 변속 레버 근처에 있는 스위치를, 그리고 헤드라이트를 켜고 끄려면 루프 패널 안에 있는 스위치를 작동시켜야 했다. 운전자가 꼭 알아야 할 정보, 즉 자신이 얼마나 빨리 달리고 있는가와 엔진이 어떤 회전 속도로 돌고 있는가 등의 정보는 앞에 있는 인스트루먼트 패널*이 제공했다. 나머지는 전부 중앙 비너클에 자리 잡고 있었다.

베르토네는 토리노에서 보디 셀을 제작하고 도색 작업을 한 뒤 공장으로 보냈다. 공장에서는 보디 셀을 섀시와 결합하고 마무리했다. 처음 제작한 미우라 모델 4대는 출시 전에 밥 윌리스가 육안으로 테스트했다. 그러나 달라라는 걱정이 많았던 듯하다. "사실 우리 고객들이 테스트 드라이버나 다름없었죠." 실제로 자동차 제작 과정 내내 카뷰레터가 새면서 엔진 격납실이 내려앉는다거나 하는 이상한 문제가 생겨났다. 고속으로 달릴 경우 핸들이 무거워지거나, 넓은 전면부가 위로 떠오르는 현상도 나타나 노련하고 두려움을 모르는 운전자가 아니면 몰기 힘들 정도였다.

자동차 전문가 조 색키Joe Sackey는 저서 『람보르기니 미우라 바이블The Lamborghini Miura Bible』에서 이렇게 적었다. "미우라를 몰고 시속 270km 넘는 속도로 달려본 사람이라면 아마 제트기를 몰고 활주로를 달리는 기분이 어떨지 알 것이다. 인간과 기계와 신이 주신 푸른 지구의 관계가 무의미해지는 그 속도…… 그건 용기 있는 자만 도전할 수 있는 압축된 시간여행이다. 그걸 경험하기 전까지는 제대로 산 게 아니라고 말하는 사람도 있다."

그럼에도 1967년 말까지 100대 넘는 미우라 모델이 고객에게 인도되었다. 그리고 반드시 언급해야 할 사항이 있으니, 고객 중 상당수가 바로 실내를 개조했다는 점이다. 당시 미드-엔진을 장착한 라이벌 회사의 양산형 자동차는 포드 엔진이 장착된 드 토마소의 망구스타Mangusta 모델뿐이었는데 성능은 미우라에 한참 못 미쳤다. 그리하여 람보르기니는 시장을 거의 독차지했다!

1967년에 열린 제네바 모터쇼에서 람보르기니는 놀라운 4인승 자동차 마르잘Marzal을 선보였다. 길이가 늘어난 버전의 미우라 섀시를 토대로 제작된 이 모델은 멋진 캄파뇰로 마그네슘 휠을 장착했다. 간디니가 디자인한 쐐기형 자동차는 루프가 그을린 듯한 유리로 되어 있고, 거의 유리인 커다란 도어 두 짝이 루프에 매달려 위로 열렸으며, 차체의 전면부와 후면부가 미우라처럼 밖으로 돌출되어 있었다. 장착된 직렬 6기통 엔진은 사실상 비자리니가 디자인한 12기통 엔진의 반이었으며, 실내 공간을 극대화하기 위해 뒤 차축 조금 뒤쪽에 장착되었다. 실내는 온통 우주 분위기였다. 자동차 전문 저널리스트 L.J.K. 세트라이트는 마르잘의 실내를 '세계대전 이후 유럽에서 나온 자동차 스타일 가운데 가장 화려하다'고 말했다.

엔진 위치 때문이었을까. 테스트 결과, 마르잘의 전체 균형은 근본적으로 좋지 않았다. 이후 마르잘 모델은 한 행사를 통해 대중 앞에 한 번 더 모습을 드러냈다. 람보르기니 자동차 박물관에 가기 앞서, 모나코의 레이너 왕자Prince Rainer와 그레이스 공주Princess Grace가 모나코 그랑프리 레이스를 앞두고 마르잘에 올라 트랙을 한 바퀴 돈 것이다. 간디니는 마르잘 모델에서 얻은 교훈을 토대로 4인승 자동차 에스파다를 디자인했고, 람보르기니는 이를 다음 해에 공개한다. 오늘날 마르잘은 자동차 역사의 한 귀퉁이로 밀려났지만 여전히 충분한 가치가 있는 모델이다(2011년 경매에서 150만 달러를 호가했다).

람보르기니가 순전히 새로운 자동차 개발에만 매달린 건 아니었다. 1968년에는 미우라 모델의 개정 버전인 P400S 모델을 내놓았고, 브뤼셀 모터쇼에서는 지붕 없는 버전도 공개했다. 컨버터블 자동차 탑승자를 괴롭힌 흔들림 현상을 줄이기 위해 간디니는 보디 셀을 살짝 재디자인해 루프 꼭대기 부분만 제거했다.

베르토네 입장에서 생산성을 높이려면 최소 50대를 제작해야 했지만, 미우라 로드스터* 모델은 전시회에서 많은 관심을 받은 데 비해 정작 모터쇼가 끝날 때까지 실제 들어온 주문은 충분치 못했다. 페루치오는 제작 계획을 접고, 그 자동차를 국제납아연구기구에 팔았다. 해

베르토네가 디자인한 오리지널 미우라
로드스터 모델에는 루프도 측면 창도 없었다.
루프를 없애는 대신 섀시를 보강했고,
공기 흡입구를 키웠으며 차체 뒷부분도
살짝 변경했다.

당 기구는 자동차의 보디 셸을 아연으로 새로 도금해 홍보용으로 전시했다. 덕분에 단 한 대
만 제작한 미우라 로드스터 모델은 수명을 오래 늘릴 수 있었다. 이후 여러 소유주를 거친 끝
에 2000년대 중반에 복원된 해당 모델은 메탈릭블루로 다시 도색되었고, 2013년에는 미국
플로리다주 아멜리아섬에서 열린 연례 자동차 자선 행사 '아멜리아 콩쿠르 델레강스'에서 람
보르기니 창사 50주년 기념 행사를 대표하는 전시 작품이 되었다. 일부 미우라 모델 소유주들
은 간디니의 오리지널 디자인을 흉내 내 자신의 자동차를 로드스터 버전으로 개조했는데, 그
자체로 클래식카가 된 자동차를 대하는 방식으로는 그리 적절하지 않다는 지적이 뒤따랐다.

엔지니어링 측면에서 P400S 모델에 생겨난 주요 변화로는 보다 강화된 섀시, 등속 드라이
브샤프트, 개선된 리어 서스펜션 등을 꼽을 수 있다. 그 외에 엔진의 경우 캠샤프트 특성이 변
경됐고 흡기 매니폴드가 커졌다. 그 덕에 12기통 엔진의 출력은 370 제동마력까지 올라갔다.
하지만 출력과 관련해서는 논란이 따르기도 했다. 영국 자동차 잡지 《오토카Autocar》가 실시
한 성능 테스트에 따르면, P400S 모델은 최고 속도가 시속 약 277km였고, 정지 상태에서 시
속 약 96.5km에 도달하는 데 6.7초 걸렸다. 이는 당시 영국의 베스트셀러 자동차인 오스틴
Austin 1100 모델이 최고 속도 시속 약 140km이고, 정지 상태에서 시속 약 96.5km에 도달
하기까지 17.3초 걸렸던 때의 기록이다.

달라라는 1968년 람보르기니를 떠나 드 토마소에 합류했고, 페루치오는 그가 떠난 자리
에 파올로 스탄자니를 기술 책임자로 앉혔다. 이후 영국 자동차 잡지 《이보Evo》와 스탄자니의
인터뷰에 따르면, 달라라는 페루치오가 일상적인 회사 경영에서 한발 물러나고, 대신 후배 스
탄자니에게 전권을 물려주려 해서 기분이 상했다고 한다. 주장이 사실이든 아니든, 산타가타
볼로냐의 람보르기니 공장 어딘가에서 문제가 생겨나고 있었다는 방증이었다.

페루치오는 람보르기니 공장을 지으며 공산당이 지배하는 지방 정부로부터 세금 우대 혜
택을 받는 조건으로 공장 노동자의 노조 가입을 약속했었다. 그 결과, 1969년 이탈리아의 거
의 모든 산업 현장에 불안 요소가 터졌을 때(그때가 마지막은 아니었지만), 상급 노조의 명령

으로 직원들이 파업에 동참하면서 람보르기니 공장의 자동차 생산은 전면 중단된다. 페루치오는 눈앞에 뻔히 보이는(당시 그는 사무실에 머물지 않고 공장에서 시간을 보냈다고 알려져 있다) 상황을 통제할 방법이 없었다.

  그 혼란 속에서도 자라마Jarama*와 우라코 같은 새로운 모델들의 개발 작업은 계속 진행되었다. 1970년, 람보르기니 엔지니어들은 미우라를 대체할 새로운 모델을 만들 계획을 짜기 시작했다. 한편으로는 새 모델 출시 전에 미우라의 최종 버전인 400SV 모델이 나왔다. 1971년 제네바 모터쇼에서 공개된 400SV는 엔지니어링 및 성능 측면에서 진일보한 모델이었다.

람보르기니 12기통 엔진의 공기 흡입구는 엔진 안쪽이나 바깥쪽이 아닌 캠샤프트 사이에 위치한다.

미우라 생산 라인은 차분한 속도로 돌아갔다.
이 역사적인 람보르기니 슈퍼카는 1966년부터
1972년 사이에 단 764대만 제작됐다.

람보르기니는 새로운 카뷰레터 배열과 다른 캠샤프트 타이밍 덕에 엔진 최대 출력이 385 제동마력까지 나온다고 주장했다. 그러나 엔진과 기어박스에 대한 윤활 분리로 인해 엔진의 가장 중요한 변화가 생산 라인까지 미치지 못했다. 변속기에는 제한 장치가 추가됐고, 프론트 서스펜션과 리어 서스펜션은 모두 변경되어 뒤쪽 트랙*이 약 127mm 넓었다. 400SV 모델은 겉모습만 보고도 이전 모델과 확연히 구분할 수 있었다. 헤드램프 주변에 '속눈썹'이 없는 데다가 리어 펜더 역시 근육질로 보였기 때문이다.

마크 휴즈Mark Hughes는《클래식 & 스포츠카》에 기고한 글에서 400SV 모델의 시승 경험을 이렇게 요약했다.

핸들링이 정말 예술이다. 기계적인 측면에서 미우라가 어떤 차인지를 단적으로 보여주는 요소를 꼽으라면, 그건 스티어링일 것이다. 가죽으로 감싼 핸들은 가늘고 촉감이 부드러워서 미우라를 제어하는 데 아주 용이했다. 가벼운 느낌, 유연한 움직임, 그리고 묘한 교감을 주는 무지원 랙-앤드-피니온 시스템 unassisted rack-and-pinion system 덕분에 밀리미터 단위까지 완벽한 제어가 가능했으며 자동차와 놀라운 일체감을 느낄 수 있었다. 오늘날 자동차 같은 셀프-센터링 기능은 없지만, 잠긴 걸 풀어야 해서 제어감이 완벽하게 느껴진다.

고속 주행을 하면서도 손가락 끝과 손바닥만으로 부드럽게 자동차를 제어할 수 있고, 도로 표면의 세세한 면과 타이어 부하, 차체 자세도 그대로 느껴진다. 바깥세상의 메시지를 이토록 세세하고 잘 조율된 상태로 전해주는 차는 또 없을 것이다. 이처럼 뛰어난 성능에도 불구하고 미우라는 일상에서 운행해도 무방하다(엔진 소음에 신경 쓰지만 않는다면). 좌석 뒤쪽에 있는 퍼스펙스* 패널을 통해 12기통 엔진의 실린더 뱅크 하나와 한 쌍의 커다란 웨버 카뷰레터를 보면, 미우라 모델의 개선 작업은 순탄치 않으리라는 게 눈에 휜하고 실제로 그렇다.

트리플-초크 카뷰레터 4개, 피스톤 12개, 캠샤프트 4개, 밸브 24개, 그리고 타이밍 체인* 1개가 당신 귀 바로 옆에서 요란한 소리를 질러댈 것이다(공회전 할 때만).

자동차 전문가 조 색키는 간결하면서도 함축성 있게 덧붙인다. "분명히 말해두는데, 미우라는 징징대는 나약한 남자들을 위한 자동차가 아니다."

미우라의 총 제작 대수는 파손 후 수리된 차(예를 들어 재즈 트럼펫 연주자 겸 작곡가 마일스 데이비스는 1972년 미우라 모델을 몰다 사고를 당해 양쪽 다리가 부러지고 자동차는 파손됐었다)를 포함해 764대였다. 티 하나 없이 깨끗한 모델은 계속 주인이 바뀌었는데, 2014년 캘리포니아주 몬터레이의 한 경매장에서는 완전히 다시 제작해 1000km도 달리지 않은 깨끗한 400SV 모델이 200만 달러에 팔리기도 했다.

미우라의 엔진과 변속기는 알루미늄을 사용해 완전히 통으로 주조되었다. 초기 모델은 섬프 즉, 엔진 기름통이 하나였다.

밥 윌리스

어릴 적부터 자동차에 미쳐 지낸 뉴질랜드 출신의 밥 윌리스는 스물한 살이 되던 1960년에 고향 오클랜드에서 이탈리아로 이주해 마세라티의 임시직 사원이 되었다. 그와 친구 존 올손John Ohlson(윌리스는 올손과 같이 이주했다고 했지만, 잔 파올로 달라라의 기억에 따르면 그는 크리스 아몬Chris Amon과 함께 왔다)은 둘 다 고성능 자동차 개조 분야에서 활동했으며, 매년 겨울이면 뉴질랜드를 찾는 유럽의 레이싱 팀을 위해 수리공 역할을 했다. 문제는 둘 다 이탈리아어를 할 줄 모른다는 것이 유럽에서 일하는 데 큰 걸림돌이었다.

그러던 중, 윌리스는 미국 기업가 로이드 '럭키' 캐스너Lloyd "Lucky" Casner가 만든 레이싱 팀 카모라디Camoradi에서 정비공으로 일하면 돈을 벌 수 있다는 걸 알았다. 카모라디는 1960년대 초에 마세라티 티포 61 버드케이지Tipo 61 Birdcage 스포츠 레이서들과 함께 스포츠카 레이싱에서 큰 성공을 거두었다. 당시 마세라티는 파산 상태였음에도 불구하고 특유의 레이싱 대비 노하우와 근무 여건에 힘입어 댄 거니Dan Gurney, 스털링 모스Stirling Moss, 마스튼 그레고리Masten Gregory 같은 뛰어난 카레이서를 끌어들여 스포츠카 레이싱에서 두각을 드러냈다.

1961년, 윌리스는 스쿠데리아 세레니시마Scuderia Serenissima에 몸담았다. 카레이서 브루스 맥라렌Bruce McLaren의 언론 담당 비서 오언 영Eoin Young이 일기에 쿠퍼 공장에서 동료 '키위Kiwi'(윌리스를 지칭한다)를 만났다고 적은 기록도 있다. 스쿠데리아 세레니시마는 볼피 백작이 설립한 레이싱 팀으로, 당시 각종 페라리 스포츠카에서부터 카레이서 모리스 트린티냥Maurice Trintignant이 몰았던 포뮬러 원 쿠퍼Cooper T51에 이르는 다양한 자동차로 레이스에 참가하고 있었다. 이후 볼피 백작과 페라리와의 관계는 그가 카를로 치티Carlo Chiti와 지오토 비자리니 등 페라리에 불만을 품은 직원들이 설립한 회사 ATS에 재정 지원을 하면서 끝났다.

윌리스는 유능한 테스트 드라이버로도 명성을 얻었다. 그리고 이 재능은 1963년 람보르기니에 합류할 때 큰 도움이 됐다(그 무렵, 친구 존 올손은 미국으로 건너가 자동차 디자이너 캐롤 셸비Carroll Shelby와 함께 일한다). 브루스 맥라렌과 잭 브라밤Jack Brabham이 포뮬러 원 서킷에서 자신의 역량을 입증한 상황에서 자동차 수리 경험이 있는 드라이버는 아주 귀했다. 윌리스는 이내 직원 네 명을 거느린 수석 테스트 드라이버로 임명된다.

람보르기니 350GT 모델과 달리, 미우라 및 쿤타치 모델은 개발 과정에서 윌리스의 엔지니어링 덕을 톡톡히 보았다. 지금에 비해 도로가 훨씬 덜 붐비던 때였다.

"공장의 모든 테스트 드라이버가 밀라노에서 모데나까지 고속도로를 주행하며 시간을 기록하곤 했습니다." 윌리스가 1998년 자동차 잡지《로드 & 트랙》과의 인터뷰에서 한 말이다. "모두 기록을 깨려고 애썼죠. 약 170km 거리를 38분에서 39분 정도에 주파한 게 저의 최고 기록인데요, 평균 속도가 시속 257km에 육박했죠. 저는 페라리 데이토나Daytona나 테스트 번호판을 단 마세라티 기블리Ghibli를 찾아다니며 함께 도로를 달리곤 했습니다. 우리는 각 자동차의 기록을 비교하지는 않았지만, 페라리와 마세라티 테스트 드라이버들과 아주 친해졌습니다."

이른바 이탈리아의 '모터스포츠 골짜기'에서 서쪽으로 이탈리아의 척추에 해당하는 산맥을 넘어 다니면서 윌리스와 '절친' 라이벌들은 비공인 세계 최고 속도를 기록하기도 했다. 2008년 윌리스는 자동차 전문 잡지《헤밍스 스포츠 & 이그조틱 카Hemmings Sports & Exotic Car》와의 인터뷰에서 이런 말을 했다.

혹 볼로냐에서 아펜니노산맥을 지나는 고속도로를 타고 피렌체까지 달려본 적이 있는지 모르겠지만, 거기에는 온갖 큰 터널이 있습니다. 당시에는 누구든지 가장 빠른 주행 기록을 세우면 기록이 박힌 스탬프를 찍은 티켓을 받았습니다. 오, 정말 재미있었죠. 지금 와서 돌이켜보면 너무 위험하고 어리석은 일이었는데요. 하지만 그땐 그랬습니다. 미친 짓이지만 재미있었어요. 오늘날 같은 교통 상황에선 할 수 없는 일인데요, 다행히도 이제 이탈리아는 그때보단 분별력이 생긴 것 같습니다.

1975년, 윌리스는 소유주가 바뀐 회사의 미래를 걱정하며 람보르기니를 떠났다. 그는 자신의 테스트 드라이빙 업무를 1968년에 견습생으로 람보르기니에 합류한 또 다른 정비공 출신의 테스트 드라이버 발렌티노 발보니Valentino Balboni에게 인계했다. 아내와 함께 뉴질랜드로 돌아갔던 윌리스는 이후 미국으로 이주해 자동차 복원 회사에 입사했다.

건강 상의 이유로 2013년 5월 람보르기니 공장에서 열린 람보르기니 창사 50주년 기념식에 참석하지 못했던 그는 결국 그해 9월에 세상을 떠났다.

"밥 윌리스가 세상을 떠났다는 소식을 접하고 나를 비롯한 람보르기니의 모든 사람들이 큰 슬픔에 빠졌습니다." 람보르기니의 사장 겸 최고경영자 슈테판 빙켈만Stephan Winkelmann의 말이다. "회사의 첫 테스트 드라이버였던 윌리스는 초창기 람보르기니에서 핵심적인 역할을 했으며, '성난 황소' 신화에 지대한 공헌을 했습니다. 아우토모빌리 람보르기니는 그의 친척이자 친구나 다름없죠. 우리는 두고두고 그를 기릴 것입니다."

Miura P400

미우라 P400

섀시	강철 박스-섹션 모노코크
서스펜션	독립 더블 위시본 프론트/리어, 코일 스프링, 텔레스코픽 쇼크 업소버, 안티-롤 바
브레이크	비통풍형 걸링 디스크
휠베이스	2504mm
프론트/리어 트랙	1412mm/1412mm
휠/타이어	15×7인치, 피렐리 신투라토 205/15
엔진	60도 각도의 후방 가로 장착형 12기통 엔진
보어/스트로크	82mm/62mm
엔진 배기량	3939cc
엔진 압축비	10.4:1
최대 출력	7500rpm에서 370 제동마력
밸브 장치	듀얼 오버헤드 캠샤프트, 체인 구동, 실린더 당 밸브 2개
연료/점화 장치	웨버 카뷰레터 6개, 벤딕스 펌프, 코일 및 배분기 2개
윤활 시스템	웨트 섬프
기어박스	람보르기니 5단
변속기	후륜구동
클러치	드라이 싱글-플레이트, 유압식
건조 중량	1040kg
최고 속도	시속 약 285km

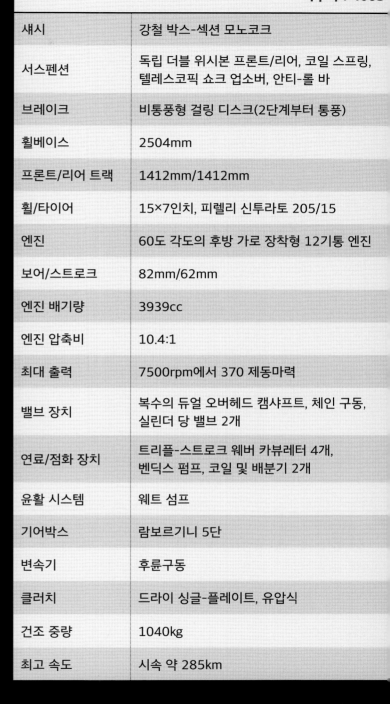

Miura P400S

미우라 P400S

섀시	강철 박스-섹션 모노코크
서스펜션	독립 더블 위시본 프론트/리어, 코일 스프링, 텔레스코픽 쇼크 업소버, 안티-롤 바
브레이크	비통풍형 걸링 디스크(2단계부터 통풍)
휠베이스	2504mm
프론트/리어 트랙	1412mm/1412mm
휠/타이어	15×7인치, 피렐리 신투라토 205/15
엔진	60도 각도의 후방 가로 장착형 12기통 엔진
보어/스트로크	82mm/62mm
엔진 배기량	3939cc
엔진 압축비	10.4:1
최대 출력	7500rpm에서 370 제동마력
밸브 장치	복수의 듀얼 오버헤드 캠샤프트, 체인 구동, 실린더 당 밸브 2개
연료/점화 장치	트리플-스트로크 웨버 카뷰레터 4개, 벤딕스 펌프, 코일 및 배분기 2개
윤활 시스템	웨트 섬프
기어박스	람보르기니 5단
변속기	후륜구동
클러치	드라이 싱글-플레이트, 유압식
건조 중량	1040kg
최고 속도	시속 약 285km

잔 파올로 달라라

1936년 이탈리아 바라노 데 메레가리에서 태어난 잔 파올로 달라라는 처음 선택했던 파르마 소재 대학에서의 학업에 한계를 느껴 밀라노과학기술대학교에서 항공 공학을 전공했다. 엔초 페라리가 졸업생 중 수습생을 선발하려고 학교를 찾아왔을 때, 달라라는 뿌리칠 수 없는 좋은 기회라 여겼고, 1959년 12월부터 페라리 마라넬로 공장에서 일했다.

이후 달라라는 카를로 치티가 이끄는 페라리 디자인 부서에서 2년간 스트레스 공학에 관한 업무를 집중적으로 수행한 뒤 페라리를 떠나 마세라티에 합류한다. 하지만 1963년 지오토 비자리니로부터 전화를 받는다. 비자리니는 페라리 재직 당시부터 알고 지낸 사이로, 당시 그는 람보르기니 12기통 엔진 디자인에 몰두하고 있었다. 결국 달라라는 자동차 업계에 몸담은 지 단 5년 만에 람보르기니의 수석 엔지니어가 된다.

"정말 놀랐죠. 람보르기니가 새파랗게 젊은 저에게 수석 엔지니어가 되어달라고 요청하다니 지금 생각해도 믿기지 않습니다." 2004년에 달라라가 한 인터뷰에서 한 말이다. "어쨌든 저는 서른 살도 안 됐었거든요."

달라라가 맡은 첫 과제는 비자리니가 설계한 레이스카 엔진을 페루치오의 비전에 더 잘 맞는 엔진으로 재개발하고, 훗날의 350GT 모델의 새시를 만드는 것이었다. 그 후 밥 월리스 및 파올로 스탄자니와 손잡고 만든 게 바로 미우라 모델이었다. 그는 자서전 『그건 아름다운 이야기이다 It's A Beautiful Story』에 이렇게 적었다.

나는 어쨌든 토요일이나 일요일에는 별다른 일이 없었고, 그래서 오로지 공장에서 시간을 보냈다. 보다 가벼운 자동차를 만드는 일이 가능하다는 걸 보여주자, 말하자면 새로운 아이디어를 테스트하거나 아니면 뭔가 다른 걸 시도하자는 생각이었다.

그(페루치오)는 내게 말했다. "자네가 매일 하는 일에 차질만 빚지 않는다면 어떤 일이든 해도 좋네." 그래서 나는 아침 다섯 시에 일어나 테스트를 시작했고, 오후 세 시까지 차를 몰며 시간을 보냈으며, 그러다 다시 가서 뭔가를 만들었다. 달리 더 하고 싶은 일도 없었다. 늘 그랬듯이 자동차를 좋아했고, 지금도 그렇다.

당시 주말 일상을 레이스카를 제작하는 진지한 노력으로 한정하자면, 그만큼은 아니다. 과거에 작가와 저널리스트, 사람들이 살을 덧붙인 이야기일 뿐.

페루치오 람보르기니는 페라리보다 더 빠르고 더 매력적인 자동차를 만들겠다고 공표했다. 처음 (미우라의) 차체는 카로체리아 투어링에서 제작하기로 되어 있었으나, 머지않아 베르토네로 교체되었는데, 베르토네 역시 피닌파리나나 페라리와 경쟁 관계였다.

나는 크리스마스이브에 누초 베르토네가 원본 스케치를 들고 공장에 찾아온 일을 아직도 기억한다. 그 스케치는 곧바로 큰 반향을 불러일으켰고, 우리는 정말 깊은 인상을 받았다. 그렇게 이탈리아 자동차 역사에서 가장 위대한 현상 하나가 생겨났다.

달라라는 1968년에 람보르기니를 떠나 드 토마소에 합류했다. 그곳에서 그는 도로 주행용 모델인 판테라Pantera와 코스워스Cosworth 엔진을 장착한 포뮬러 원 자동차를 제작했다. 후자는 젊은 카레이서 프랭크 윌리엄스Frank Williams가 몰았다. 그러나 카레이서 피어스 코리지Piers Courage의 비극적인 죽음으로 인해 드 토마소는 그해 말부터 포뮬러 원 참가를 중단했고, 달라라는 결국 자신의 레이스카 제조업체 달라라 아우토모빌리Dallara Automobili를 설립한다.

그는 람보르기니 쿤타치 모델 개발 당시 디자인 컨설턴트 역할을 했지만, 최근 몇 년간은 자신의 달라라 아우토모빌리를 통해 레이스카 제조업체 겸 하청업체로 틈새시장을 노리고 있다. 그밖에도 포뮬러 3 및 인디카IndyCar 카레이서를 배출하고, 포뮬러 원 피더 시리즈*에 GP2와 GP3 모델도 성공적으로 공급하고 있다.

잔 파올로 달라라는 12기통 엔진 시제품의 파워 커브를 수정했으며 웨트 섬프 윤활 방식을 추가했다. 또한 수평식 카뷰레터들 덕분에 엔진이 350GT 모델의 낮은 후드 밑에 들어갈 수 있게 됐다.

미우라 S 조타

페루치오 람보르기니는 '자동차 레이스에서 가장 빨리 큰돈을 버는 방법은 큰 레이스부터 참가하는 것'이라는 옛말에 익숙하지 않은 사람인데도 불구하고 그 말을 따랐다. 람보르기니 자동차는 레이스에 참가하지 않는다는 소신에는 변함이 없었지만, 그는 1970년에 밥 월리스가 GT* 부문 레이스 참가가 가능한 미우라 모델의 시제품 버전 미우라 S 조타Miura S Jota를 개발하도록 허용했다. 사실 그건 이루기 힘든 목표였다. 당시 스포츠카 레이싱은 포뮬러 원만큼이나 인기 있는 데다가 협회 측이 자동차 성능 증대를 제한하기 위해 수시로 레이스 규정을 바꾸는 바람에 자동차 제조사들이 계속해서 변화 장단에 맞춰 춤춰야 했기 때문이다. 그래서일까. 미우라 S 조타에서 '조타Jota'는 스페인 아라곤 지역에서 유래한 왈츠의 요소를 지닌 춤 이름 '호타Jota'에서 따온 것이다.

월리스는 실내 장식을 덜어 자동차 무게를 줄였다. 캐빈에 롤 케이지*를 추가했고, 서스펜션의 기하학적 구조를 크게 바꾸었다. 뒷바퀴도 넓혔다(7인치에서 9인치로). 그러나 뭐니뭐니 해도 오리지널 미우라 모델과 비교해 외관상 가장 눈에 띈 차이는 전면부였다. 팝업 방식의 헤드라이트는 안으로 들어간 헤드라이트로 바뀌었다. 고속으로 달릴 때 앞쪽 끝부분이 뜨는 단점을 시정하기 위해 친 스포일러*를 추가했다. 그리고 외부 패널의 많은 부분을 알루미늄 합금처럼 가벼운 소재로 대체했고, 연료 탱크를 자동차 양옆에 두어 균형감을 높이는 일도 잊지 않았다.

미우라 S 조타 모델은 1971년에 엔진 격납실 안쪽에서 엔진과 기어박스 윤활 장치를 분리하는 등 여러 부분을 업그레이드했다. 그 결과 높은 엔진 압축비 덕분에 8000rpm에서 440 제동마력이 나왔다.

월리스는 이렇게 만든 시제품을 페루치오에게 제안했으나 거부당했다. 폐기될 뻔한 시제품은 때마침 람보르기니를 사랑하는 부유한 이탈리아인이 나타나 구입했다. 그러나 그는 이 시제품을 마음껏 즐길 수 없었다. 차가 도로를 벗어나(그의 수리공이 핸들을 잡았다고 알려졌다) 교량에 부딪히며 불붙은 것이다. 당시 사진을 보면 화재 피해가 얼마나 컸는지 알 수 있다.

이후 오리지널 미우라 S 조타 모델은 다시 제작되지 않았다. 그러나 일부 고객은 비슷한 스펙의 자동차를 만들어줄 것을 요청했고, 람보르기니는 그 요구를 받아들였다. 1971년부터 1974년 사이에 몇 대의(5대라고 하지만, 7대라는 주장도 있다) 미우라 SVJ 모델이 공장에서 출하됐다. 미우라 S 조타 시제품에 썼던 엔진, 구동 장치, 차체, 서스펜션 등 많은 부분을 변경했으나 실내는 그대로 유지한 제품이었다. 두 대는 독일의 람보르기니 딜러와 카레이서 후베르트 한Hubert Hahne에게 갔고, 다른 한 대는 이란의 왕에게 갔다고 알려졌는데, 나중에 미국 배우 니컬러스 케이지Nicolas Cage가 이 차를 사들였다고 한다.

이 모델은 오늘날 복제품들이 존재하는데, 소유주들이 오리지널 미우라 모델을 개조한 것으로 람보르기니 순수주의자들은 이에 경악한다.

미우라 P400SV

Miura P400SV

미우라 P400SV

섀시	강철 박스-섹션 모노코크
서스펜션	독립 더블 위시본 프론트/리어, 코일 스프링, 텔레스코픽 쇼크 업소버, 안티-롤 바
브레이크	트윈-서보 통풍형 걸링 디스크
휠베이스	2504mm
프론트/리어 트랙	1412mm/1541mm
휠/타이어	15×7인치, 피렐리 신투라토 205/15(프론트); 15×9인치, 피렐리 신투라토 255/15(리어)
엔진	60도 각도의 후방 가로 장착형 12기통 엔진
보어/스트로크	82mm/62mm
엔진 배기량	3939cc
엔진 압축비	10.7:1
최대 출력	7850rpm에서 385 제동마력
밸브 장치	듀얼 오버헤드 캠샤프트, 체인 구동, 실린더 당 밸브 2개
연료/점화 장치	트리플-스트로크 웨버 카뷰레터 4개, 벤딕스 펌프, 코일 및 배분기 2개
윤활 시스템	웨트 섬프
기어박스	람보르기니 5단
변속기	후륜구동
클러치	드라이 싱글-플레이트, 유압식
건조 중량	1245kg
최고 속도	시속 약 299km

2장

주류가 되다

슈 퍼 카 성 능 의

1966년에 미우라, 1967년에는 미래 지향적인 마르잘 콘셉트카로 **제네바 모터쇼 방문객을 열광시킨 페루치오 람보르기니**는 1968년에는 이전보다 통합적인 모델을 선보여 성숙한 회사의 모습을 보여줄 작정이었다. 비록 슈퍼카 제조사로 사업을 시작하지는 않았지만, 미우라가 자신의 비전에 더 잘 맞는 350GT나 400GT의 인기를 훨씬 넘어서버렸으니까.

가 정 용 자 동 차

마르잘

제네바 모터쇼에서 미우라를 선보인 지 1년 만에 나온 마르잘 모델은 큰 반향을 불러일으키지는 못했으나 아주 다른 유형의 자동차였다. 네 사람이 넉넉히 탈 수 있으면서도 적절히 빠른 GT, 즉 고성능 자동차를 만들겠다는 페루치오 람보르기니의 야심을 채우기에 충분했다. 마르잘 모델은 이후에 나올 람보르기니 에스파다 모델과 이슬레로Islero 모델의 예시이기도 했다. 자동차 전문 잡지《오토스포트Autosport》의 기자 존 볼스터John Bolster는 마르잘을 '비길 데 없는 모델'이자 '이탈리아 예술의 궁극적 사례'라고 극찬했다.

미우라 모델의 디자이너가 누구인지를 둘러싸고 말이 많았다는 사실을 감안하면 마르첼로 간디니의 입장에서 마르잘 모델의 공개는 자신의 창의성을 세상에 제대로 알릴 좋은 기회였다. 그는 가뜩이나 특이한 보디 셸에 거대한 걸윙 도어*를 달았고, 천장에는 연기를 쐬어 뿌연 유리 파노라마 루프를 장착했으며, 보디 셸 곳곳에 육각형 모티프가 눈에 띄는 미래 지향적인 인테리어를 적용했다.

마르잘 모델의 배기량 2리터짜리 직렬 6기통 엔진 시제품은 사실상 람보르기니 12기통 엔진의 리어 실린더 뱅크 안에 있었으며, 뒤 차축 바로 뒤에 가로로 장착되었다. 게다가 제작에 들어갈 운명이 아니었음에도 이 자동차에는 에어컨 장치가 있었다. 창유리 면적이 넓다는 점을 감안해 필요하다고 본 듯하다.

마르잘 모델은 미우라 모델의 섀시를 늘린 버전을 토대로 제작했다. 그러나 허리 위쪽이 개방된 구조여서 추가 버팀대가 필요했고, 그 바람에 전체 무게가 약 1.2톤으로 비교적 무거워졌다. 게다가 작은 엔진으로 충분한 힘을 내도록 균형을 잡다 보니 최종 드라이브 비율이 낮아져, 최고 속도가 시속 약 190km로 GT 모델치고는 비교적 느렸다.

그럼에도 당시 언론에서는 마르잘 모델의 성능보다 유리문을 더 많이 언급했다. 페루치오마저도 이런 농담을 던졌다. "(차에 앉은) 숙녀의 미끈한 다리도 다들 보일 겁니다."

람보르기니가 1968년 제네바 모터쇼에서 공개한 새로운 자동차 두 대 중에 하나는 람보르기니가 10년간 제작한 모델 가운데 가장 많이 팔린 모델이 되었다. 다른 하나는 페루치오 자신이 진정한 GT 자동차의 대표적인 예라고 생각했음에도 불구하고 판매에는 실패했다. 물론 지금은 두 모델 모두 람보르기니의 걸작으로 여겨진다.

스페인어로 '검espada'을 뜻하는 에스파다 모델의 스타일 역시 마르첼로 간디니의 작품이다. GT의 성능에 가정용 자동차의 좌석 공간과 일상적인 실용성을 두루 갖춘 마르잘 모델의 일반 원칙을 그대로 따랐다. 에스파다의 외형과 세세한 면을 자세히 살피자면 재규어 모델을 토대로 간디니가 디자인해 1967년 영국 얼스 코트에서 공개된 피라나Pirana 쇼카*를 닮았다는 사실도 꼭 짚고 넘어가야 할 것이다.

잔 파올로 달라라가 해결해야 할 문제 중 하나는 배기량 4리터짜리 12기통 엔진을 핸들링에 도움되는 위치에 장착하는 것이었다. 리어-엔진식 마르잘 모델은 뒤가 무겁다는 게 입증되었고, 미드-엔진 구조는 탑승자 공간이 좁아질 것이 분명했다. 해결책은 엔진을 앞쪽에, 그러니까 400GT 2+2 모델보다 거의 20cm 앞쪽으로 장착하는 것이었다. 달라라는 에스파다에 튜브형 프레임 구조보다는 압착된 강철 박스형 섀시를 적용했다. 둘둘 마는 제작 방식을 그대로 따라 만든 섀시는 모데나에서 마르케시Marchesi에 의해 제작되었고, 보디는 토리노에서 베르토네가 제작한 뒤, 마무리 작업은 에밀리아-로마냐 주로 되돌려보내 람보르기니의 산타가타 볼로냐 공장에서 했다. 그러다 보니 자동차는 약 595km를 왕복 여행한 후에야 전시장에 올 수 있었다.

에스파다 모델(위)의 콘셉트는 마르잘 모델(44쪽)의 콘셉트와 어느 정도 닮았지만, 구조는 프론트-엔진 방식으로 매우 달랐다.

　시제품 단계에서는 마르잘 스타일의 걸윙 도어를 전통 방식의 도어로 교체했다. 독일에서 제작한 자기측량식 유기압 리어 서스펜션 장치 시제품도 테스트를 거쳤다. 리어 장치는 옵션 목록에 그대로 들어갔지만, 충분히 신뢰할 만하지 않아 결국 채택이 불발되었다.

　호화롭게 장식한 실내는 제작 기간 내내 섀시 디자인을 변경하며 개선했다. 그 결과 뒷좌석 머리 위 공간이 넓어졌고, 1970년에 나온 시리즈 II 에스파다 모델에서는 마르잘 스타일의 육각형 테마 인스트루먼트 패널이 깔끔하게 정리되었다. 1973년부터는 전문가들과 고객의 비판에 대응하는 차원으로 파워 스티어링 즉, 동력 조향 장치가 시리즈 III 에스파다 모델의 표준이 되었다. 에스파다 모델은 오늘날 주류 고객 사이에서 별다른 인정을 받지 못하지만, 1978년 단종될 때까지 총 1217대를 제작한 걸로 기록되어 있다. 그 시기에 람보르기니 역사상 가장 많이 제작된 모델인 셈이다.

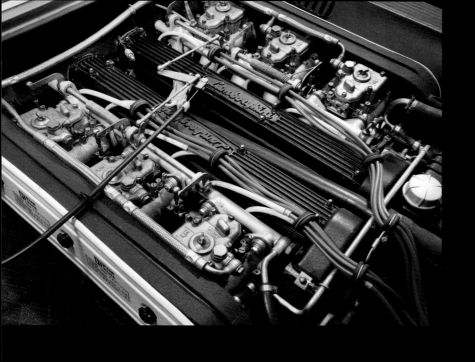

Espada

에스파다

섀시	강철 세미-모노코크
서스펜션	독립 더블 위시본 프론트/리어, 코일 스프링, 텔레스코픽 쇼크 업소버, 안티-롤 바
브레이크	통풍형 걸링 디스크
휠베이스	2650mm
프론트/리어 트랙	1490mm/1490mm
휠/타이어	15×7인치, 피렐리 신투라토 205/15
엔진	60도 각도의 전방 세로 장착형 12기통 엔진
보어/스트로크	82mm/62mm
엔진 배기량	3929cc
엔진 압축비	9.5:1
최대 출력	6500rpm에서 325 제동마력
밸브 장치	듀얼 오버헤드 캠샤프트, 체인 구동, 실린더 당 밸브 2개
연료/점화 장치	웨버 카뷰레터 6개, 벤딕스 펌프, 코일 및 배분기 2개
윤활 시스템	웨트 섬프
기어박스	람보르기니 5단
변속기	후륜구동
클러치	드라이 싱글-플레이트, 유압식
건조 중량	1490kg
최고 속도	시속 약 245km

반면에 페루치오가 궁극의 GT 럭셔리 모델로 생각한 이슬레로는 1968년 제네바 모터쇼에서 에스파다 모델과 나란히 첫선을 보인 순간 빛을 잃었다. 모터쇼를 찾은 사람들은 이슬레로 모델을 350GT 및 400GT 테마의 복사판이라며 단조로운 모델로 간주했다. 이슬레로(1947년 전설적인 스페인 투우사 마놀레테Manolete를 들이받아 목숨을 앗아간 미우라 혈통의 황소이다)라는 이름이 암시하는 드라마틱한 느낌과 달리 겉모습을 너무 절제한 걸까. 평상시 페라리를 몰고, 훗날 수익성 좋은 포뮬러 원 패독 클럽*을 운영한 자동차 전문 잡지 《오토스포트》의 기자 패트릭 맥널리Patrick McNally는 이슬레로 모델은 400GT 2+2 모델에 비해 뒷좌석 머리 위 공간이 조금 넓은 점 말고는 권할 만한 구석이 없다고 비판했다.

공동 디자이너 페데리코 포르멘티Federico Formenti는 한때 카로체리아 투어링에 몸담은 인물로, 페라리 166MM 모델과 알파 로메오 디스코 볼란테Disco Volante 모델을 디자인했으며, 이슬레로가 공개되기 얼마 전에는 400GT 모델에 기반을 둔 람보르기니 플라잉 스타 IIFlying Star II 콘셉트카를 디자인하기도 했다. 이슬레로가 절제된 스타일의 자동차가 된 데에는 페루치오 람보르기니의 영향이 컸는데, 그가 이슬레로와 이전 모델의 정체성을 자신 같은 남자들을 위한 GT, 즉 '레이스카 제조 기술을 적용한 고성능 자동차'로 설정했기 때문이다. 성숙하면서도 결코 과시하지 않는 자동차를 목표로 삼은 것이다. 어쨌든 페루치오는 이슬레로에 매료되어 평상시에 즐겨 몰았다.

400GT 모델과 마찬가지로 이슬레로 모델은 카로체리아 마라치Carrozzeria Marazzi에서 제작을 맡았다. 따라서 이 모델은 서스펜션 구조만 조금 바꾼 채 기본적으로 같은 섀시 디자인을 쓰는 등 이전 모델과 공통점이 많았다. 카로체리아 투어링이 해산하면서 흩어진 기술자들이 세운 회사 카로체리아 마라치는 시장에서 기대하는 기준에 맞는 이슬레로 모델을 제작할 자원이 부족했다. 초기 주행 테스트에서도 각종 도로 상황에 맞는 정밀한 마무리 작업을 수행하지 못했다.

이슬레로의 첫 해 주문이 125대에 그치자, 람보르기니는 서둘러 이슬레로 S 모델 개발에 나서 12기통 엔진의 압축비와 캠 특성을 미우라 모델에 비슷하게 맞춘 더 강력한 자동차로 만들었다. 후드에 더 큰 에어 스쿠프*를 만들고, 나팔 모양의 휠 아치*를 장착하고, 앞바퀴 뒤에 아가미 모양의 공기 배출구를 달아 시각적으로 활력을 불어넣었다. 그럼에도 이슬레로 모델은 여전히 고객들의 마음을 얻지 못하고 100대 남짓 팔리는 수준에 머물렀다. 심지어 오늘날에도 이슬레로 모델은 다른 람보르기니 모델에 비해 훨씬 낮은 가격에 판매되고 있다. 그러나 람보르기니에 진심인 순수주의자들은 이슬레로를 산타가타 볼로냐 공장에서 나온 가장 뛰어나고 바람직한 GT 자동차 중 하나로 여긴다.

이슬레로의 저조한 판매에 실망했지만 콘셉트만은 결코 포기할 수 없었던 페루치오는 새롭게 합류한 수석 엔지니어 파올로 스탄자니에게 1969년 중반, 대체 모델 제작을 지시했다. 스탄자니는 새 모델의 실외 및 실내 스타일링을 마르첼로 간디니에게 맡겼다. 스탄자니는 제작비를 고려해 에스파다 모델의 강철 플랫폼 섀시 콘셉트를 토대로 새 모델을 기획했다. 단 섀시 길이를 약 28cm로 짧게 해서 땅딸막하게 보이게 만들었다. 간디니는 중년의 직장인을 고객으로 설정해달라는 주문을 받았고, 그 결과 헤드램프 커버를 벗긴 것 외에는 전체 디자인을 드라마틱하지 않게 잡았다.

Islero 400 GTS

이슬레로 400 GTS

섀시	강철 튜브 프레임
서스펜션	독립 더블 위시본 프론트/리어, 코일 스프링, 텔레스코픽 쇼크 업소버, 안티-롤 바
브레이크	비통풍형 걸링 디스크
휠베이스	2550mm
프론트/리어 트랙	1380mm/1380mm
휠/타이어	15×7인치, 피렐리 신투라토 205/15
엔진	60도 각도의 전방 세로 장착형 12기통 엔진
보어/스트로크	82mm/62mm
엔진 배기량	3939cc
엔진 압축비	10.8:1
최대 출력	7700rpm에서 350 제동마력
밸브 장치	듀얼 오버헤드 캠샤프트, 체인 구동, 실린더 당 밸브 2개
연료/점화 장치	웨버 카뷰레터 6개의, 벤딕스 펌프, 코일 및 배분기 2개
윤활 시스템	웨트 섬프
기어박스	ZF 5단
변속기	후륜구동
클러치	드라이 싱글-플레이트, 유압식
건조 중량	1460kg
최고 속도	시속 약 259km

존경받는 중년의 직장인을 대상으로 만든 또 다른 자동차, 자라마는 마르첼로 간디니가 디자인한 다른 람보르기니 자동차에 비해 한결 절제된 모델이었다. 이슬레로보다 목적의식이 뚜렷했으나 여전히 무게가 많이 나갔던 이 모델은 판매량이 그리 많지 않았다.

자라마 모델에 채택한 제작 방식(강철 섀시는 베르토네에서 제작하고, 보디 패널은 마라치에서 최종 조립했다)은 이슬레로 모델보다 거의 100kg이나 무거워지는 결과를 낳아 움직임을 둔화시켰다. 자라마 모델은 1970년 제네바 모터쇼에서 공개되어 무언의 박수갈채를 받았으나 2년 넘도록 단 177대만 판매됐다. 결국 람보르기니는 자라마 S 모델을 내놓는데, 이 모델은 소재 및 장식 면에서 실내를 개선하고, 파워 스티어링을 장착했으며 엔진 및 배기관 패키지도 변경됐다(그 결과 15 제동마력이 늘어났다). 그럼에도 별다른 반향을 불러일으키지 못하고 150대 판매에 그쳤다.

그러나 페루치오는 자라마 모델을 람보르기니에서 최고로 손꼽히는 작품 중 하나로 여겼다. 1991년 자동차 전문 잡지《Thoroughbred & Classic Cars》와의 인터뷰에서 그는 이런 말을 했다. "저는 다른 어떤 람보르기니 모델보다 자라마를 좋아했습니다. 자라마가 미우라와 에스파다의 완벽한 절충 모델이기 때문이죠. 근본적으로 미우라는 죽어라 내달리며 과시하고 싶어 하는 젊은이를 위한 스포츠카입니다. 저에게 미우라는 너무 외양에 치중한 자동차입니다. 반면 에스파다는 나의 롤스로이스였습니다. 아주 빠르면서도 동시에 크고 편하죠. 자동차를 단 한 대만 가져야 한다면 저는 자라마입니다."

이슬레로 모델의 초기 개발 시기는 야심 찬 새 모델의 개발 시기와 겹친다. 페루치오는 새 모델이 당시 포르쉐 911과 '베이비 페라리' 246 디노Dino가 꽉 잡고 있던 시장을 석권할 거라고 기대했다. '작은 황소'라는 뜻의 우라코Urraco로 불린 새 모델을 적절한 가격으로 내놓아야 해서, 파올로 스탄자니는 새 모델에 배기량이 줄어든 새로운 8기통 엔진을 장착해야 했다. 스탄자니는 싱글 오버헤드 캠샤프트용으로 체인보다는 벨트 드라이브와 헤론Heron 실린더 헤드(만들기 단순해 값이 저렴했고, 덜 복잡한 밸브 기어를 쓰는 게 가능해졌다)를 사용하는 등 12기통 엔진보다 현대적인 디자인 아이디어를 채택하며 그만큼 제작비가 덜 들 거라고 기대

했다. 실린더 헤드 디자인이 그리 좋지 못해 기대만큼 큰 효과를 보지는 못했지만, 알루미늄 합금을 사용함으로써 2.5리터 단위만큼 가벼워지며 나름의 경쟁력도 생겼다. 그로 인해 점점 엄격해지는 미국의 배출 가스 규제를 지키기도 한결 수월해졌다.

우라코 모델은 맥퍼슨MacPherson 스트럿 서스펜션* 덕분에 더블-위시본 서스펜션을 쓸 때보다 비용을 줄이고 공간도 효율적으로 쓸 수 있어 넓은 실내 공간을 확보했다('+2' 좌석 탑승자를 상대로 설득하는 건 여전히 쉽지 않았지만). 스탄자니는 여러 제작업체에서 부품을 사들여 간접비도 줄였다. 프론트 서스펜션 직립부는 피아트 130 설룬*의 것을 공유했고, 브레이크 캘리퍼는 BMW 2002의 것을, 클러치는 메르세데스-벤츠의 것을 공유했다. 밥 월리스는 이런 경제성 없어 보이는 부품을 조합하고, 가로 장착형 8기통 미드-엔진의 도움을 받아 람보르기니 모델 특유의 주행 성능과 느낌을 이끌어냈다.

1970년 12월 토리노 모터쇼에서 우라코 모델이 공개되자 간디니가 디자인한 보디 셸에 찬사가 쏟아졌다. 주문도 많이 들어오는 듯했다. 그러나 우라코 모델은 완성 전이었고 생산 준비도 갖추지 못했다. 자세한 이야기는 쿤타치를 소개하며 다시 다루겠지만, 람보르기니 제국의 상황이 급변하던 시기에 새로운 슈퍼카와 우라코 모델을 동시에 개발하는 일은 너무도 자원 집약적이라 감당하기가 힘들었다. 특히 새로운 8기통 엔진의 냉각 시스템과 벨트 구동식 타이밍 기어에는 이런저런 문제가 있었다. 첫 번째 우라코 모델이 인도되기까지는 그래서 다시 2년이 걸렸고, 많은 잠재 고객이 그 사이 구입을 포기하고 예약을 취소했다. 결국 페루치오는 예약 판매 대신 현금 판매를 생각해야만 했다.

Jarama GT400

자라마 GT400

섀시	강철 세미-모노코크
서스펜션	독립 더블 위시본 프론트/리어, 코일 스프링, 텔레스코픽 쇼크 업소버, 안티-롤 바
브레이크	통풍형 걸링 디스크
휠베이스	2380mm
프론트/리어 트랙	1490mm/1490mm
휠/타이어	15×7인치, 피렐리 신투라토 또는 미쉐린 XWX 205/15(프론트); 225/70(리어)
엔진	60도 각도의 후방 가로 장착형 12기통 엔진
보어/스트로크	82mm/62mm
엔진 배기량	3939cc
엔진 압축비	10.7:1
최대 출력	7500rpm에서 350 제동마력
밸브 장치	듀얼 오버헤드 캠샤프트, 체인 구동, 실린더 당 밸브 2개
연료/점화 장치	웨버 카뷰레터 6개, 벤딕스 펌프, 코일 및 배분기 2개
윤활 시스템	웨트 섬프
기어박스	람보르기니 5단 수동, 토크플라이트 3단 자동
변속기	후륜구동
클러치	드라이 싱글-플레이트, 유압식
건조 중량	1450kg
최고 속도	시속 약 259km

Urraco

우라코

섀시	강철 플랫폼
서스펜션	독립 맥퍼슨 프론트/리어, 코일 스프링, 텔레스코픽 쇼크 업소버
브레이크	통풍형 걸링 디스크
휠베이스	2450mm
프론트/리어 트랙	1460mm/1460mm
휠/타이어	14×7.5인치, 미쉐린 XWX 195/14(프론트); 205/14(리어)
엔진	90도 각도의 8기통 미드-엔진
보어/스트로크	77.4mm/53mm(P200) 88mm/53mm(P250) 86mm/64.5mm(P300)
엔진 배기량	1994cc(P200) 2463cc(P250) 2996cc(P300)
엔진 압축비	8.6:1(P200) 10.5:1(P250, P300)
최대 출력	7500rpm에서 182 제동마력(P200) 7500rpm에서 220 제동마력(P250) 7500rpm에서 250 제동마력(P300)
밸브 장치	오버헤드 캠샤프트, 체인 구동, 실린더 당 밸브 2개; 더블 오버헤드 캠샤프트, 체인 구동, 실린더 당 밸브 2개(P300)
연료/점화 장치	웨버 카뷰레터 4개, 벤딕스 펌프, 코일 및 배분기 1개
윤활 시스템	웨트 섬프
기어박스	람보르기니 5단
변속기	후륜구동
클러치	드라이 싱글-플레이트, 유압식
건조 중량	1100kg
최고 속도	시속 약 216km(P200) 시속 약 240km(P250) 시속 약 259km(P300)

도로 위의 우라코는 빠르다기보다 활기찼다. 1974년 람보르기니는 토리노에서 오리지널 P250 모델을 토대로 제작된 게 분명한 P300 모델을 공개했는데, 보다 풍요로운 실내 장식과 트윈 체인 구동 방식의 캠샤프트가 딸린 배기량 3리터짜리 8기통 엔진이 눈에 띄었다. 그러나 뛰어난 품질에도 불구하고 이 모델은 새로 나온 페라리 308 디노 모델에 밀려 결국 205대밖에 판매되지 못했다. 이탈리아에서만 판매된 P200 모델은 이탈리아 과세 원칙을 피하기 위해 엔진 배기량이 줄어들게 제작했으나, 이 모델 역시 시장에서 별다른 주목을 받지 못했다. 의무 조항에 따라 안전 범퍼를 부착하고 엔진 배기량을 낮춘(배출 가스 규제를 피하기 위해) P250 모델 개조 버전의 경우는, 미국 시장에 큰 기대를 걸었지만 단 21대밖에 팔지 못했다. 유럽의 스포츠카를 갖고 싶어 하는 미국인은 개인 수입 루트를 더 선호했다.

우라코는 포르쉐 911과 페라리 246 디노 모델을 잡기 위해 내놓은 모델이었다. 판매 대수는 두 모델에 비해 뒤처졌으나, 현재는 람보르기니 마니아들이 몹시 탐내는 모델이다.

이탈리아 피에몬테 지방의 방언, "쿤타치!". 적당한 우리말을 찾기보다, 대개 젊은 남성이 매력적인 여성을 봤을 때 쓰는 감탄사라는 사실로 느낌을 짐작하자. 페루치오 람보르기니와 자동차 디자이너 누초 베르토네가 '프로젝트 112'로 알려진 자동차 시제품을 처음 봤을 때 느낀 감정이 꼭 그랬다. 페루치오는 이탈리아 북부의 에밀리아-로마냐주에서 태어나 자랐고, 누초 베르토네가 뼛속까지 피에몬테 지방 사람이었으므로 마르첼로 간디니의 쐐기형 미완성 자동차를 보고 "쿤타치!"라는 감탄사를 내지른 사람은 누초 베르토네였을 가능성이 높다.

슈 퍼 카 의   전 형

1969년에 이르러 람보르기니는 기계적인 측면에서 플래그십 모델로 분류할 만한 미우라 S 모델, 판매량이 좋았던 4인승 에스파다 모델 등으로 적어도 겉으로는 잘나가는 자동차 제조업체로 보였다. 그러나 회사를 집어삼킬 문제가 하나둘 감지되기 시작했다. 다양한 모델군을 내놓으려는 페루치오의 야심은 일관성 없는 품질 관리와 인기를 끌지 못한 이슬레로 같은 모델에 대한 수요 부족으로 인해 좌절되고 있었다. 400GT의 후속 모델로 나온 이슬레로는 1968년부터 1970년까지 단 225대밖에 팔리지 않았다. 람보르기니는 이슬레로 모델을 대체하려고 모험적인 스타일을 채택한 프론트-엔진 방식의 자라마, 배기량 2.5리터짜리 8기통 엔진을 장착한 미우라 후속 모델 성격의 우라코 등 새로운 모델들을 내놓았다. 그러나 안타깝게도 자라마는 인기를 얻지 못했고, 우라코는 개발 지연을 거듭한 끝에 토리노 모터쇼에 첫선을 보인 지 3년 만인 1973년에야 비로소 제작에 들어갔다.

자동차 제작사로 성장하려면 규모를 키워야 했으나 람보르기니의 제작 방식은 여전히 주먹구구식이었다. 이슬레로와 자라마 같은 모델의 보디를 제작할 때는 카로체리아 마라치 같은 소규모 보디 제작업체에 의존했다. 그러면서도 품질은 제대로 유지하려 애썼다. 미우라 모델은 철학적인 문제도 있었다. 이상적으로는 큰 '후광 효과'를 내는 귀한 모델이 되어야 했지만, 그 수준이라기에는 판매가 너무 많았다. 또 다른 현실적 문제는 페라리 365GTB/4 '데이토나' 외에도 다른 라이벌 자동차가 계속해서 출현했다는 것이다. 마세라티의 보라Bora, 드 토마소의 망구스타 등이 람보르기니를 위협했다.

1970년, 람보르기니 엔지니어들은 미우라 후속작 개발에 착수했다. '프로젝트 112'는 전혀 다른 자동차가 될 예정이었다. 더 빠르고, 시각적으로 더 드라마틱하며, 기술적으로 발전한 자동차. 페루치오는 자기 머리 바로 뒤에 울부짖는 12기통 엔진이 존재한다는 사실을 결코 납득한 적이 없었다. 새 모델의 엔진이 가로 위치에서 세로 위치로 바뀐 것도 탑승자와 울부짖는 엔진 사이를 더 떨어뜨리고 싶다는 그의 바람을 반영한 결과였다. 더불어 12기통 엔진의 배기량 또한 5리터로 늘린 뒤 자동차 이름을 LP500(LP는 Longitudinale Posteriore의 줄임말로, 엔진 배열을 세로로 바꾸고 자동차 뒤쪽에 탑재했다는 의미이다)으로 바꾸었고, 마지막으로는 쿤타치로 바꾸었다.

그로부터 몇 년 후 쿤타치 개발 과정을 잘 알고 있던 해외 거주 미국인 저널리스트 겸 사진

간디니가 그린 LP500 모델의 초기 스케치를 보면 라인의 순수한 아름다움이 엿보인다. 그러나 이상적인 비전을 포기하고, 제작 현실을 반영하면서 그 라인은 어느 정도 사라진다.

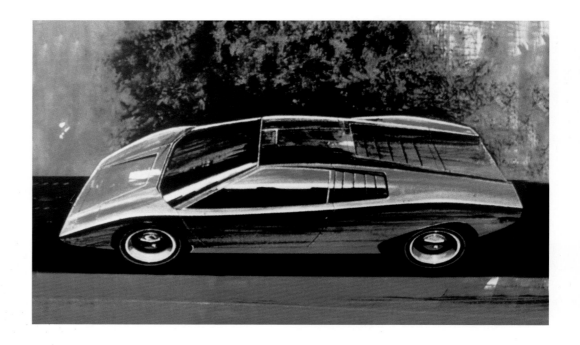

작가 피터 콜트린은 자동차 전문 잡지 《더 모터The Motor》와의 인터뷰에서 람보르기니의 입장을 이렇게 서술했다.

이 자동차는 GT도 아니고 레이스카도 아니며 23초 이내에 1km를 달리는 걸 보장하는 진정한 '도로 주행용 스포츠카'로 제작될 예정이었다. 고성능 자동차이면서 동시에 편안함까지 갖춘 자동차 말이다. 여기서 말하는 '고성능'이란 높은 출력 중량비에 안정성과 기동성을 갖췄다는 의미다. 이런 특성은 어느 것 하나 소홀히 할 수 없으며, 각 특성 모두 세심한 접근 방식과 해결책이 따라야 한다. 가격을 맞춘다는 생각으로 자동차를 제작해서는 안 된다. 가능한 목표를 달성하는 데 비용이 문제가 되지는 않겠지만, 결국 목표에는 어느 수준의 한계가 있기 마련이다. 그리고 자동차는 안목이 있는 고객에게만 팔려야 한다. 공장 입장에서 자동차의 진가를 알아보고, 그걸 사용하는 법도 아는 진정한 자동차 애호가들 말이다. 또한 자동차는 본질적으로 고급스러우나 '사회적 신분의 상징'을 찾는 사람들을 위한 물건은 아니어야 한다. 미우라 모델의 명성이 다소 더럽혀진 것은 후자에 속하는 사람들이 너무 많았기 때문이다. 미우라로 충돌 사고를 내 매스컴을 떠들썩하게 한 팝 스타들, 미우라의 이미지를 높여줄 만한 일을 하지 않는 일부 소유주들이 그런 이들이다.

여기에서 우리는 람보르기니가 회사 차원에서 오늘날까지 충실하게 지켜오고 있는 철학의 출발점을 볼 수 있다.

페루치오는 잔 파올로 달라라가 떠난 뒤 이제 파올로 스탄자니가 이끌고 있는 엔지니어들에게 자동차 디자인 및 보디 셀 제작을 맡게 될 베르토네와 긴밀히 협력할 것을 지시했다. 스탄자니의 머릿속에는 다루기 힘든 미우라를 길들이려고 애썼던 경험이 엔진 소음을 줄이려 애썼던 기억만큼이나 뚜렷하게 남아 있었다. 그래서 스페이스-프레임* 섀시를 채택해 엔진을 섀시 안쪽에 남북 축으로 놓는 결정을 한다. 12기통 엔진의 위치를 바꾸자 엔진 냉각이 쉬워지고, 보다 적절한 배기 장치 배열은 물론 보다 나은 무게 분산도 가능해졌으며, 엔진을 휠베이스 안에 집어넣을 수 있게 되었다.

다만 12기통 엔진은 본질적으로 아주 긴 데다가 변속기가 전통적인 위치(엔진 뒤쪽)에 있어 드라이브트레인이 뒤 차축 선 뒤쪽에 놓이는 문제가 있었다. 스탄자니가 찾아낸 기발한 해결책은 모든 시스템을 뒤집어 운전석과 조수석 사이에 위치한 기어박스 및 클러치 쪽으로 엔진 출력을 향하게 하는 것이었다. 그 결과 자동차의 극관성모멘트*가 개선됐을 뿐 아니라 기어 연결 장치와의 직접적인 연결도 가능해졌다(자동차 소유주가 클러치를 작동하려면 파워 리프터는 여전히 필요했다). 다만 이 경우 실내에 다른 형태의 기계 소음이 유입되는 데다가 추진력을 기어박스에서 뒤 차축 쪽으로 옮기는 데 복잡한 시스템이 필요하다는 부작용이 따랐다.

베르토네의 스튜디오에서 마르첼로 간디니는 이탈리아 자동차 제조사인 란치아를 위해 아주 매혹적인 쐐기형 자동차 스트라토스 제로Stratos Zero 모델을 제작했었다. 실내로 들어가려면 커다란 앞 유리를 위로 들어 올려야 하는 등 시리즈 양산 자동차로선 그리 실용적이지 못한 특징에도 불구하고, 1970년 토리노 모터쇼에서 호평 속에 공개되었다. 또한 메르세데스-벤츠는 1950년대에 이미 걸윙 도어 방식의 스포츠카를 제작한 적이 있다.

람보르기니 LP500 모델의 경우, 간디니는 자동차 맨 앞부분부터 끝부분까지 라인이 끊어지지 않고 이어지는 자동차 측면도를 스케치했다. 측면도에는 측면 비율, 도어 형태 등 다른 내용도 담겨 있었다. 간디니는 양산차에서는 본 적 없는 도어 형태를 제안했는데, 앞부분을 축으로 그대로 위로 올라가 가위 모습을 띤 도어였다.

1971년 3월에 열린 제네바 모터쇼에 참석한 사람들은 LP500 모델 시제품을 보며 "쿤타치!" 비슷한 감탄사를 외쳤다. 물론 그 시제품이 수익성 있는 차로 대량 생산될지를 의심하는 사람들도 많았다. 그저 람보르기니의 과시용이라고 여기는 사람들도 있었다. 그런 믿음을 뒷받침할 만큼 기이한 자동차 외형은 차치하고서라도 완성되지 않은 듯한(전자 계기와 항공기 조정 장치와 비슷한 핸들만 설치된) 실내 때문에 LP500 시제품은 과시용에 지나지 않는다고 여기기에 충분했다. 그럼에도 LP500 모델이 새로운 미우라 SV 모델과 개정된 에스파다, 우라코, 자라마 모델과 함께 나란히 진열된 람보르기니 전시장은 아주 활기차 보였다.

그러나 현실은 꽤 달랐다. 잠재 고객들은 실제로 제작에 들어가면 LP500 모델을 살 것처럼 줄을 섰지만, 람보르기니 안팎으로 압박이 점점 거세지고 있었다. 회사의 엔지니어링 및 개발 부서는 인원 감축으로 인해 우라코 모델과 LP500 모델을 주어진 기간 내에 제작하기가 힘들었다. 게다가 LP500에서 쿤타치로 이름을 바꾸는 과정에서 엔지니어링 측면의 상당한 변화를 치러야 했다. 이는 큰 투자가 필요하다는 말이었다. 공교롭게도 페루치오 람보르기니의 사업 수익은 세계적인 경기 둔화와 에너지 위기의 시작(제네바 모터쇼에서 LP500 모델이 선을 보일 무렵 미국의 석유 생산은 이미 정점을 찍고 하강 국면에 접어들었다)으로 인해 압박을 받는 상황이었다.

쿤타치의 무게를 가급적 중앙으로 몰리게 하도록 파올로 스탄자니는 변속기를 엔진 앞쪽에 두어 구동 출력축이 섬프를 통과하게 만들었다.

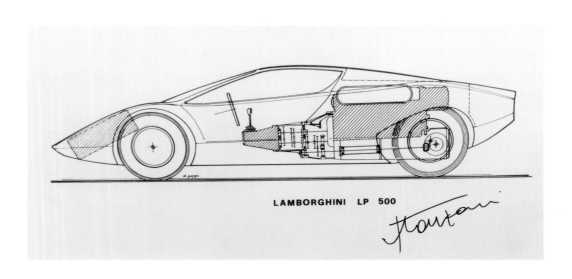

LAMBORGHINI LP 500

국내외 판매 감소에 가장 먼저 타격을 받은 건 모든 사업의 출발점 혹은 거점 역할을 해 온 람보르기니 트랙터 사업이었다. 당시 트랙터 회사는 후안 호세 토레스Juan José Torres가 이끄는 볼리비아 사회주의 정부로부터 대형 주문을 받아 대규모 투자를 마친 상태였다. 그러다 두 가지 사건이 터졌다. 남아프리카공화국의 수입업체가 주문을 취소하고, 우고 반세르 수아레스Hugo Banzer Suarez 장군의 쿠데타로 후안 호세 토레스가 실각하면서(일부 사람들은 이 사건에 미국 닉슨 행정부의 은밀한 지원이 있었다고 믿고 있다) 볼리비아로 갈 예정이었던 트랙터 수백 대를 선적하지 못한 것이다. 결국 람보르기니는 엄청난 재고를 떠안아야 했다.

이뿐만이 아니었다. 많은 고객이 투자 부족으로 개발이 지연된 우라코와 쿤타치 모델을 기다리는 바람에 아우토모빌리 람보르기니 역시 판매 부진에 빠져 있었다. 우선 배기량 5리터 짜리 새로운 12기통 엔진 버전이 문제였다. 우라코 8기통 엔진 개발이 차질을 빚으면서 시간과 자원이 고갈됐고, 재사용하기로 한 12기통 엔진을 신뢰할 만하게 만들자니 자금이 부족했다. 그나마 파올로 스탄자니는 쿤타치의 스페이스-프레임 방식의 섀시를 정사각 튜브의 조합으로 재개발하는 데 성공했다. 카로체리아 투어링이 선보였던 고전적인 수페르레게라 디자인 처럼 새로운 섀시에 가늘고 둥근 튜브를 사용한 것이다.

밥 윌리스는 산타가타 볼로냐 주변 도로와 바라노 서킷에서 테스트 운전을 했다. 그 결과, 자동차 '어깨' 쪽 사이드 루버를 통해 라디에이터 쪽으로 충분한 공기가 들어오지 못해 엔진 열이 제대로 식지 못한다는 사실이 밝혀졌다. 스탄자니와 동료 엔지니어 마시모 파렌티Massimo Parenti는 쿤타치의 공기역학 구조를 정확히 알기 위해 직접 자동차를 몰고 도로를 달려보았다. 두 사람은 자동차 측면에 양털 다발을 붙인 뒤 고속으로 달리며 모터-드라이브 사진을 찍고 텔레맥스 게이지로 온도 변화를 관찰했다.

LP500 시제품은 놀랍도록 미래 지향적이었다. 1971년 제네바 모터쇼에 참석한 많은 사람들은 이 시제품이 실제로 제작될 거라고 믿지 않았다.

판매가 줄고 재고가 늘어나는 상황에서 페루치오가 취할 수 있는 분명한 해결책은 직원들을 해고하고 제작을 줄이는 것이었다. 그러나 지방 정부와 맺은 계약 조건에 따라 조합원을 직원으로 채용해야 했다. 조합은 조금도 양보하지 않았다. 불경기에 쫓기던 채권자들의 움직임도 심상치 않았다.

성공한 기업가 페루치오는 누구 못지않게 상황을 피해 나갈 수 있었다. 현금 결제를 통해 대부분의 채권자를 계속 가까운 거리에 둔 것이다. 다만 그로 인해 자원은 더 고갈됐다. 1971년 말, 페루치오는 편안한 은퇴 생활을 즐기고, 람보르기니 유산을 아들 토니노Tonino에게 물려주려면 위험에 노출되는 일을 그만두고 수익성 낮은 사업을 정리하여 개인 재정 상태를 강화해야 한다는 걸 명확히 알게 되었다.

1972년 페루치오는 아우토모빌리 람보르기니의 주식 51퍼센트를 자신의 고객 중 한 사람인 조르주-앙리 로세티Georges-Henri Rossetti에게 파는 데 동의했다. 시계 제조 분야에 관심이 많은, 스위스의 부유한 집안 출신인 로세티는 '자동차 애호가'라고 불러도 좋을 만한 인물이었다. 여러 대의 스포츠카를 소유했고, 젊은 시절에 포뮬러 3 카레이서로 활동하기도 했다. 아우토모빌리 람보르기니의 소유주가 바뀌는 데 들어간 돈은 60만 달러였다. 흥미로운 건 페루치오가 아우토모빌리 람보르기니의 소액 주주로 내려왔음에도 멀리 떨어져 회사를 경영한 로세티에 비해 더욱 직접적으로 경영에 참여했다는 것이다. 이 밖에도 페루치오는 밝혀지지 않은 액수의 돈을 받고 경쟁업체 이탈리아 S.A.M.E. 그룹에 트랙터 사업을 매각했다.

1972년 5월, 파올로 스탄자니와 밥 월리스는 제대로 작동되는 쿤타치 시제품을 몰고 시칠리아까지 갔다가 되돌아오는 길에 타르가 플로리오Targa Florio 로드 레이스를 보았다. 이때 두 사람은 페루치오와 로세티에게 시제품 프레젠테이션을 했고, 양산해도 좋다는 결정을 받아냈다.

람보르기니는 1973년 제네바 모터쇼에서 기존의 12기통 엔진을 사용했다는 뜻에서 쿤타치 LP400이라는 이름을 붙인 두 번째 쿤타치 쇼카 버전을 공개했다. 하지만 그 버전은 1년 뒤에도 생산 준비가 되지 않았다. 엔진 냉각 문제로 인해 간디니의 오리지널 디자인을 어느 정도 수정해야 했고, 출시 무렵의 버전에는 두 가지 눈에 띄는 변화가 생겼다. 자동차 양 측면에 항공기에서 영감을 얻은 NACA 덕트*를 달고 어깨 쪽에 박스형 공기 흡입구를 단 것이다. 아직 완전히 열 수는 없는 상태였지만, 양 측면 유리 주변에도 세세한 변화가 있었다. 이 장에서 소개하는 오렌지색 쿤타치 모델은 간디니가 디자인한 잠망경형 백미러를 장착한 상태로 제작된 단 150대 중 하나로, 비슷한 모델이 2014년 경매에서 121만 달러에 팔린 바 있다.

쿤타치 모델을 출시할 무렵에 페루치오는 남아 있던 아우토모빌리 람보르기니의 주식을 40만 달러에 또 다른 스위스인 르네 라이머Rene Leimer에게 판 뒤 은퇴했다. 남은 사업은 모두 아들 토니노에게 넘기고 그는 움브리아주에 있는 사유지로 물러났다. 쿤타치 쇼카 모델을 공개하고 실제 출시하기까지 3년간, 주로 중동전의 여파로 석유 가격은 천정부지로 치솟았고 세계 경제는 곤두박질쳤다. 그 결과 이탈리아를 비롯한 여러 국가가 '기름 잡아먹는 자동차'에 가혹한 세금을 부과했다. 람보르기니의 새로운 경영진은 어쩔 수 없이 배기량 1리터짜리 우라코 버전을 출시해야 했고, 그 버전은 당연히 사람들로부터 별 관심을 끌지 못했다.

노란색 쿤타치 시제품은 간디니의 오리지널
디자인에 가장 가까운 자동차였다. 그러나 실제
양산차는 양 측면에 NACA 덕트를 달았으며
공기 흡입구가 더 크고 덜 우아했다.
© Giles Chapman Library

Countach LP400

섀시	강철 스페이스-프레임
서스펜션	독립 더블 위시본, 코일 스프링과 텔레스코픽 쇼크 업소버, 안티-롤 바(프론트); 어퍼 트랜스버스 링크와 래디어스 암들이 딸린 독립 로워 더블 위시본, 트윈 코일 스프링과 텔레스코픽 쇼크 업소버, 안티-롤 바(리어)
브레이크	통풍형 걸링 디스크
휠베이스	2450mm
프론트/리어 트랙	1500mm/1520mm
휠/타이어	14×7.5인치, 미쉐린 XWX 205/70(프론트); 14×9.5인치, 미쉐린 XWX 215/70(리어)
엔진	60도 각도의 후방 세로 장착형 12기통 엔진
보어/스트로크	82mm/62mm
엔진 배기량	3929cc
엔진 압축비	10.5:1
최대 출력	8000rpm에서 375 제동마력 (람보르기니 측 주장)
밸브 장치	듀얼 오버헤드 캠샤프트, 체인 구동, 실린더 당 밸브 2개
연료/점화 장치	듀얼 벤딕스 펌프, 웨버 DCOE 카뷰레터 6개, 코일 2개
윤활 시스템	웨트 섬프
기어박스	람보르기니 5단 수동
변속기	이륜구동
클러치	드라이 싱글-플레이트
건조 중량	1055kg
최고 속도	시속 약 315km(람보르기니 측 주장)

쿤타치 모델은 당시 상황과 아무 상관없는 듯 보였고, 그래서 우리는 관련한 언론 보도 역시 이런 맥락에서 봐야 한다. 1975년 말에 자동차 전문 잡지《더 모터》가 쿤타치 LP400 모델의 로드 테스트를 하고, 정지 상태에서 출발할 때 자동차에서 연기가 나는(파이슬러Peiseler의 성능 측정 장치를 뒤에 매달았다) 사진을 표지에 올리며 이런 비판 기사를 게재했다. "이건 세상에서 가장 빠른 양산차인가? 그럴지도 모른다. 그렇다면 세상에서 가장 뛰어난 자동차인가? 아니다. 람보르기니 쿤타치 모델에는 카리스마가 있지만, 무엇이라 단정 짓기는 힘들다. 앞부분은 아이들이 미끄럼을 타고 싶을 정도로 급경사를 이루고, 실내는 어른들이 몸을 구겨 넣기 힘들다고 아우성칠 정도로 비좁다. 그렇다면 좋은 점은 무얼까? 실용적인가? 페라리 박서 모델과 마찬가지로 우리는 한때 제네바 모터쇼에서 큰 관심을 끈 이 자동차를 멸종하는 종으로 보고 있다. 이 모델은 분명 람보르기니 우라코만큼 실용적인 자동차도 못 된다. 로터스Lotus 사의 자동차처럼 '힘이 넘치면서도 경제적인' 자동차도 아니다."

이 비판적인 기사를 읽은 사람은 기자가 기사를 쓰고 난 뒤 파이프에 올드 홀본Old Holborn 담배를 채워 넣고 한 모금 빨아들이는 장면을 떠올렸을지도 모른다. 당시의 로드 테스트와 이후에 나온 이 기사에는 오늘날의 관점에서 보면 즐거움과 상상력의 부족으로 보일 수도 있는 실용성에 대한 집착이 깊게 배어 있다. "1971년 제네바 모터쇼에서 베르토네가 디자인한 오리지널 쿤타치를 본 사람 가운데 그걸 '쇼카' 이상의 자동차로 본 사람은 거의 없을 것이다. 무엇보다 먼저 접이식 도어가 문제였고(만일 차가 전복이라도 된다면 어떻게 빠져나온단 말인가?) 후방 시야가 최악인 우주 시대의 조종석도 문제였으며…… 아무래도 실제 제작될 수 없는 자동차로 보였다."

그러나 이 기사는 당시 상업적인 전기 사용이 일주일에 3일만 가능하고, 자동차 관련 매체가 쇠퇴하는 국내 산업을 변호하는 역할을 맡고 있던 영국에서 나온 것이었다. 따라서 이런 기사를 쓴 사람들은 쿤타치 모델에 대한 최초의 독립적인 성능 테스트 결과를 알리면서 실용성 문제에 지면을 할애했다고 해서 별다른 비난을 받지는 않았을 것이다. 그래도 대체로 그들

은 쿤타치를 꽤 좋아했다. 가격이 작은 집 한 채보다 비싸고, 심지어 각종 성능이 제조사의 주장에 미치지 못했음에도 불구하고(이 부분은 적절히 길들이지 못한 엔진 탓으로 너그럽게 봐주었다) 말이다.

인간은 본래 커다란 변화에 불편함과 불안함을 느끼는 존재다. 그건 아우토모빌리 람보르기니 공장 노동자도 마찬가지였다. 람보르기니의 역사를 칭송하는 듯한 여러 전기傳記에서는 친화력 좋은 페루치오의 특성을 강조하고, 그가 후임자들에 비해 현장 중심적이었다고 떠받들지만, 일부 저자들의 주장만큼 그가 작업 현장에서 많은 시간을 보낸 것 같지는 않다. 그러므로 람보르기니 경영진과 노동자 사이에 균열이 생긴 건 페루치오 은퇴 이전의 경제 불황이 원인이지, 새로운 회사 소유주들이 외국인이었기 때문도, 그들의 경영 스타일이 잘못되었기 때문도 아니었다. 설사 그 균열이 이후에 넓어졌다 하더라도 회사의 손 바뀜 탓은 아니다.

새로운 스위스인 소유주 르네 라이머도, 조르주-앙리 로세티도 회사가 직면한 재정 문제를 해결할 수는 없었다. 우라코는 판매 부진에 허덕였고, 쿤타치는 수요를 충족시키기엔 제작 시간이 너무 오래 걸렸다(1974년에는 단 23대만 출하했다). 프레임 제작은 마르케시에 아웃소싱했다가 산타가타 볼로냐에서 수작업으로 마무리했고, 외부에서 들여오던 많은 작은 부품도 큰 비용을 들여 사내에서 직접 수작업으로 제작했기 때문이다. 신차 개발과 관련해 더 이상 자신들이 할 수 있는 일이 없다고 느낀 스탄자니와 윌리스는 결국 1975년에 퇴사했고, 새로운 소유주들은 잔 파올로 달라라를 개발 컨설턴트로 영입한다.

달라라의 지휘 감독 아래 람보르기니는 두 고객, 그러니까 이탈리아 출신의 자동차 수집가와 캐나다 포뮬러 원 팀 소유주인 월터 울프Walter Wolf를 위해 특별한 쿤타치 모델 두 대를 제작했다. 이 두 모델을 토대로 람보르기니는 다음 양산차를 개발한다. 달라라는 그 특별한 쿤타치 모델에 프론트 에어 댐과 리어 윙을 추가했다. 가장 큰 기계적 변화는 유리섬유 소재의 휠 아치를 넓혀 보다 큰 뒷바퀴를 낄 수 있게 된 것이다. 쿤타치 LP400 모델에 장착한 미쉐린 XWX 타이어는 당시에 구할 수 있는 가장 큰 타이어였다. 하지만 그에 맞는 14인치 휠 사이즈로 인해 자동차의 브레이크 성능은 물론 노면 유지 성능이 제한됐다. 달라라는 피렐리의 새로운 피제로PZero 타이어 덕분에 15인치 휠과 더 큰 디스크 브레이크를 쓸 수 있었다. 새로운 타이어의 특성으로 인한 압력으로 사이드월* 스퀴지는 줄어들었다.

1978년형 쿤타치 LP400S 모델에는 몇 가지 실내 변화가 적용됐다. 잠망경형 백미러와 루프 홈이 제거됐고, 12기통 엔진 출력(353 제동마력)이 람보르기니 주장에 더 가까워졌다. 그러나 람보르기니에는 여전히 문제가 많았다. 로세티는 공장에 거의 나오지 않았고, 라이머는 당시 자신의 기업들과 람보르기니 사이에 상충하는 문제를 해결하려고 고군분투 중이었다. 그 와중에 유럽연합(EU)의 새로운 규정에 따라 1978년 이후 판매되는 모든 자동차는 형식 승인 인증서를 받으려면 더욱 엄격한 충돌 테스트 규정을 따르게 되어 람보르기니의 재정 및 엔지니어링 자원에 대한 부담은 더욱 커졌다. EU의 새로운 규정 때문에 람보르기니 모델은 한 가지만 빼고 모두 결정타를 입었다. 쿤타치의 무게도 다소 늘어나야 했다. 리어 스포일러가 표준 장치로 형식 승인을 받지 못할 가능성이 높아서 추가 옵션으로 제공해야 했던 까닭이다.

당시 람보르기니는 잠재적 수익성을 고려해 두 건의 계약에 합의했다. 안타깝게도 이 계약은 훗날 재앙으로 돌아왔다. 람보르기니는 조르제토 주지아로 스타일의 새로운 BMW 고성능 자동차 M1 모델의 제작과, 미군을 상대로 계약을 따낼 목적으로 한 미국 회사를 위해 치타Cheetah라는 코드명을 가진 오프로드* 차량을 개발하기로 했다. 이 계약 건으로 이탈리아 정부로부터 대출을 받을 수 있었지만, 두 프로젝트는 결국 실패로 돌아갔다. M1 모델은 지속적인 업계의 불안으로 제작이 거의 이루어지지 않았고, BMW는 곧바로 거래처를 옮겼다. 치타 개발은 람보르기니의 미국 고객과 포드 자동차 사이에서 지적재산권 분쟁에 휘말렸다.

절망 상태에 빠진 라이머는 람보르기니 공장을 담보로 미국 사업가 졸탄 레티Zoltan Reti로부터 돈을 빌렸다. 그러나 레티는 몇 개월 만에 돈을 돌려줄 것을 요구했고, 람보르기니는 결국 파산 선고를 받는다. 파산 관재인들이 들어오자, 로세티와 라이머는 무담보 채권자의 신분이 되었고, 결국 회사 매출과 관계없이 한 푼도 받지 못하는 신세가 되었다. 람보르기니에 행운이었던 건, 관재인으로 임명된 알렉산드로 아르테세Alexandro Artese 박사가 자동차광이었다는 사실이다. 그는 담보를 잡은 채권자를 위해 회사를 청산하는 것보다 살리는 게 낫다고 여겼다. 그래서 마세라티에 몸담았던 엔지니어 줄리오 알피에리Giulio Alfieri를 영입해 수석 엔지니어 역할을 맡겼고, 쿤타치 모델을 계속 제작할 수 있었다.

이 무렵 드디어 회사를 인수하겠다는 사람들이 나타났다. 1981년 1월, 300만 달러라는 금액에 아우토모빌리 람보르기니의 소유주가 바뀐다. 새로운 소유주가 된 패트릭 밈란Patrick Mimran과 장-클로드 밈란Jean-Claude Mimran 형제는 세네갈에서 채굴 및 설탕 생산에 깊이 관여한 프랑스계 스위스 가문의 자손이었다. 그들은 새로운 회사 누오바 아우토모빌리 페루치오 람보르기니 SpANuova Automobili Ferruccio Lamborghini SpA를 설립했고, 당시 스물네 살이던 패트릭 밈란이 대표에 오른다.

그로부터 두 달 후, 람보르기니는 알피에리가 우라코 대체 모델로 개발한 잘파Jalpa 시제품과 함께 제네바 모터쇼에 모습을 드러냈다. 잘파는 어느 스위스 회사가 디자인한 새로운 버전의

미우라 모델로 추정되는데, 빈사 상태에 빠져 있던 치타 모델을 토대로 제작한 오프로드 자동차의 초기 버전이기도 했다. 밈란 형제는 쿤타치 모델 확장 계획도 밀어붙였다. 10여 년간 출시된 쿤타치 모델 가운데 가장 크게 변화한 모델의 개발을 진두지휘한 사람은 줄리오 알피에리였다.

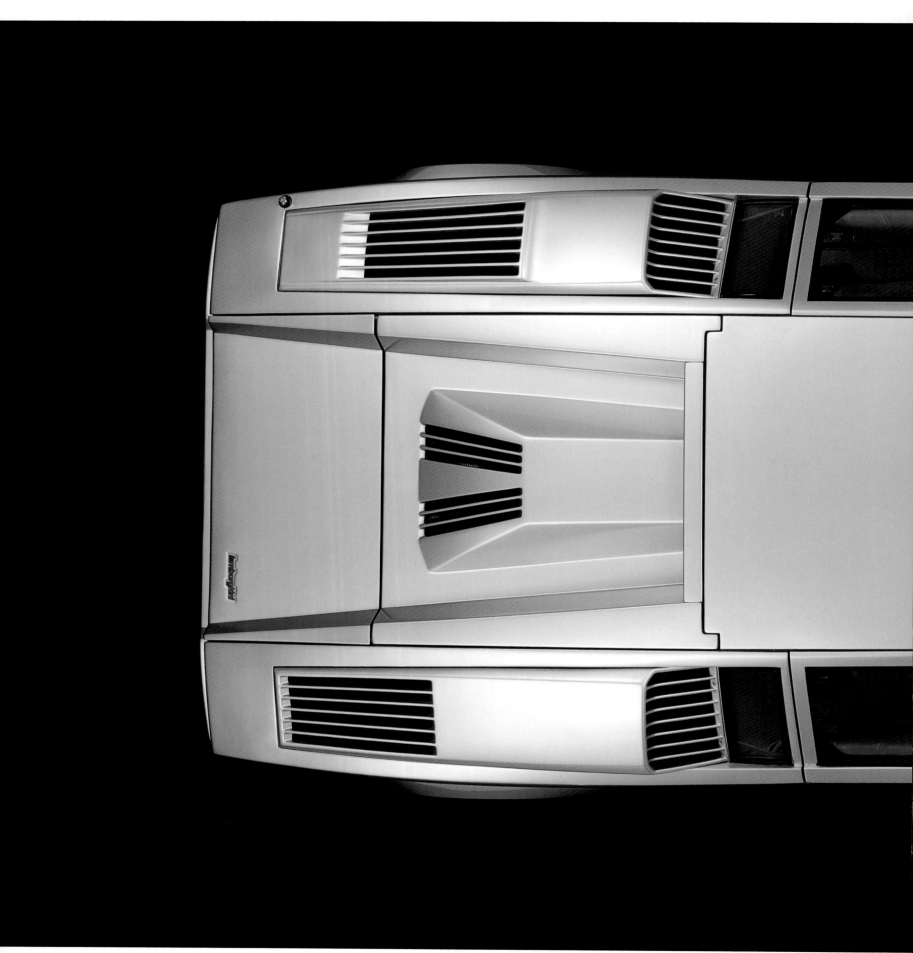

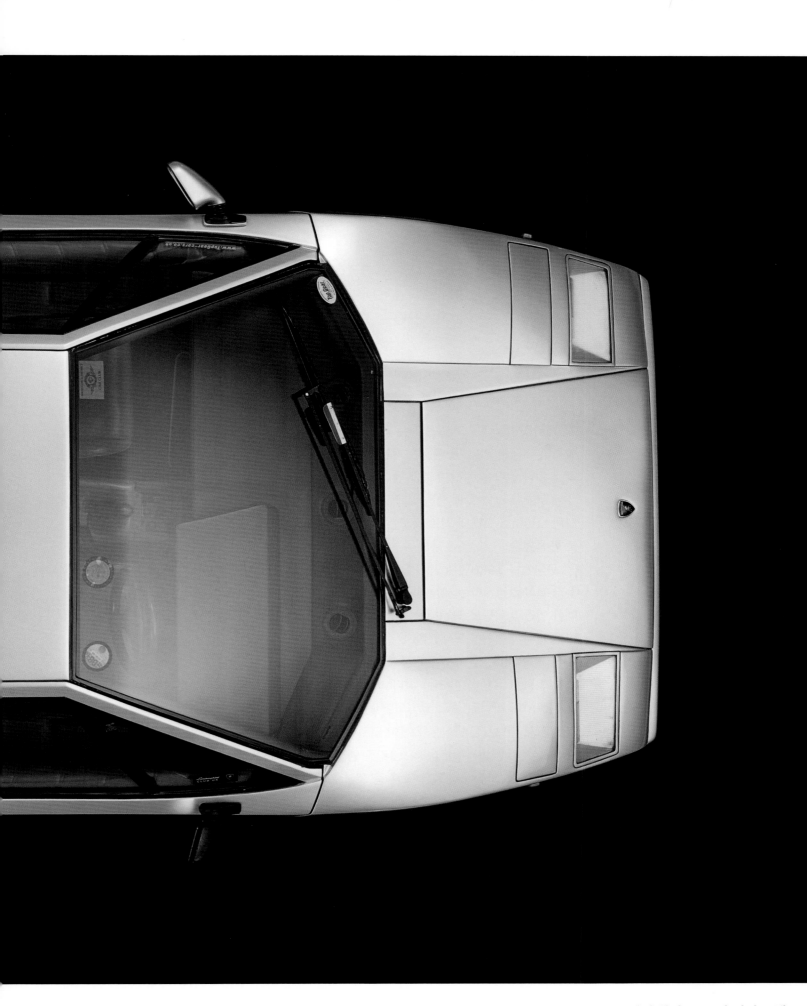

LP5000 콰트로발볼레를 기반으로, 창사 25주년인 1988년 공개된 쿤타치 창사 25주년 기념 모델은 재디자인한 스포일러와 스커트, 리어라이트, 그리고 흡입구들이 특히 눈에 띄었다.

페라리처럼 계속 새로워지는 라이벌을 따라가기란 결코 쉬운 일이 아니었다. 두툼한 휠 아치와 커다란 리어 윙 때문에 쿤타치의 독특한 외양은 본래 모습보다 더 비대해 보였다. 결국 유일한 전략은 엔진 출력을 높이는 것이었다. 알피에리는 새로 영입한 루이지 마르미롤리 Luigi Marmiroli와 함께 엔진 배기량을 5리터에 근접하게(4754cc) 키웠다. 그 결과, 새로운 쿤타치 LP500S 모델의 최고 속도는 시속 약 290km에 육박했다. 천장을 3cm 높여 실내 공간도 개선했다.

쿤타치는 1980년대 당시 유행하던 과시적 소비 풍조를 조장했다. 이전 시대의 패션과 상품과 철학을 경시하는 세상에서 이율배반적이게도 1970년대 초에 디자인된 자동차만은 차에 대한 인간의 욕망을 드러내는 물건으로 남았다. 그 욕망을 극대화하는 스포츠카 포스터가 수많은 십대의 침실을 도배했다.

휠도 커지고, 휠 아치도 커지고, 윙도 커진 쿤타치 모델은 어느 때보다 드라마틱한 외형을 갖추며 당시 유행하던 '거품 파마' 헤어스타일을 따랐다. 점점 근육질로 변해가는 도로 주행용 자동차가 바람을 뚫고 달리려면 큰 엔진 출력이 필요했다. 그러나 엔진룸 공간은 한정되어 있어서 터보차징 방식은 옵션이 되지 못했다. 엔진 자체가 커져야 했다. 당시 마르미롤리와 알피에리는 배기량 7리터짜리 12기통 엔진을 군사용 오프로드 자동차에 사용하려고 고민하고 있었다. 그 과정에서 얻은 교훈 중 일부를 쿤타치 모델에 집어넣는 엔진을 만드는 데 적용했다. 보어는 기존 상태를 유지하되 스트로크는 69mm에서 75mm로 늘림으로써 엔진 배기량이 5167cc가 되었다. 실린더 당 4개 밸브가 딸린 새로운 헤드와 함께 높아진 엔진 배기량은 이전보다 고른 출력 커브를 가능케 하며 최대 출력을 455-470 제동마력까지 끌어올렸다.

쿤타치 5000 콰트로발볼레Quattrovalvole 모델은 1985년에 공개됐다. 늘어난 부피를 상쇄하기 위해 여러 장의 케블라Kevlar 패널을 사용했고, 엔진 커버가 볼록해져 백미러에 비치는 모습이 한결 학구적으로 보였다. 문제는 단 하나, 이 자동차가 1971년 제네바 모터쇼에서 주장했던 최고 속도 시속 약 322km를 낼 수 있을지에 달려 있었다.

1986년 자동차 잡지 《패스트 레인Fast Lane》에서 작가 피터 드론Peter Dron은 피에르루이지 마르티니Pierluigi Martini(포뮬러 원 카레이서가 되고, 르망 24시간 레이스에서 우승)와 함께 아우토스트라다*에서 쿤타치 5000 콰트로발볼레의 시운전을 실시했다. 두 사람은 거

리표를 활용해 최고 속도를 쟀다. "마르티니는 심지어 밤에도 속도계가 시속 320km(람보르기니가 주장한 속도에서 겨우 1km 남짓 모자란다)를 가리키는 걸 종종 봤다고 했다. 그의 주장에 따르면, 팝업식 헤드라이트는 항력에 거의 영향을 주지 않았다. 한 번은 속도계가 시속 325km를 가리키기도 했다."

피터 드론은 말을 이었다. "우리는 한동안 쿤타치 QV5000S 모델에 대해 다소 황당한 이야기를 들었다. 솔직히 믿기 어렵지만, 도로에 차가 뜸한 시간을 찾을 수 있다면 직접 테스트하려고 한다."

얼마 지나지 않아 그들은 실제로 테스트했다. 피터 드론의 말이다.

우리는 쿤타치를 잘 알지 못했다. 람보르기니가 주장하는 성능을 믿지 못했을 뿐 아니라 윙을 달지 않으면 고속으로 달릴 때 불안정하다는 소문도 그대로 믿었다. 초기 버전은 그랬는지 모르지만, 최고 속도에서 화살처럼 일직선으로 내달리는 콰트로발볼레 모델에는 전혀 해당되지 않는 얘기였다…… 우리는 반복해서 테스트했는데 그때마다 경탄을 금치 못했다…… 그러다 마침내 또 다른 아우토스트라다로 접어들었다. 확실하다. rpm 바늘은 붉은색 구역 안에서 요동쳤고, 속도계는 시속 320km를 가리켰다.

우리는 1km마다 서 있는 첫 번째 킬로미터 표지판을 지났다. 먼 거리에서 작게 보였던 점이 곧 모습을 드러낸다. 백미러를 통해 보아도 알아채지 못하겠지만, 곧 제동 구역일 수 있다. 휙! 우리는 두 번째 킬로미터 표지판을 지나고, 피에르루이지 마르티니는 안전하게, 그리고 아주 확실히 브레이크를 밟았다. 1km를 달리는 데 겨우 11.46초! 미터법으로는 시속 314km이고, 야드파운드법으로는 시속 195.2마일. 어느 쪽으로 표현하든 번개 같다. 쿤타치!

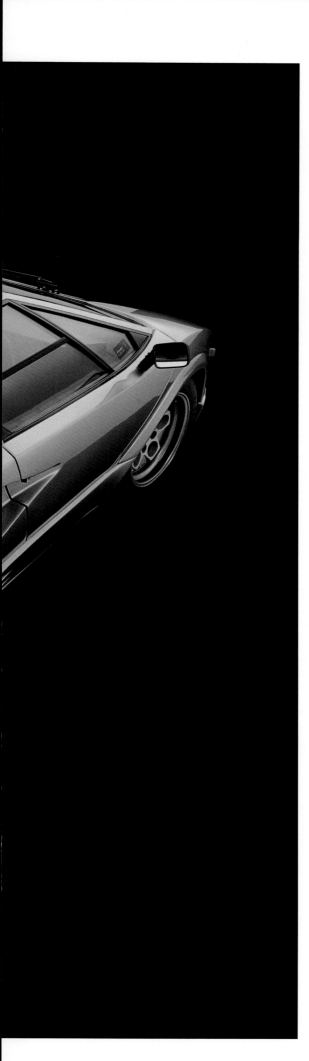

흠잡을 데 없는 경력을 보유한 엔지니어 줄리오 알피에리는 은퇴할 시기에 접어든 1978년에 람보르기니에 합류했지만, 산타가타 볼로냐에서 그가 이룬 성과는 이전 30년간 이룬 성과에 견주어 전혀 뒤지지 않았다. 1924년 이탈리아 파르마에서 태어난 그는 밀라노에서 엔지니어링을 공부하고, 세계대전 이후 혼란스러운 시대에 졸업했다.

알피에리는 처음에 선박용 증기 터빈 제작 분야에서 일했다. 1919년 그 유명한 람브레타 스쿠터 제조업체인 이노첸티Innocenti에 들어갔고, 4년 후 모데나 지역으로 이사해 마세라티에서 지오아키노 콜롬보Gioacchino Colombo와 함께 일했다. 그 어떤 시대보다 혼란스러웠던 때, 마세라티는 전도유망하고 잠재적 수익성도 갖춘 포뮬러 원 레이스용 250F 모델을 개발 중이었고, 소유주 아돌포 오르시Adolfo Orsi는 도산을 막기 위해 재정 문제에 머리를 싸매고 있었다. 알피에리는 250F 모델의 배기량 2.5리터짜리 6기통 직렬 엔진 설계에 관여했는데, 이후 12기통 엔진(이 엔진은 결국 1960년대 말에 포뮬러 원 레이스에 사용됐다)과 작지만 아름다운 티포 1 '버드케이지' 모델을 개발하는 등 마세라티의 유명한 프로젝트에 참여했다.

마세라티에 몸담던 시절은 재정적으로 극심한 혼란기였다. 오르시가 아르헨티나에 공구를 공급한다는, 이른바 '돈벌이용' 계약을 맺고 나서 마세라티는 파멸 직전에 내몰렸다. 20년 후, 남미 국가와 계약했다가 궁지에 몰렸던 람보르기니와 비슷한 경우였다. 아르헨티나의 독재자 페론Peron 장군이 쿠데타로 실각하고 뒤를 이은 계승자들은 정산에 전혀 관심이 없었다. 그 바람에 마세라티를 소유한 이탈리아 은행들은 큰 부채를 떠안았고, 1958년에는 크레디토 이탈리아노 은행이 오르시의 해임을 요구하기에 이르렀다. 결국 마세라티는 큰 타격을 입지만, 다행히 프랑스 자동차 제조업체 시트로엥에 인수된다. 시트로엥은 1967년에 소액 주주가 되었고, 이후 1971년 마세라티의 주식을 전부 인수한다.

알피에리는 시트로엥의 플래그십 스포츠 설룬을 대체하는 미래지향적인 SM 모델의 6기통 엔진을 비롯해 마세라티 메락Merak, 캄신Khamsin, 보라 모델의 개발을 진두지휘하며 또 다른 전성기를 맞는다. 하지만 좋은 시절은 오래가지 못했다. 1970년대 초 세계를 강타한 석유 위기로 일명 기름 잡아먹는 기계의 판매가 급감하면서 마세라티는 람보르기니와 마찬가지로 타격을 입었다. 1975년, 시트로엥의 재무 관계자들은 더 이상 참지 못하고 파산을 선언하며 정리해고를 단행했다.

마세라티는 다시 생사의 갈림길에 섰다. 우선 정부의 지원을 받아 지주 회사로 전환했고, 예측 불가능한 성격이라고 알려진 새로운 소액 주주 알레한드로 드 토마소Alejandro De Tomaso로부터 자금 지원을 받았다. 대신 그는 전체 노동자의 약 50퍼센트를 해고하는 무자비한 처방을 내렸다. 알피에리 역시 50퍼센트에 포함되었다. 출근한 그를 기다리는 것은 주차장에 놓인 사무실 비품이었다.

이후 람보르기니에 합류한 알피에리는 밈란 형제가 새 모델에 투자하기 전까지는 '도둑을 피하려다 강도를 만난 격'이었다. 그러나 이후 기술 책임자로서 새로운 잘파 모델을 개발하고, 쿤타치를 1980년대의 아이콘으로 재탄생시켰다. 그는 1987년 람보르기니가 크라이슬러Chrysler에 인수될 당시 은퇴를 선언했다. 2002년, 잠깐 앓는가 싶던 알피에리는 그대로 세상을 떠나고 말았다. 78번째 생일을 목전에 두고.

Countach Quattrovalvole / Anniversary
쿤타치 콰트로발볼레 / 애니버서리 모델

섀시	강철 스페이스-프레임
서스펜션	독립 더블 위시본, 코일 스프링과 텔레스코픽 쇼크 업소버, 안티-롤 바(프론트); 어퍼 트랜스버스 링크와 래디어스 암들이 딸린 독립 로워 더블 위시본, 트윈 코일 스프링과 텔레스코픽 쇼크 업소버, 안티-롤 바(리어)
브레이크	통풍형 ATE 디스크
휠베이스	2500mm
프론트/리어 트랙	1536mm/1606mm
휠/타이어	15×8.5인치, 피렐리 P7F 225/50(프론트); 16×12인치, 피렐리 P7F 345/45(리어)
애니버서리 모델	15×8.5인치, 피렐리 피제로 225/50(프론트); 16×12인치, 피렐리 피제로 345/35(리어)
엔진	60도 각도의 후방 세로 장착형 12기통 엔진
보어/스트로크	85.5mm/75mm
엔진 배기량	5167cc
엔진 압축비	9.5:1
최대 출력	7000rpm에서 455 제동마력 (람보르기니 측 주장)
밸브 장치	듀얼 오버헤드 캠샤프트, 체인 구동, 실린더 당 밸브 4개
연료/점화 장치	듀얼 벤딕스 펌프, 웨버 DCNF 카뷰레터 6개, 전자 점화
윤활 시스템	웨트 섬프
기어박스	람보르기니 5단 수동
변속기	이륜구동
클러치	드라이 싱글-플레이트
건조 중량	1490kg
최고 속도	시속 약 296km(람보르기니 측 주장)

QV5000S 모델은 631대를 제작했다. 1986년 밈란 형제가 크라이슬러를 상대로 회사 매각 협상에 들어가면서 람보르기니는 상승세를 탔다. 시속 200마일(약 322km)의 장벽이 여전히 버티는 상황에서 알피에리는 1987년 '에볼루지오네Evoluzione*'라고 알려진 시제품을 만드는 데 힘을 쏟고 있었다. 시제품은 레이스카 타입의 알루미늄 모노코크와 알루미늄 패널이 특징이었다. 사람들은 사진을 보고 새로운 쿤타치 모델의 시제품이라고 믿었지만 결국에는 엔지니어링 습작으로 그쳤다. 그나마 제작된 한 대마저도 충돌 테스트로 부서지고 말았고.

1987년 5월, 밈란 형제는 람보르기니를 3300만 달러에 크라이슬러에 매각하며 큰돈을 벌었다. 소유권이 바뀌고 람보르기니가 처음 한 일은 자신들의 플래그십 모델을 손보는 것이었다.

1988년에 공개한 쿤타치 애니버서리Countach Anniversary 모델은 람보르기니 창사 25주년을 기념하는 모델이었다. 엔지니어 호라시오 파가니Horacio Pagani가 몇 가지 요소를 추가하는 바람에 람보르기니 애호가 사이에 논란이 벌어지기도 했지만, 탄소섬유의 사용 확대는 이후 출시될 람보르기니 모델에 좋은 기준이 된다.

이 장에서 소개한 은빛 모델에서 볼 수 있듯이 쿤타치 창사 25주년 기념 모델은 미국 안전 규정을 충족하기 위해 뒤 범퍼가 더 크다. 투자 목적으로 보유하는 게 아니라 자신이 직접 몰고 다니려던 사람들은 전기로 조절할 수 있는 시트에 만족했다. 이러한 사례는 람보르기니가 개발 과정에서 미국인의 취향을 점점 많이 반영하고 있음을 보여주었다. 사람들은 궁금해했다. 람보르기니가 미국인의 손에 넘어간 상황에서 쿤타치의 다음 모델은 어떤 모습을 하게 될까?

Countach LP400 S
쿤타치 LP400 S

섀시	강철 스페이스-프레임
서스펜션	독립 더블 위시본, 코일 스프링과 텔레스코픽 쇼크 업소버, 안티-롤 바(프론트); 어퍼 트랜스버스 링크와 래디어스 암들이 딸린 독립 로워 더블 위시본, 트윈 코일 스프링과 텔레스코픽 쇼크 업소버, 안티-롤 바(리어)
브레이크	**통풍형 걸링 디스크**
휠베이스	2450mm
프론트/리어 트랙	1492mm/1606mm
휠/타이어	15×8.5인치, 피렐리 P7 205/50(프론트); 15×12인치, 피렐리 P7 345/55(리어)
엔진	60도 각도의 후방 세로 장착형 12기통 엔진
보어/스트로크	**82mm/62mm**
엔진 배기량	**3929cc**
엔진 압축비	**10.5:1**
최대 출력	**7500rpm에서 353 제동마력 (람보르기니 측 주장)**
밸브 장치	듀얼 오버헤드 캠샤프트, 체인 구동, 실린더 당 밸브 2개
연료/점화 장치	듀얼 벤딕스 펌프, 웨버 DCOE 카뷰레터 6개, **코일 2개**
윤활 시스템	웨트 섬프
기어박스	람보르기니 5단 수동
변속기	이륜구동
클러치	드라이 싱글-플레이트
건조 중량	**1200kg**
최고 속도	**시속 약 285km(람보르기니 측 주장)**

Countach LP500 S
쿤타치 LP500 S

섀시	강철 스페이스-프레임
서스펜션	독립 더블 위시본, 코일 스프링과 텔레스코픽 쇼크 업소버, 안티-롤 바(프론트); 어퍼 트랜스버스 링크와 래디어스 암들이 딸린 독립 로워 더블 위시본, 트윈 코일 스프링과 텔레스코픽 쇼크 업소버, 안티-롤 바(리어)
브레이크	**통풍형 ATE 디스크**
휠베이스	2450mm
프론트/리어 트랙	1492mm/1606mm
휠/타이어	15×8.5인치, 피렐리 P7 205/50(프론트); 15×12인치, 피렐리 P7 345/55(리어)
엔진	60도 각도의 후방 세로 장착형 12기통 엔진
보어/스트로크	**85.5mm/69mm**
엔진 배기량	**4754cc**
엔진 압축비	**9.2:1**
최대 출력	**7000rpm에서 375 제동마력 (람보르기니 측 주장)**
밸브 장치	듀얼 오버헤드 캠샤프트, 체인 구동, 실린더 당 밸브 2개
연료/점화 장치	듀얼 벤딕스 펌프, 웨버 DCOE 카뷰레터 6개, **전자 점화**
윤활 시스템	웨트 섬프
기어박스	람보르기니 5단 수동
변속기	이륜구동
클러치	드라이 싱글-플레이트
건조 중량	**1490kg**
최고 속도	**시속 약 299km(람보르기니 측 주장)**

4장 루프를 들어 올리다

뒤늦은 깨달음을 고백한다. 우라코 모델이 시장의 외면을 받은 이유는 두 가지였다. 하나는 1970년대 중반 위태로운 재정 상태가 말해주듯이 람보르기니의 미래가 불확실했다는 점. 나머지 하나는 그래서 람보르기니는 고객이 원하는 가격으로 만들 수 없다는 세간의 인식이었다. 당시 람보르기니 경영진이 왜 이런 현실을 깨닫지 못했는지, 상황을 바꿀 힘은 없었던 건지 충분히 이해할 만하다. 그때 책임자들은 에너지를 몽땅 미개척 시장에 쏟아붓고 있었으니까 말이다.

미 국 시 장 진 출

람보르기니 실루엣 모델은 예산이
제한적이었던 탓에 주로 우라코 모델을
토대로 제작되었으나, 새로운 서스펜션
구조 덕에 최신의 피렐리 타이어를 장착할
수 있었다.

미국에서는 포르쉐와 페라리가 선보인 포르쉐 타르가Targa 모델 스타일의 탈착식 루프가 유행했다. 알다시피 미국은 람보르기니가 대량 판매를 위해 온갖 노력을 기울인 시장이었다. 람보르기니가 미국의 안전 및 배출 가스 규정을 준수하려 애쓴 것은 당연했다. 1974년 페루치오가 람보르기니를 떠난 뒤 이사회에 새로 합류한 루이지 카펠리니Luigi Capellini는 드 토마소 출신이었다. 드 토마소는 당시 미국 시장에 판테라Pantera 모델을 들여와 큰 성공을 거둔 참이었다. 미국 시장을 정복한 카펠리니는 8기통 엔진 플랫폼 비용을 줄일 수 있는 지붕 없는 새로운 오픈카 모델 개발에 사활을 걸었다.

람보르기니는 다시 한번 베르토네에 디자인을 의뢰했다. 개발 비용은 우라코 P300 모델을 토대로 제작하여 상쇄했다. 실루엣Silhouette 모델은 1976년 토리노 모터쇼에서 시제품 형태로 공개되었다. 새 모델은 우라코의 도어와 앞 유리를 그대로 가져왔지만, 세세한 요소와 각종 비율에서 큰 변화를 맞이했다.

물론 변화는 베르토네 덕분이었다. 특히 하단부가 많이 변했다. 잔 파올로 달라라와 새로운 수석 엔지니어 프랑코 바랄디니Franco Baraldini는 새로 나온 피렐리 P7 타이어를 채택했다. 달라라가 '자동차 역사상 가장 위대한 단일 부품 혁신'이라 칭한 이 선택으로 앞뒤 트랙, 즉 앞바퀴와 뒷바퀴 사이의 좌우 거리가 넓어졌고(앞 트랙은 34mm, 뒤 트랙은 62mm), 서스펜션 구조가 달라졌으며, 최종 구동 장치 비율도 커졌다. 무엇보다 P7 타이어를 위해 특별 제작한 캄파뇰로의 근사한 15인치 주조 마그네슘 휠을 사용할 수 있게 되었다. 이 밖에도 달라라는 천장 부분이 뚫리면서 생겨나는 강직성 손실을 메우기 위해 모노코크를 보강하고, 안전 규정을 준수하기 위해 전복 사고에 필요한 금속 틀도 장착했다.

미국 시장 공략에 필요한 또 다른 전제 조건은 인테리어 개선이었다. 람보르기니는 새로운

인스트루먼트 패널을 채택했다. 그 결과 우라코 모델에 비해 각종 다이얼과 개폐 장치의 위치가 산만해 보이지 않게 되었다. 보다 널찍한 버킷 시트*에는 더욱 고급스러운 패브릭을 둘렀다 (가죽은 옵션). 섀시를 변경하는 바람에 뒷열 시트는 사라지고, 대신 타르가 루프 패널을 넣을 짐칸 공간이 마련됐다. 실루엣 모델은 분명 2인승 자동차였다.

토리노 모터쇼 이후 딱 한 달 후인 1976년 10월, 영국 람보르기니 수입업자 로저 필립스 Roger Phillips는 친구 두 명과 자동차 전문 잡지 《카》의 기자 멜 니컬러스Mel Nicholas와 함께 산타가타 볼로냐에 있는 람보르기니 본사를 방문했다. 런던에서 열리는 얼스 코트 쇼에 전시할 쿤타치, 우라코, 그리고 처음 제작한 실루엣 모델을 각각 한 대씩 구입하기 위함이었다.

멜 니컬러스는 몇 개월 후 잡지에 실은 '여행단Convoy'이라는 글에서 시속 약 257km의 속도로 질주한 유럽 횡단 여행을 회상했다. 1970년대를 풍미한 자동차 저널리즘의 정점을 찍는 멋진 이야기였지만, 동시에 힘들었던 람보르기니의 아픔이 담긴 이야기였다. 새로 합류한 수석 엔지니어 프랑코 바랄디니는 여행단에 동참하지 못했다. M1 슈퍼카 프로젝트 추진을 위해 독일에서 BMW 관계자들을 만나고 있었기 때문이다. 회사 소유주 르네 라이머 역시 동참하지 못했는데, 그는 이탈리아 정부가 약속한 150만 달러의 보조금을 기다리고 있었다.

노동조합 파업으로 실루엣 모델이 완성되지 못한 탓에 유럽 횡단 자동차 여행은 하루 늦춰졌다. 그래도 상관없었다. 실루엣에 오른 멜 니컬러스는 프랑스 앵강River Ain 계곡을 가로지르는 '꿈의 도로'인 D979 다리를 달려도 좋다는 승낙을 받아내 마법 같은 순간을 만끽했으니 말이다.

"우리 차는 세금 한 푼 내지 않고 그저 도로를 집어삼킬 듯 내달렸다. 8기통 미드-엔진을 장착한 실루엣 모델은 커브 길에서 종종 앞으로 치고 나가면서도 속도가 충분히 남았을 정도다. 그 많은 커브 길에서도 시속 약 112km 밑으로 떨어지지 않았고, 종종 시속 약 160km도 나왔다. 커브 중간에 돌출된 바닥을 지날 땐 가끔 무서웠지만, 실루엣은 주행선을 벗어나는 법이 없었다. 젖은 웅덩이를 만나 브레이크를 밟아도 자세가 흐트러지지 않았다."

멜 니컬러스는 이런 말도 했다. "아, 가죽을 두른 핸들과 더할 나위 없이 부드럽게 제어되는 서스펜션이 어찌나 생생히 느껴지던지! 자동차라는 물건이 얼마나 뛰어날 수 있는지, 당신이 얼마나 빨리, 안전하게 여행할 수 있는지 깨닫게 될 것이다. 원하는 방향에서 한 치의 어긋남 없이 그저 즐거운 마음으로 운전하게 될 테니까 말이다."

하지만 람보르기니가 갑자기 법정 관리에 들어가고, 유럽의 새로운 충돌 테스트 규정이 덮쳐오면서 실루엣 모델은 고작 50대만 판매되는 치명타를 입는다. 파산 관재인은 줄리오 알피에리를 관리 책임자로 지명한다. 알피에리는 람보르기니 모델군을 확대해 새로운 소유주들의 마음을 사로잡아야 했다. 신차를 개발할 자금을 확보할 수 없는 상황에서 그는 실루엣 모델을 토대로 다른 모델을 개발하기로 마음먹는다. 모두가 그나마 팔릴 모델은 지붕 없는 오픈카 모델이라고 생각했는데, 그 점에서는 람보르기니가 옳았다.

Silhouette P300

실루엣 P300

섀시	강철 플랫폼
서스펜션	독립 맥퍼슨 프론트/리어, 코일 스프링, 텔레스코픽 쇼크 업소버, 안티-롤 바
브레이크	통풍형 걸링 디스크
휠베이스	2450mm
프론트/리어 트랙	1484mm/1532mm
휠/타이어	8×15인치, 피렐리 P7 195/15(프론트); 11×15인치, 피렐리 P7 285/15(리어)
엔진	90도 각도의 미드 장착형 8기통 엔진
보어/스트로크	86mm/64.5mm
엔진 배기량	2996cc
엔진 압축비	10.1:1
최대 출력	7500rpm에서 260 제동마력
밸브 장치	듀얼 오버헤드 캠샤프트, 체인 구동, 실린더 당 밸브 2개
연료/점화 장치	웨버 카뷰레터 4개, 벤딕스 펌프, 코일 2개와 배분기 1개
윤활 시스템	웨트 섬프
기어박스	람보르기니 5단
변속기	후륜구동
클러치	드라이 싱글-플레이트, 유압식
건조 중량	1175kg
최고 속도	시속 약 259km

람보르기니는 법정 관리를 받는 상황에서도 회사의 잠재 고객들과 특히 미국의 람보르기니 잠재 고객들을 끌어들이기 위해 잘파 모델을 개발했다. 차체가 변경되면서 범퍼 역시 미국 규정에 맞춰 변경됐다.

실루엣은 스포츠카 레이싱 포맷에서 이름을 따왔으나, 람보르기니는 잘파의 모델명을 정하면서 투우의 이름에서 자동차 모델명을 따오는 전통으로 되돌아갔다. 자동차 스타일을 바꾼 건 베르토네의 마르크 데샹Marc Deschamps(1980년에 공개한 아톤Athon 콘셉트카도 그가 디자인한 것이다)으로, 사각형 휠 아치를 정리하고, 미국 스펙에 맞춰 앞뒤 범퍼를 통합했다. 이는 람보르기니 자동차의 미국 시장 진입에 상당히 중요한 결정이었다. 가죽으로 화려하게 장식한 인테리어도 미국에서나 먹혔지, 다른 곳에서는 성공을 거두지 못했다. 상자 모양의 인스트루먼트 패널 역시 조롱을 감수해야 했다(어느 잡지는 "마치 모든 다이얼이 따로 노는 것 같다"고 혹평했다).

알피에리는 엔진을 그랜드 투어링카에 적합하게 만들기 위해 엔진 스트로크를 75mm로 늘려 전체 배기량이 3485cc가 되었다. 최대 출력은 255 제동마력이었지만, 8기통 미드 엔진은 일찍이 500rpm에 도달했으며, 최대 토크 역시 176.8Nm에서 314.5Nm로 늘어났다.

이런 노력에도 불구하고 잘파 모델이 밈란 형제의 람보르기니를 설득하는 데 그다지 큰 영향을 끼치지 못할 거라는 우려는 여전했다. 어쨌거나 잘파는 람보르기니 소유권이 형제에게 이전되고 2개월 뒤에 1981년 제네바 모터쇼에서 공개됐다. 1982년부터 1988년까지 이 모델의 총 제작 대수는 410대에 머물렀다. 페라리 308GTB 모델이 10년간 1만 2000대 넘게 팔린 것에 비하면 정말 형편없는 수치였다. 잘파는 마지막으로 자연흡기식 8기통 엔진을 장착했던 모델로, 람보르기니의 밝은 미래를 보장하는 데 작지만 유용한 역할을 했다.

Jalpa

잘파

섀시	강철 플랫폼
서스펜션	독립 맥퍼슨 프론트/리어, 코일 스프링, 텔레스코픽 쇼크 업소버, 안티-롤 바
브레이크	통풍형 걸링 디스크
휠베이스	2450mm
프론트/리어 트랙	1500mm/1554mm
휠/타이어	8×16인치, 피렐리 P7 195/16(프론트); 11×16인치, 피렐리 P7 285/16(리어)
엔진	90도 각도의 미드 장착형 8기통 엔진
보어/스트로크	86mm/75mm
엔진 배기량	3485cc
엔진 압축비	9.2:1
최대 출력	7500rpm에서 255 제동마력
밸브 장치	듀얼 오버헤드 캠샤프트, 체인 구동, 실린더 당 밸브 2개
연료/점화 장치	웨버 카뷰레터 4개, 벤딕스 펌프, 코일 2개와 배분기 1개
윤활 시스템	웨트 섬프
기어박스	람보르기니 5단
변속기	후륜구동
클러치	드라이 싱글-플레이트, 유압식
건조 중량	1435kg
최고 속도	시속 약 249km

람보르기니는 밈란 형제 체제에서 체력을 회복했다. 그러나 잘파를 대체하려면, 아니, 어쩌면 더 중요한 일이었을 노후화된 쿤타치 모델을 대체하려면 다시 투자를 유치해야 했다. 간디니의 놀라운 쐐기형 디자인은 수십 년간 끊임없이 변화를 거듭했고, 덕분에 변화하는 유행 속에서도 고고하게 제자리를 지켜왔다. 그러나 범접할 수 없는 지위를 넘보는 도전자가 계속 나타났다. 페라리 F40과 포르쉐 959 모델은 시속 322km가 넘는 슈퍼카에 도달해 있었다. 느려 터진 쿤타치로는 건널 수 없는 속도의 루비콘강이었다.

거듭난 슈퍼카

1987년 4월, 크라이슬러가 수천만 달러를 주고 람보르기니를 인수한 후 회사의 미래는 보장되는 듯했다. 누오바 아우토모빌리 페루치오 람보르기니 SpA의 자산은 모두 새로운 지주 회사 아우토모빌리 람보르기니 SpA로 넘어갔다. 진취적인 새 이사들이 이사회에 입성했는데, 그들을 이끈 주인공은 이탈리아 이민자의 아들, 리 아이어코카Lee lacocca였다. 아이어코카는 자동차 분야에서 레이거노믹스*를 대표한 인물로, 1978년 크라이슬러가 파산 위기에 처했을 때 대규모 대출을 유치해 회사를 살리고, 이후 흑자로 전환시킨 인물이었다. 그는 매사를 자기 뜻대로 밀어붙였는데, 말하자면 이사회에서 만장일치로 람보르기니 인수를 결정했다는 말이 사실은 이사들 대부분이 자리 보전을 위해 보스의 의견을 따랐다는 뜻이었다.

당연한 이야기지만, 밈란 형제는 회사를 매각할 요량으로 투자 유치 활동을 전면 중단했다. 그 바람에 이후 나와야 할 디아블로Diablo 모델의 개발도 시작과 동시에 멈춰 있었다. 그럼에도 크라이슬러 이사들은 디아블로 모델 출시 목표를 1988년 4/4분기로 결정했다. 크라이슬러가 향후 람보르기니를 어떻게 할 것인지, 그리고 람보르기니 인수를 위해 얼마나 많은 돈을 투자할지를 놓고 장고에 들어가며 이 일정은 곧바로 흐지부지됐지만 말이다.

당시 크라이슬러 이사회는 세 가지 옵션을 놓고 고심했다. 람보르기니를 모든 걸 자체 조달하는 완전 독립체로 만들 것인가? 후광 효과만 내는 브랜드로 남겨 '스포츠' 모델을 대량 생산할 것인가? 아니면 급성장 전략을 택해 빠른 시일에 람보르기니를 페라리 규모로 키워 1년에 2500대 이상 판매하는 기업으로 만들 것인가? 첫 번째 옵션은 람보르기니에 성장 기회를 충분히 주지 못한다는 이유로 폐기됐다. 현명한 결정이었다. 람보르기니라는 브랜드 가치만 빼먹는 두 번째 옵션은 1980년대와 1990년대의 포드 머스탱Mustang처럼 람보르기니의 브랜드 가치만 떨어뜨릴 거라는 이유로 폐기됐다. 역시 현명했다.

디아블로 VT 로드스터

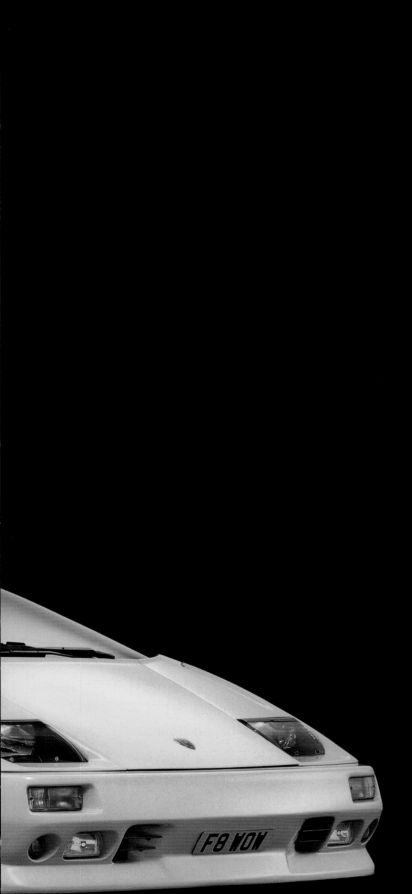

Diablo Roadster
디아블로 로드스터

섀시	합성 패널로 된 강철 스페이스-프레임
서스펜션	독립 더블 위시본 프론트/리어, 코일 스프링과 텔레스코픽 쇼크 업소버, 안티-롤 바
브레이크	통풍형 브렘보 디스크
휠베이스	2650mm
프론트/리어 트랙	1540mm/1640mm
휠/타이어	17×8.5인치, 피렐리 피제로 245/40(프론트); 17×13인치, 피렐리 피제로 335/35(리어)
엔진	60도 각도의 후방 세로 장착형 12기통 엔진
보어/스트로크	87mm/80mm
엔진 배기량	5707cc
엔진 압축비	10:1
최대 출력	6800rpm에서 492 제동마력
밸브 장치	듀얼 오버헤드 캠샤프트, 체인 구동, 실린더 당 밸브 4개
연료/점화 장치	듀얼 벤딕스 펌프, 람보르기니 전자 제어식 연료 분사
윤활 시스템	웨트 섬프
기어박스	람보르기니 5단 수동
변속기	사륜구동
클러치	드라이 싱글-플레이트
건조 중량	1625kg
최고 속도	시속 약 323km(람보르기니 측 주장)

　세 번째 선택으로 람보르기니의 수석 엔지니어 루이지 마르미롤리는 정말 많은 일을 맡게 된다. 이미 내부에서 P140이라 불렀던 새로운 잘파 모델에 들어갈 배기량 4리터짜리 10기통 엔진을 개발하던 그는 디아블로 개발 프로젝트를 재개하기에 앞서 창사 기념 쿤타치 모델 개발 작업도 마무리해야 했다. 람보르기니는 마르첼로 간디니에게 스타일링 제안을 부탁했고, 그는 1988년 여름에 실물 크기의 모형을 만들었다.

　간디니의 제안은 그야말로 드라마틱했다. '어깨' 공기 흡입구를 리어-덱 쪽으로 옮겼고, 뒤쪽 4분의 3 패널에 넣은 그보다 작은 흡입구의 모양은 줄어든 크기의 팬처럼 생긴 스트레이크strake가 특징이었다. 양옆 창은 앞부분 끝에서 아래쪽으로 뚝 떨어졌고, 엔진 커버는 대개 유리였으며, 뒤쪽 휠 아치의 라인은 간디니의 시트로엥 BX 해치백 모델처럼 테일라이트 쪽으로 넘어가 있었다.

　그 무렵 음악 프로듀서 조르조 모로더Giorgio Moroder가 일부 자금을 지원해 제작한 시제타Cizeta의 한정판 슈퍼카가 공개됐다. 16기통 엔진을 장착한 시제타 모로더 V16 모델이다. 이로 인해 간디니와 고객들 사이에 일대 소동이 벌어지는데, 간디니가 자신이 제안한 오리지널 디아블로 스타일을 이용해 그 자동차를 만드는 바람에 디아블로 모델이 어중간한 상황에 놓였기 때문이다. 결국 크라이슬러는 간디니에게 처음 제안했던 스타일을 수정하게 했다. 그래서 최종 시판 때의 디아블로는 오리지널 디아블로와 전혀 다른 모습을 띠게 된다.

　신흥 제조사 시제타는 결국 자동차 단 몇 대만을 내놓고 파산한다. 1980년대 말에 불어닥친 슈퍼카 붐 속에서 또다시 오일 쇼크가 일어날 거라는 예상은 누구도 하지 못했다. 산타가타 볼로냐의 람보르기니 직원들과 새로운 소유주들 사이의 관계는 '여기서 만든 게 아니다 증후군 not-invented-here syndrome*' 영향을 받았지만 간디니와 마르미롤리가 로드 테스트용 시제품을 만들자, 크라이슬러 경영진은 그 프로젝트에 자기 사람들을 참여시킬 복안을 꾀한다. 1987년, 심각한 자동차 사고 후 업무에 복귀한 람보르기니 사장 에밀레 노바로Emile Novaro는 그런 경영진에 맞서 자기가 데리고 있던 엔지니어들에게 그 프로젝트를 맡기려 안간힘을 썼다.

　1989년 초, 우리에게 친숙한 배기량 5.2리터짜리 콰트로발볼레 12기통 엔진을 장착하여, 멀리서 보면 쿤타치 모델 비슷해 보이는 첫 디아블로 시제품이 피아트의 나르디 테스트 트랙에 자태를 드러냈다. 핸들을 잡은 사람은 람보르기니의 테스트 드라이버 발렌티노 발보니였다.

디아블로는 쿤타치를 개선한 모델이었지만, 최고 속도는 여전히 만족스럽지 못했다. 마르미롤리 팀은 이 문제를 해결하려고 양면 작전을 택했다. 한편으론 출력을 높이고, 다른 한편으로는 공기역학 측면을 개선하려 한 것이다. 그 결과, 지오토 비자리니가 설계한 12기통 엔진은 다시 강력해져서 엔진 배기량이 5707cc, 보어/스트로크는 87mm/80mm에 이르렀다. 동시에 기어박스를 보다 앞에 놓는 형태로 재설계했다. 링키지는 훨씬 짧아지고, 출력축은 오른쪽으로 옮겨져 드라이브샤프트가 섬프를 통과하는 게 아니라 섬프와 나란히 놓였다.

크라이슬러는 미학적인 변화를 원했다. 그래서 간디니에게는 다소 유감스럽게도 미국 디트로이트의 디자인 부문 부사장 톰 게일Tom Gale 팀이 프로젝트를 진행했다. 디아블로 모델의 완성된 모습을 보고 이의를 제기하는 사람은 거의 없었다. 차 뒷부분은 덜 무거워 보였고, 측면도 너무 길쭉해 보이지 않았다. 뒤쪽 공기 흡입구는 깔끔하게 정리되었고, 팬처럼 생긴 뒤쪽 4분의 3부분의 패널은 유리로 대체됐다. 유행을 좇은 시제타의 모델에 비해 세월이 흘러도 살아남을 디자인이었다. 간디니조차 양산 모델의 측면에 자신의 서명을 부착하는 걸 허용할 정도로 마음에 들어 했다.

간디니의 오리지널 비전은 다소 희석되었지만, 풍동* 테스트 수치는 그 변화가 옳았음을 입증했다. 쿤타치의 항력 계수가 0.42였던 데 반해 디아블로의 항력 계수는 0.31이었다. 안타까운 건 디아블로 모델이 여러 이유로 인해 무게가 더 나갔다는 점이다. 휠베이스는 쿤타치보다 약 152mm 크고, 높이는 약 36mm 높았다(그래 봐야 여전히 전체 높이가 약 1105mm밖에 안 됐지만). 각종 기기도 더 좋아졌다. 고급 패브릭과 가죽을 사용했고, 창들은 전기 모터로 완전히 안쪽으로 집어넣을 수 있었다. 차 전면부는 간디니의 제안을 살려 앞쪽으로 경사졌으며, 사이드 미러로 보는 시야도 훨씬 좋아졌다. 1992년까지만 해도 후륜구동 방식이었지만, 전면부의 기계적인 구조를 바꿔 사륜구동 방식도 가능해졌다.

미국 시장에서는 1980년대에 이미 충돌 테스트 규정을 시행했다. 이에 따라 섀시는 기존에 정평이 난 람보르기니 람보Lambo 모델의 스페이스-프레임 관행을 따랐지만, 원형 튜브 대신 사각형 튜브를 사용했다. 추가 버팀대로 인한 무게 증가분은 합성 패널을 보강해 상쇄했다. 마찬가지로 자동차 프레임의 경우 도어와 쿼터 패널에 알루미늄 합금을 입혔고, 엔진 커버, 후드, 범퍼에는 탄소-유리섬유 합성 물질을 썼다.

오늘날의 슈퍼카 구매자들은 많은 실내 편의시설과 고급스러운 마감 외에 기계적인 측면에서도 세련됨을 기대한다. 디아블로 모델은 레이스카 스타일의 로즈 조인트* 같은 것을 사용하지 않고, 서스펜션은 안티-다이브* 및 안티-스쿼트* 현상이 줄어들도록 다시 디자인했다. 더불어 디아블로에는 이제는 대부분 시장에서 의무 사항으로 자리 잡은 삼원 촉매 변환기를 사용했다. 그래서 배기량 5.7리터짜리 12기통 엔진에는 그간 잘 써온 웨버 카뷰레터를 쓰지 않았다. 그 자리에는 새로운 웨버-마그네티 마렐리Weber-Magnetti Marelli 다지점 연료 분사 장치가 쓰였다.

1990년 1월 몬테카를로에서 열린 출시 기념행사에서 디아블로 모델이 모습을 드러냈을 때, 대다수 자동차 테스터들은 한 가지 의문을 제기했다. 전작에 비해 무게가 약 164kg 늘어났는데 더 강력해진(저물어가는 쿤타치의 455 제동마력에서 492 제동마력으로) 엔진 출력과 매끈해진 공기역학 구조를 통해 늘어난 무게를 극복할 수 있겠느냐는 것이다. 결정적으로 중요한 순간이었다. 게다가 디아블로 공식 출시를 2주 앞둔 시점에서, 페라리는 F40 모델 일부를 미국 시장에 수출하는 데 필요한 형식 승인을 받았다고 발표했다.

디아블로 모델 인도는 9월에 시작됐다. 초기 반응은 대체로 긍정적이었다. 당시 영국 자동차 전문 잡지 《오토카》의 유럽 편집자 피터 로빈슨Peter Robinson은 이렇게 썼다.

람보르기니의 신차 디아블로는 아주 대조적인 면을 지닌 슈퍼카다. 일본 자동차 제조업체들은 그런 자동차를 생산할 생각조차 하지 않을 정도로 감정적 측면에서나 개성적 측면에서 터무니없을 만큼 화려한 자동차다. 모순되는 면도 많고 결점 또한 많지만(두 가지 정도는 용서할 수 없다), 전설적인 자동차 쿤타치의 후속작이라는 점만으로도 람보르기니는 이 모델에 남다른 애정을 쏟고 있다.

　　390 제동마력을 내는 페라리 테스타로사Testarossa 모델의 엔진은, 7000rpm에서 492 제동마력을 뿜어대는 데다 놀랍게도 최대 토크가 5200rpm에서 580Nm인 디아블로 모델의 엔진과는 아예 비교 대상이 되지 못한다⋯⋯ 저속 주행 시 나는 터빈 돌아가는 듯한 소리는 너무도 부드러워 최고급 대용량 멀티 실린더 오토바이 엔진 소리로 착각할 정도다.

디아블로 SV

Diablo

디아블로

섀시	합성 패널로 된 강철 스페이스-프레임
서스펜션	독립 더블 위시본 프론트/리어, 코일 스프링과 텔레스코픽 쇼크 업소버, 안티-롤 바
브레이크	통풍형 브렘보 디스크
휠베이스	2650mm
프론트/리어 트랙	1540mm/1640mm
휠/타이어	17×8.5인치, 피렐리 피제로 245/40(프론트); 17×13인치, 피렐리 피제로 335/35(리어)
엔진	60도 각도의 후방 세로 장착형 12기통 엔진
보어/스트로크	87mm/80mm
엔진 배기량	5707cc
엔진 압축비	10:1
최대 출력	6800rpm에서 492 제동마력 (람보르기니 측 주장)
밸브 장치	듀얼 오버헤드 캠샤프트, 체인 구동, 실린더 당 밸브 4개
연료/점화 장치	듀얼 벤딕스 펌프, 람보르기니 전자 제어식 연료 분사
윤활 시스템	웨트 섬프
기어박스	람보르기니 5단 수동
변속기	이륜구동
클러치	드라이 싱글-플레이트
건조 중량	**1576kg**
최고 속도	**시속 약 328km(람보르기니 측 주장)**

Diablo SE

디아블로 SE

섀시	합성 패널로 된 강철 스페이스-프레임
서스펜션	독립 더블 위시본 프론트/리어, 코일 스프링과 텔레스코픽 쇼크 업소버, 안티-롤 바
브레이크	통풍형 브렘보 디스크
휠베이스	2650mm
프론트/리어 트랙	1540mm/1640mm
휠/타이어	17×8.5인치, 피렐리 피제로 245/40(프론트); 17×13인치, 피렐리 피제로 335/35(리어)
엔진	60도 각도의 후방 세로 장착형 12기통 엔진
보어/스트로크	87mm/80mm
엔진 배기량	5707cc
엔진 압축비	10:1
최대 출력	6800rpm에서 492 제동마력 (람보르기니 측 주장)
밸브 장치	듀얼 오버헤드 캠샤프트, 체인 구동, 실린더 당 밸브 4개
연료/점화 장치	듀얼 벤딕스 펌프, 람보르기니 전자 제어식 연료 분사
윤활 시스템	웨트 섬프
기어박스	람보르기니 5단 수동
변속기	이륜구동
클러치	드라이 싱글-플레이트
건조 중량	**1451kg**
최고 속도	**시속 약 330km(람보르기니 측 주장)**

스타일은 꽤 빠른 속도로 유행에 뒤처졌지만, 크라이슬러가 디자인한 인테리어는 찬사를 받았다. 그러나 과거의 람보르기니 모델과 마찬가지로 발밑 공간은 너무 좁았고, 인체공학적으로도 최적의 상태는 아니었다.

"문제는 핸들이 기다란 스티어링 컬럼*에 붙어 있다는 점이다." 피터 로빈슨은 이렇게 적었다. "그리고 핸들 테가 두꺼워 윗줄의 작은 다이얼을 가리고, 중간에서 속도계와 태코미터*를 둘로 나눈다. 핸들과 마찬가지로 전체 인스트루먼트 비너클instrument binnacle도 조정 가능하지만, 그 조정이라는 게 어떤 다이얼을 가릴지를 결정하는 정도다."

게다가 어떤 로드 테스터들도 람보르기니가 주장하는 최고 속도인 시속 약 325km로 달릴 수 있는지를 확인할 만한 쭉 뻗은 아스팔트 도로를 찾지 못했다(수석 테스트 드라이버 발렌티노 발보니도 인정한 사실이지만, 그 속도를 기록했을 때는 백미러와 와이퍼를 떼어냈고, 리어

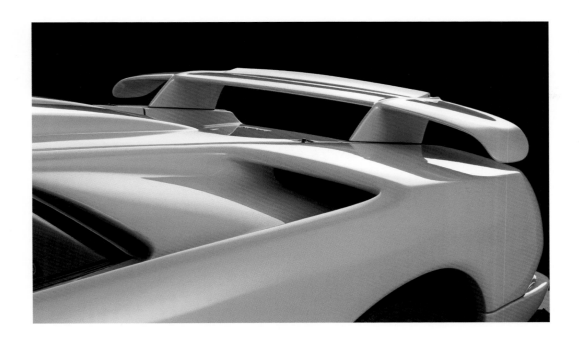

윙도 달지 않았다. 말하자면 피아트의 나르디 테스트 트랙에서나 올릴 수 있는 기록이었다).

분명한 건 디아블로 모델의 성능이나 전반적인 구동에 대해서는 별다른 불만이 없었다는 점이다. 피터 로빈슨이 지적했듯이 가장 큰 결점은 핸들로, 디아블로의 핸들은 셀프-센터링 기능이 약했고 종종 너무 무거웠다.

디아블로가 경쟁 자동차들과 어떤 방식으로 비교되는지와는 별개로, 1990년 당시의 지정학적 무대에서 람보르기니에 일어난 일은 회사와 재정 등 여러 상황에 큰 영향을 미쳤다. 일본 정부는 투기 거품을 억제하기 위해 때늦은 경제 조치를 내놓았고 결국 일본 주식 시장이 붕괴했다. 그 여파로 유럽 주요 시장 역시 경기 침체에 빠져들었다. 8월 2일, 이라크가 국경을 접한 쿠웨이트를 침공하면서 중동 지역의 긴장은 최고조에 달했다. 배럴당 원유 가격이 배 이상으로 뛰었다. 1980년대 지나칠 만치 뜨거웠던 슈퍼카를 향한 열기도 온도가 식었다. 슈퍼카 소유라는 과시적 소비가 끝나면서 디아블로급 슈퍼카의 판매는 커다란 타격을 입었다.

크라이슬러 역시 곤경에 처했다. 호황기를 맞아 람보르기니와 아메리칸 모터스 코퍼레이션American Motors Corporation 같은 자동차 제조사는 물론 걸프스트림 에어로스페이스 Gulfstream Aerospace 같은 항공사를 인수하며 사업 다각화를 꾀했지만, 이는 막대한 부채라는 결과로 돌아왔다. 결국 크라이슬러는 1989년에 걸프스트림 에어로스페이스를 매각했으나 재정난을 극복하기엔 부족했다.

디아블로 모델은 출시 후 많은 예약이 들어왔다. 그러나 막상 제품 인도를 시작한 1990년 9월에 크라이슬러는 투자 은행 J.P. 모건에 의뢰해 기업들을 상대로 람보르기니 인수 의사를 타진 중이었다. 람보르기니가 또다시 매각된다는 소문은 금세 쫙 퍼졌고, 산타가타 볼로냐에 있는 람보르기니 본사 직원들의 사기는 땅에 떨어졌다.

엎친 데 덮친 격으로 초기 디아블로 모델에서 과열, 제동력 감소 외에 전반적인 자동차 품질 문제가 불거졌다. 크라이슬러의 지속적인 투자가 고갈되는 상황에서(포뮬러 원 엔진 개발 프로젝트는 꽃도 피우기 전에 시들어갔고, P140 모델 생산 라인 구축은 몇 년째 제자리걸음이었다), 람보르기니 경영진은 P140 개발팀 직원을 재배치해 디아블로 문제를 해결했다. '베이비 람보baby Lambo' 개발 프로젝트 역시 10년 중 상당 기간 정체 상태에 머물러 있었다.

간디니는 1992년 제네바 모터쇼에서의 공개를 목표로 앞 유리를 줄이고 지붕 없는 오픈카 스타일의 디아블로 로드스터 모델의 시제품을 제작한다. 그러나 이 모델은 크라이슬러 시대에 제작되지 못한다. 대신 람보르기니는 부족한 자원을 총동원해 이듬해에 사륜구동 형태의 디아블로 VT 모델을 출시했다. 중앙 장착식 비스커스 커플링*(환영받지 못한 람보르기니 LM002 오프로더에서 가져왔다)을 사용해 뒷바퀴들의 정지 마찰력에 문제가 생길 때(이 경우 운전자는 용기와 어리석음이 교차하는 회색 지대에서 운전하게 된다) 엔진 토크의 25퍼센트가 앞바퀴로 향했다.

사륜구동 방식의 하드웨어를 채택하면서 무게도 늘었다. 그럼에도 모든 디아블로 모델에는 거추장스러운 변속기 터널이 쓰였다. 덕분에 발 사이즈가 270mm를 넘는 운전자는 신발을 벗어야 할 만큼, 좁은 발밑 공간을 개선하는 데 한계가 있었다. 두 디아블로 모델이 기계적인 측면에서 공통으로 개선한 점으로는 앞 브레이크 통풍을 강화한 새로운 전면부, 기능을 향상시킨 브레이크 캘리퍼, 전자 조정이 가능한 댐퍼, 파워 스티어링, 거의 모든 계기판이 한눈에 보이는 대시보드 등을 꼽을 수 있다.

시간이 지나도 상황은 나아지지 않았다. 불황을 맞아 팔리지 않는 디아블로 모델이 나날이 쌓여갔고, 노동조합원들은 급여만 받고 일을 하지 않았다. 회사의 적자는 갈수록 커져갔다. 디트로이트에서는 이사회 정책을 바꾸면서 아이어코카의 권한을 대폭 축소시켰다. 궁지에 몰린 그는 결국 1992년 말 사임한다. 이와 함께 '람보르기니를 사수해야 한다'는 목소리도 사그라들었다.

그리고 마침내 1994년 1월, 버뮤다에 근거지를 둔 인도네시아인 소유의 세 회사(세 회사의 소유권이 모두 수하르토Suharto 인도네시아 대통령의 아들과 관계있다)와 억만장자 세티아완 조디Setiawan Djody의 컨소시엄이 람보르기니를 인수한다(4000만 달러에 인수했다고 알려졌다). 《뉴욕 타임스New York Times》는 이런 의문을 제기했다. "이탈리아의 람보르기니를 사들인 건 수하르토 인도네시아 대통령 아들과 그의 친구들이 가지고 놀 4000만 달러짜리 장난감이 필요해서인가, 아니면 말레이시아와 인도네시아가 합작 투자해 현지 자동차 산업을 일으키기 위한 것인가?" 글쓴이는 분석가들을 상대로 여론 조사를 벌였는데, 전자의 가능성이 높다는 결론이 났다. "그럴 수도 있겠지요. 하지만 그게 어떤 산업을 시작하기에 가장 비용 효율적인 방법이 아닌가라는 질문도 해봐야 합니다." 영국 DRI 오토모티브 그룹DRI Automotive Group의 럭셔리카 분석가 루이스 베일로니Louis Bailoni의 말이다. "나가서 당신 자동차에 쓰고 싶은 엔진을 사오는 게 훨씬 상식적인 일일 테니까요." 익명을 요구한 런던의 또 다른 자동차 분석가는 현지 자동차 산업을 일으키기 위해 람보르기니를 사들인다는 건 말도 안 되는 기이한 행동이라고 덧붙였다.

세티아완 조디는 보르네오Borneo라는 이름의 새로운 람보르기니 준수륙양용 자동차를 만들고, 메가테크Megatech라는 브랜드로 인도네시아 시장에 판매할 새로운 자동차를 추가로 만든다는 원대한 계획을 품었다. 그와 수하르토는 한때 로터스와 재규어, 그리고 제너럴 모터스General Motors에서 임원을 지낸 마이크 킴벌리Mike Kimberley로 하여금 산타가타 볼로냐의 람보르기니 본사를 이끌게 했다. 가장 기이한 람보르기니의 시대가 시작된 것이다.

세계 경제를 둘러싼 먹구름이 점점 걷히면서 람보르기니는 1994년 레이스카 스타일의 디아블로 한정판 SE30 모델을 출시해 창사 30주년을 기념했다. 더 조금 제공하고, 더 비싸게 파는 슈퍼카계의 전통에 따라 SE30 모델 역시 에어컨, 스테레오 사운드, 파워 스티어링, 자동식 창문 같은 장치가 없었고, 측면 유리 또한 플렉시글라스*로 교체됐다. 합성 버킷 시트와 특수 안전벨트 때문에 꼭 필요한 것만 빼고 전부 제거된 레이스카 느낌이 강해졌고, 변경된(그리고 더 시끄러워진) 배기 장치와 새로운 흡입 다기관, 다른 연료 제어 장치 덕에 엔진 출력은 더 세져 523 제동마력이 되었다. 디아블로 한정판 SE30 모델은 약 150대 정도 제작되었다고 알려진다. 그중 대략 15대는 시끄러운 소리를 마다하지 않는 소유주를 위해 배기음을 훨씬 키우는 등 공장의 '호타' 변환 키트 방식에 의해 완벽한 레이스카 스펙으로 개조됐다.

여기에서 '알려진다'거나 '대략'이란 말을 쓰는 건 메가테크 시대에는 알 수 없는 이유로 람보르기니의 역사 기록 중 상당수가 파쇄기에 들어가 사라졌기 때문이다. 그래서 자동차 판매 및 제작과 관련된 수치를 알려면 여러 자료를 퍼즐 맞추듯 해야 한다.

람보르기니의 이전 리더들과 마찬가지로, 마이크 킴벌리 역시 람보르기니가 흑자를 내려면 한 가지 이상의 핵심 모델을 제작해야 한다는 사실을 알고 있었다. 가장 중요한 건 더 많은 차를 제작해야 한다는 것이었다. 킴벌리는 제작을 배가하겠다는 계획을 발표했다. 말로만 그치지 않고 기반을 다지는 일부터 시작한 결과, 연간 200대 정도의 디아블로 모델이 람보르기니 공장 문을 나갈 수 있었다.

디아블로의 매력을 상승시키기 위해 람보르기니는 1995년 제네바 모터쇼에서 엔트리 수준의 새로운 디아블로 모델을 공개했다. 디아블로 SV 모델 배지는 미우라 모델 시대를 떠올리게 했다. 이륜구동 장치와 조정 가능한 리어 스포일러를 장착했고, 출력을 높여 510 제동마력이 되었다. 제작이 많이 지체된 디아블로 VT 로드스터 모델은 1995년 말 볼로냐 모터쇼에서 공개됐는데, 맞춤 제작 형태의 17인치 마그네슘 휠과 타르가 스타일의 루프(제거됐을 때 엔진 덮개 위에 장착되는)가 특히 눈에 띄었다.

1996년 초에 킴벌리는 기자들을 불러 모아 브리핑을 했는데, 람보르기니의 새로운 오프로드 자동차인 '베이비 디아블로'와 기존 디아블로 모델의 개정판이 될 '뉴 디아블로' 모델 제작에 필요한 자금을 마련하기 위해 회사의 소유주들이 향후 몇 년간 1억 5500만 달러를 투자한다는 게 발표의 골자였다. 그러나 자가토와 간디니, 그리고 이탈디자인Italdesign이 제안한 대량 판매 모델의 시제품을 제작했음에도 투자는 결코 이루어지지 않았다. 새로운 제품은 주로 서류상으로만 존재했다.

킴벌리는 맥라렌McLaren 포뮬러 원 스타일리스트 피터 스티븐스Peter Stevens를 비롯해 과거에 함께 일했던 영국 디자이너들과 엔지니어들을 영입했다. 그로 인해 1980년대 말 크라이슬러가 주도했던 미국 침공 때만큼이나 많은 의심을 받았다. 어쨌든 킴벌리가 계획한 새로운 모델 개발은 거의 결실을 맺지 못했다. 판매가 늘었는데도 불구하고 회사는 여전히 적자 상태였기 때문이다. 소유주들은 람보르기니 소유권을 자신들의 여러 회사에 재분배했으며, 1996년 8월에는 피아트의 임원이었던 비토리오 디 카푸아Vittorio Di Capua를 공동 부사장으로 영입해 비용 절감을 주도하게 했다. 디 카푸아와 킴벌리는 재무 계획과 관련해 의견 일치를 보지 못했다. 소유주들로부터 신뢰를 잃었다고 느낀 킴벌리는 그해 11월에 사직서를 제출했고 디 카푸아가 최고경영자 자리에 오른다.

디 카푸아는 각종 비용 절감 조치를 밀어붙였다. 그 과정에서 여러 고위 관리자들의 목이 날아갔다. 마시모 체카라니Massimo Ceccarani 같이 아주 유능한 엔지니어들은 엔지니어링 팀에 그대로 남았지만, 루이지 마르미롤리를 비롯한 많은 이들이 보다 안정적인 일자리를 찾아 떠났다. 그러나 1997년에 발생한 광범위한 아시아 금융 위기의 여파로 인도네시아 경제가

디아블로 VT

급락하자(당시 수하르토 대통령이 축출된다) 람보르기니는 또다시 악순환의 늪에 빠지고 말았다. 입에 풀칠하기도 힘들었던 1970년대 말 고통의 세월을 다시 한번 경험하게 된 것이다.

이번에는 폭스바겐 그룹Volkswagen Group이 구원의 손길을 뻗었다. 폭스바겐 그룹은 몇 년간 여러 형태의 불경기를 무사히 헤쳐 나왔고, 부가티 같이 무너진 자동차 제조사를 손에 넣었다. 적절한 기간과 예산 내에서 P140 모델 개발 프로젝트를 재개하려고 애쓴 디 카푸아는 폭스바겐 그룹의 프리미엄 브랜드 중 하나인 아우디Audi와 잠정적인 협상을 벌이고 있었다. 아우디의 8기통 엔진과 유명한 콰트로 사륜 드라이브트레인을 P140 모델에 사용하기 위한 협상이었다.

당시 폭스바겐 그룹을 이끈 주인공은 포르쉐 그룹의 창시자이자 유명한 스포츠카 포르쉐 917 모델의 수석 엔지니어인 페르디난트 포르쉐Ferdinand Porshe의 손자, 페르디난트 피에히Ferdinand Piech였다. 피에히는 아우디 인수에 흥미를 보였다(그는 일종의 기업 사재기 중이었다. 당시 폭스바겐 그룹은 이미 벤틀리Bentley를 인수하는 중이었고, 람보르기니는 오랜 협상 끝에 1988년 여름에 약 1800만 달러에 폭스바겐 그룹의 자회사가 된 아우디에 인수됐다).

새로운 소유주 체제에서 람보르기니가 흘러갈 방향에 대해(아우디가 람보르기니를 다시 강하게 만드는 데 어느 규모로 투자할 것인지에 대해) 불안감을 표하는 사람도 많았다. 자세한 내용은 나중에 다시 다루겠지만 그런 불안감은 이후 몇 년 사이에 말끔히 가신다. 아우디는 인수 즉시 새로운 모델 개발에 착수했을 뿐만 아니라 오래된 람보르기니 모델의 전통에 따라 디아블로 모델의 많은 요소를 손보아 그야말로 완전히 다른 변종을 만들어냈다.

디아블로 SV와 VT 모델, 그리고 로드스터 모델은 캐빈을 새롭게 하고 앞뒤 라이트를 팝업 스타일의 예전 라이트 대신 닛산Nissan 라이트로 바꾸었으며, 서스펜션 구조를 개선하고 포장도로 주행감을 높이는 등으로 페이스리프트*됐다. 18인치 휠 덕분에 보다 큰 브레이크 로터 장착이 가능해졌고, ABS*도 추가됐다. 최대 출력은 529 제동마력까지 올라갔다.

프랑크푸르트 모터쇼에서 아우디는 한정판 디아블로 GT 모델을 공개했다. 공개된 모델은 탄소섬유를 광범위하게 쓴 레이스카 스타일의 변종으로, 3피스 OZ 휠에 루프 장착식 엔진 공기 흡입구를 갖췄다. 배기량이 6리터까지 늘어난 12기통 엔진은 최대 출력이 7300rpm에서 575 제동마력으로, 그 시점에서는 개량된 배기 장치 때문에 반경 수킬로미터 내에 있는 사람들은 모두 소리를 들을 수 있을 정도였다. 이 모델은 나오기가 무섭게 80대가 자동차 수집가의 손에 들어갔다. 아우디가 볼로냐 모터쇼에서 공개한 레이스용 디아블로 GTR 모델 역시 수요가 많았다. 40대밖에 제작되지 않아 훨씬 희귀한 디아블로 GTR 모델은 롤 케이지가 있고, 스피드라인Speedline에서 만든 휠과 레이스용 배기 장치를 장착했으며, 엔진은 다양한 밸브 타이밍을 가진 정교한 새 주입 장치의 추가로 최대 출력이 590 제동마력까지 올라갔다. 과감한 일부 애호가들은 이 자동차를 몰고 FIA GT 챔피언십 프로모터가 주관하는 자동차 레이스인 람보르기니 슈퍼 트로페오Lamborghini Super Trofeo에 참가하기도 했다.

2000 모델 연도*에 아우디는 배기량 6리터짜리 엔진의 출력을 조금 낮춰(543 제동마력) 일반 디아블로 VT 모델에 장착했으며, 외양에 좀 더 변화를 주었고 발밑 공간도 좀 더 넓혔다. 페달 박스를 바꿔 일부 장치 교체가 필요하긴 했으나, 그 자체만으로도 운전자의 자유 공간 문제를 소홀히 하지 않겠다는 의지를 표명하는 데에는 성공했다.

최종적인 디아블로 VT 모델이 최고였다는 사실은 반박할 여지가 없었다. 그러나 2000년 7월 자동차 전문 잡지 《로드 & 트랙》의 테스트 이후 래리 웹스터Larry Webster가 말했듯이, 디아블로 VT 모델은 몇 가지 측면에서는 여전히 시대에 뒤처졌고, 앞서가는 경쟁 자동차에도 뒤처졌다.

뒤 타이어(시속 약 322km로 달려도 좋은 Z 등급의 피렐리 피제로 타이어)가 워낙 넓어 얼핏 보기엔 자동차 뒤쪽을 가로지른 단단한 고무 밀대 역할을 해줄 것 같지만, 543마력의 최대 출력과 619.6Nm의 토크라는 강력한 힘 아래에서는 푸딩처럼 흐물댈지도 모른다. 따라서 디아블로 VT 모델에 사륜구동 방식을 택해 그런 가능성을 막은 건 더없이 잘한 일이다. 뒷부분이 미끄러질 경우 비스커스 커플링이 출력을 앞바퀴로 보내며, 그 외의 경우 디아블로 VT 모델은 후륜구동 자동차처럼 움직인다. 기껏해야 엔진 토크의 28퍼센트만 앞바퀴로 전해진다. 이 같은 사륜구동 장치를 구동하기 위한 레버나 버튼은 따로 없으며, 그래서 평소 운전할 때는 절대로 이 거친 이탈리아 자동차가 사륜구동 자동차라는 걸 알 수 없다.

그러나 레이스용 직선 코스를 달려본다면 디아블로 VT 모델이 후륜구동이 아님을 바로 알 수 있다. 대개 우리 같이 액셀러레이터와 브레이크 테스트를 심하게 하는 사람들은 자동차를 가장 빨리 움직이기 위한 방편으로 주로 휠 스핀*을 이용한다. 그런데 쫀쫀한 타이어를 장착한 사륜구동 자동차의 경우, 뒷바퀴가 맹렬히 돌기 전에 최초의 뒤쪽 휠 스핀을 허용하는 장치가 있지 않은 한 액셀러레이터를 세게 밟는다 해도 뒤쪽 휠 스핀을 하게 만드는 건 거의 불가능하다. 그게 가능한 자동차로는 1997년형 포르쉐 911 터보 S 모델을 꼽을 수 있다. 이 차는 액셀러레이터를 밟아 분당 회전수를 4500rpm까지 올린 뒤 클러치 페달을 조작하면 출력이 앞바퀴로 가기 전에 잠시 뒤 타이어가 공회전을 한다. 포르쉐 911 터보 S 모델을 탔을 때 우리가 정지 상태에서 시속 약 96.5km에 도달하는 데는 놀랍게도 3.7초밖에 걸리지 않았다.

그러나 우리는 전에(1994년 9월경) 디아블로 VT 모델을 한 대만 테스트했다. 1999년에는 미국에서 단 23대만 팔렸을 정도로 구하기가 너무 힘들었기 때문이다. 당시 이 모델은 작은 국가나 운동화 기업을 소유한 사람들에게 27만 5000달러라는 고가에 팔렸다고 한다. 우리는 클러치 페달 조작 기술을 쓰는 위험을 무릅쓰지 않았는데, 그건 디아블로 VT 모델의 거대한 타이어(앞쪽은 235/40ZR-17 타이어, 뒤쪽은 335/35ZR-17 타이어)와 상당한 무게(약 1769kg)로 인해 큰 정지 마찰력이 생겨 휠 스핀이 일어나지 않을 거라고 생각한 까닭이다.

더욱 중요한 이유도 있다. 엔진 회전 속도를 높이면서 클러치 페달을 조작하면 클러치가 타서 망가질 가능성이 높았기에 우리는 막대한 수리비를 생각해서라도 그런 모험을 하고 싶지 않았다. 수리비가 9000달러 정도는 나올 테니까 말이다.

포르쉐와 비교하기 위해 디아블로 VT 모델의 바퀴를 공회전할 수 없다는 말은 전형적인 특권층의 문제처럼 느껴질지도 모르겠다. 그러나 정지 마찰력에 열광하는 사람들은 걱정하지 않아도 되었다. 이후 몇 년간 활력을 되찾은 산타가타 볼로냐의 람보르기니에서 기능을 개선한 스포츠카가 연이어 나올 터였으니까.

Diablo 6.0
디아블로 6.0

섀시	합성 패널들로 된 강철 스페이스-프레임
서스펜션	독립 더블 위시본 프론트/리어, 코일 스프링과 텔레스코픽 쇼크 업소버, 안티-롤 바
브레이크	통풍형 브렘보 디스크
휠베이스	2650mm
프론트/리어 트랙	1610mm/1670mm
휠/타이어	18×8.5인치, 피렐리 피제로 245/35(프론트); 18×13인치, 피렐리 피제로 335/40(리어)
엔진	60도 각도의 후방 세로 장착형 12기통 엔진
보어/스트로크	87mm/84mm
엔진 배기량	5992cc
엔진 압축비	10.7:1
최대 출력	6800rpm에서 492 제동마력 (람보르기니 측 주장)
밸브 장치	듀얼 오버헤드 캠샤프트, 체인 구동, 실린더 당 밸브 4개
연료/점화 장치	람보르기니 전자 제어식 연료 분사
윤활 시스템	웨트 섬프
기어박스	람보르기니 5단 수동
변속기	사륜구동
클러치	드라이 싱글-플레이트
건조 중량	1625kg
최고 속도	시속 약 330km(람보르기니 측 주장)

포뮬러 원과 람보르기니

1993년 9월의 포뮬러 원 레이스가 열린 그날, 포르투갈 에스토릴 서킷 담장 안을 들여다본 사람이라면 무언가 낯선 일이 벌어지고 있음을 알았을 것이다. 흰색 자동차, 노란색과 초록색이 섞인 독특한 헬멧을 쓴 운전자, 우렁찬 멀티-실린더 엔진 소리. 브라질 카레이서 아일톤 세나Ayrton Senna가 람보르기니 12기통 엔진을 장착한 맥라렌 MP4-8 모델을 테스트하고 있었다.

안타깝게도 그것은 위대한 여정의 시작이 아니라 종말의 시작이었다. 크라이슬러가 람보르기니를 인수한 시기는 묘하게도 포뮬러 원 레이스를 지배해온 터보차징 방식 엔진의 위세가 흔들린 시기와 일치했다. 모터스포츠를 주관하는 국제자동차연맹(FIA)은 당시 레이스카의 연료 용량 및 엔진 흡기 압력 한도를 정하는 등 각종 규제를 강화 중이었다. 그러다 1989년 시즌부터 전면적인 규제에 들어간다고 발표한다.

1987년 말, 르망 24시간 레이스 2회 우승자이자 자신의 이름을 붙인 포뮬러 원 팀의 설립자이기도 한 제라드 라루스Gerard Larrousse는 한때

페라리 디자이너였던 마우로 포르기에리Mauro Forghieri를 만나 람보르기니의 지원 아래 포뮬러 원 레이스용 엔진을 설계해달라고 제안했다. 새로운 투자 전망에 들떠 있던 람보르기니는 이를 받아들여 새로운 엔진을 제작할 '람보르기니 엔지니어링'이라는 부서까지 신설했다.

80도 각도의 새로운 포뮬러 원 레이스용 12기통 엔진은 지오토 비자리니의 12기통 엔진과는 무관한 엔진으로, 1988년 중반까지 준비해 라루스의 롤라Lola 섀시에 장착되어 1989년 3월 브라질에서 열린 아우토드로모 인터내셔널 넬슨 피케Autódromo Internacional Nelson Piquet 레이스에서 첫선을 보인다. 람보르기니의 개입은 의도적으로 자제되어 순전히 엔진 공급업체로 중간 수준의 팀과 손잡고 일했다. 그나마도 람보르기니 엔지니어링 부서가 존재한 덕에 대등한 입장에서 일할 수 있었다.

아무리 그렇다 해도 그 시즌은 실망스러웠다. 팀 내에서 필리프 알리오Philippe Alliot만 스페인에서 유일하게 점수를 내며 결승선을 지났을 뿐, 이후 별다른 성적을 내지 못했다. 1988년 레지오넬라 폐렴에 걸리기 전

까지만 해도 전도유망했던 카레이서 야니크 달마스Yannick Dalmas는 여러 차례 좋은 성적을 내는 데 실패하더니 결국 카레이서를 접었고, 에릭 버나드Eric Bernard는 두 차례 레이스에 참가한 뒤 포뮬러 원 레이스를 그만두고 포뮬러 투 레이스로 돌아갔다. 한때 타이틀 도전자였던 미켈레 알보레토Michele Alboreto 역시 마지막 8라운드를 완주했으나 제대로 점수를 내지는 못했다.

람보르기니의 공식 역사에서는 다음과 같이 모든 걸 제라드 라루스의 탓으로 돌리고 있다. "이 초라한 결과에 대한 책임은 최고 수준에서 경쟁하는 데 필요한 돈도 조직도 없었던 프랑스 레이싱 팀에 있었다." 일리 있는 주장이었지만, 영국 실버스톤에서 5위로 달리던 에릭 버나드의 자동차 엔진이 퍼져버리는 등 몇 번의 사례에서 입증되었듯이 람보르기니 엔진은 너무 무겁고, 그 탓에 신뢰를 안겨주지 못했다.

그래도 람보르기니의 엔진에 잠재력이 있었고, 별 볼 일 없으나마 고객들이 적절한 가격에 살 만한 8기통 엔진이 있어 람보르기니는 1990년 영국 로터스를 고객으로 확보한다. 이후 지속적인 개발이 결실을 보기 시작했고, 그 결과 라루스 레이싱 팀에 소속된 일본 카레이서 아구리 스즈키Aguri Suzuki가 스즈카시의 홈 관중이 보는 앞에서 3위에 오르는 쾌거를 이룬다.

당시 람보르기니는 페르난도 곤살레스 루나Fernando Gonzalez Luna라는 젊고 야심 찬 멕시코 비즈니스맨의 의뢰를 받아 포뮬러 원 섀시 개발에 전념하고 있었다. GLAS(Gonzalez Luna Associates의 줄임말) 컨소시엄은 후원자들로부터 2000만 달러를 모금했다고 주장했으나, 곤살레스 루나는 1990년 여름에 그 돈을 가지고 흔적도 없이 사라졌다. 이미 많은 돈을 쓴 상황에서 더 많은 돈을 쓸 건지, 프로젝트 자체를 포기할 건지 양자택일에 놓인 람보르기니는 전자를 택했다. 대신 자동차와 운영팀에 투입하는 돈을 엄격하게 제한했으며, 동시에 이탈리아 금융업자이자 기업가인 카를로 페트루코Carlo Petrucco를 설득해 프로젝트에 끌어들였다.

그렇게 해서 모데나 팀Modena Team이 람보르기니 291이라는 이름을 붙인 메탈릭블루색 자동차 두 대를 끌고 1991년 시즌 그랑프리 오프닝에 참가하게 된다. 그 시절에는 워낙 많은 자동차가 레이스에 참가해, 그랑프리가 열리는 금요일 아침이면 녹아웃* 방식의 혹독한 경쟁을 통해 수많은 자동차가 탈락하곤 했다. 자격 평가전을 치러서 참가자를 제한해야 함에도 불구하고 막상 참가한 자동차들은 대단한 잠재력을 선보였다. 니콜라 라리니Nicola Larini는 미국 애리조나주 피닉스에서 7위로 결승선을 통과했고, 에릭 반 디 폴Eric van de Poele은 이탈리아 이몰라에서 결승선을 거의 눈앞에 둔 상황이었으나 피치 못하게 연료 펌프가 터지는 불운을 맞았다.

포뮬러 원 레이스는 앞으로 나아가는 데 투자하지 않으면 뒤처지는 구조이다. 당연한 말이지만 자동차 레이스에서 가장 빨리 큰돈을 버는 방법은 규모가 큰 레이스부터 시작하는 것이다. 많은 돈을 투자할 수 없는 상황이다 보니 람보르기니는 모든 걸 크라이슬러 탓으로 돌렸다. 하지만 그건 진실의 일부일 뿐이다. 모데나 팀은 또다시 별다른 존재감을 드러내지

못했고, 결국 시즌 끝 무렵에는 사실상 개점휴업 상태가 됐다.

크라이슬러는 1992년부터 람보르기니라는 이름을 고객의 자동차 엔진 커버에 표시했다. 물론 고객들은 별다른 반응을 표하지 않았고 크라이슬러는 이 일을 계속해야 하나 고민하게 되었다. 그리고 고민을 끝낼 기회가 찾아온다.

1993년 맥라렌은 곤경에 처해 있었다. 혼다가 포뮬러 원 레이스에서 철수한 뒤 고객사인 포드의 엔진으로 힘들게 버텨야만 했다. 팀의 스타 레이서인 아일톤 세나는 그런 상황을 마음에 들어 하지 않았지만, 불리한 상황 속에서도 여전히 각종 레이스에서 위대한 승리를 거두고 있었다. 그러면서도 레이스당 개별 계약 조건 외의 다른 계약 조건을 고려하려 하지는 않았다. 세나는 더 많은 파워를 원했다. 레이싱 팀을 이끌던 론 데니스Ron Dennis는 필사적으로 그런 챔피언을 곁에 붙들어두었다. 그 노력은 크라이슬러라는 기회로 찾아왔다.

그해 여름, 영국 워킹에 있는 맥라렌 본사에서는 한 팀이 포드 8기통 엔진에 맞게 설계한 섀시를 개조해 람보르기니의 거대하고 강력한 12기통 엔진을 장착하는 일에 꼬박 3개월이라는 시간을 쏟아붓고 있었다. 결코 간단한 일일 수 없었다. 변속기와 드라이브-바이-와이어 스로틀과 다른 모든 전자 제어 장치를 힘들게 개조해, 자동차가 달릴 때 제대로 작동되게 해야 했다.

그리고 마침내 포르투갈 에스토릴 서킷 안에서 비밀리에 실제 테스트를 하게 됐을 때, 아일톤 세나는 크게 감동해 곧장 데니스에게 전화를 걸었다. 중간 속도에서 더욱 강력한 출력과 최고 속도에서도 거의 줄지 않는 출력. 맥라렌에서 바로 레이스에 가져가도 좋을 정도였다. 디자이너 마우로 포르기에리는 최고 엔진 회전 속도에서 25 제동마력을 줄였지만, 최대 출력은 60 제동마력 더 커졌다.

데니스는 그해 9월에 프랑크푸르트 모터쇼에서 크라이슬러의 밥 루츠Bob Lutz 및 람보르기니 엔지니어링 부서의 다니엘레 아우데토Daniele Audetto와 계약을 체결했다. 몇 주 후 아일톤 세나는 다시 영국 실버스톤에서 람보르기니 엔진을 장착한 맥라렌을 몰고 테스트 주행을 했다. 그는 변화가 만족스럽다며, 시즌이 끝나기 전에 그 자동차를 몰고 레이스에 참가하게 해달라고 데니스에게 간청했다. 그리고 운전 관련 의무 사항을 카레이서 미카 하키넨Mika Hakkinen에게 넘겼다. 하지만 늘 그랬듯이 안타깝게도 몇 차례 트랙을 돈 뒤 엔진은 폭발하고 말았다.

이렇게 해서 맥라렌과 크라이슬러 사이의 파트너십은 계약에 이르지 못했다. 대신 데니스는 프랑스 푸조Peugeot와 파트너십을 맺었고, 아일톤 세나는 맥라렌 레이싱 팀을 떠나 당시 대세였던 윌리엄스Williams 레이싱 팀으로 옮겼다. 이어 크라이슬러가 람보르기니를 매각하면서 모험은 끝났다.

Diablo VT

디아블로 VT

섀시	합성 패널로 된 강철 스페이스-프레임
서스펜션	독립 더블 위시본 프론트/리어, 코일 스프링과 텔레스코픽 쇼크 업소버, 안티-롤 바
브레이크	통풍형 브렘보 디스크
휠베이스	2650mm
프론트/리어 트랙	1540mm/1640mm
휠/타이어	17×8.5인치, 피렐리 피제로 245/40(프론트); 17×13인치, 피렐리 피제로 335/35(리어)
엔진	60도 각도의 후방 세로 장착형 12기통 엔진
보어/스트로크	87mm/80mm
엔진 배기량	5707cc
엔진 압축비	10:1
최대 출력	6800rpm에서 492 제동마력 (람보르기니 측 주장)
밸브 장치	듀얼 오버헤드 캠샤프트, 체인 구동, 실린더 당 밸브 4개
연료/점화 장치	듀얼 벤딕스 펌프, 람보르기니 전자 제어식 연료 분사
윤활 시스템	웨트 섬프
기어박스	람보르기니 5단 수동
변속기	사륜구동
클러치	드라이 싱글-플레이트
건조 중량	1625kg
최고 속도	시속 약 325km(람보르기니 측 주장)

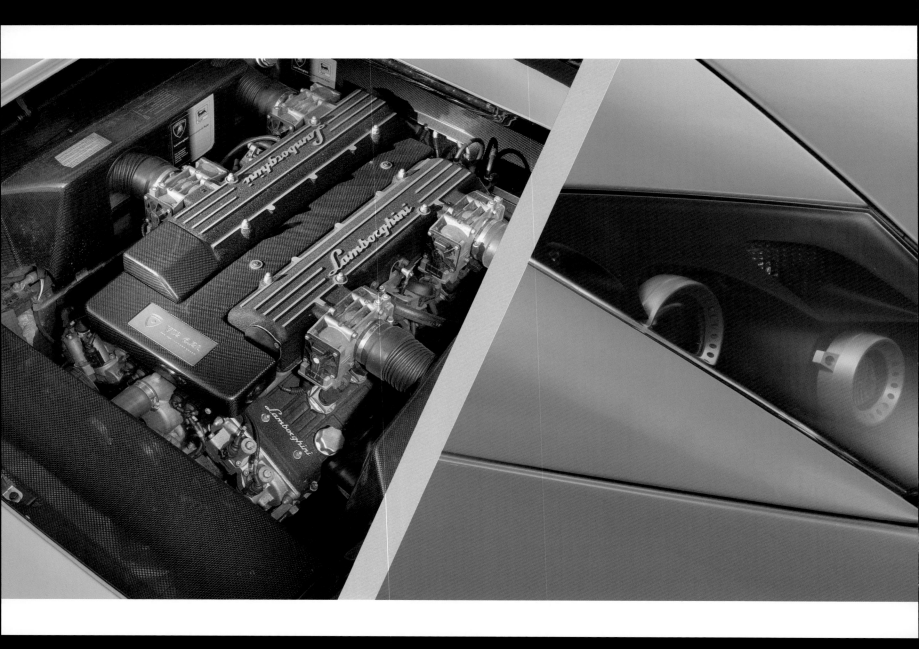

아 우 디 , 실 력 을

2001년 9월 8일 토요일. 람보르기니 자동차 약 200대가 산타가타 볼로냐의 람보르기니 공장으로 몰려 들었다. 거의 숨 막힐 듯한 흥분 속에 아우토스트라다를 달려온 람보르기니 자동차 소유주들은 회사 소유 권이 아우디로 넘어간 뒤 처음 개발된 람보르기니 모델을 너무도 보고 싶어 했다. 물론 파파라치 사진이 나돌았다. 그러나 직접 보아야 할 이번 모델은, 메탈로 이루어진 무르시엘라고.

발 휘 하 다

무르시엘라고 모델은 9년간 무려 4099대가 제작되었는데, 이는 1974년부터 1990년까지 제작된 쿤타치 모델의 두 배에 달한다.

해가 저물자 손님들, 그러니까 람보르기니 소유주들과 부유한 스포츠카 마니아, 그리고 VIP들은 임시 무대가 설치된 공장 구석으로 안내됐다. 조명이 내리비치고 있었다. 스피커 여러 대에서 영화 〈이지 라이더Easy Rider〉에 삽입된 록 밴드 스테픈울프Steppenwolf의 곡, 〈본 투 비 와일드Born to Be Wild〉가 울려 퍼졌다. 곧 귀에 익은 람보르기니 12기통 엔진의 웅장한 소리가 들려왔다. 새로운 자동차의 출현을 알리는 소리를 배경으로 눈이 튀어나올 만큼 아름다운 색깔을 지닌 자동차가 빛나고 있었다. 다 큰 어른들이 자동차를 처음 본 순간 눈물을 흘렸다는 이야기도 전해진다. 비틀스의 열성 팬에 비할 만했다.

무르시엘라고Murciélago 모델은 전날 밤 람보르기니의 선택을 받은 언론 매체에만 공개됐는데, 역대 가장 화려하고 이색적이었던 공개 행사에 참여한 것은 그야말로 평생 잊지 못할 멋진 일이었다. 밤, 에트나산* 비탈, 화려한 불꽃놀이와 가짜 용암, 특별히 제작된 영화, 그리고 라이브 댄서들.

"우리가 비행기를 타고 섬으로 가는데 화산에서 조용히 연기가 나고 있었다." 후에 자동차 잡지 《카》의 기자 앵거스 맥켄지Angus Mackenzie는 이렇게 적었다. "차를 몰고 산을 오르는데, 몇 주 전에 발생한 화산 폭발 때 흘러나온 용암이 아직도 식어가고 있었다. 거기 숨은 의미를 알아채기란 그리 어려운 일이 아니었다. '이 차는 정말 위협적입니다. 취급 주의!'"

기업 실사 과정 이후 람보르기니가 계속 독자 생존하려면 1년에 1500대의 신차를 팔아야 한다는 점이 명확해졌다. 아우디는 야심 차게 신규 모델의 개발 시간표를 짰다. 일단 디아블로를 새 모델로 대체하는 게 급선무였다. 디아블로의 후속작을 내놓은 뒤에는 적어도 2년 이내에 더 많은 '베이비 람보르기니'를 내놓아야 했다. 1998년 8월에 공장으로 들어가서 완성된 무르시엘라고 모델로 잠재 고객에게 공개되기까지는 3년이 넘게 걸렸다.

손쉬운 선택지는 무슨 모델이든 이미 개발 중인 모델을 밀어붙이는 것이었으리라. 그러나 소유권이 크라이슬러에서 인도네시아 메가테크로 넘어가기 전, 넘어가는 동안, 그리고 그 후에도 람보르기니의 제품 개발은 갈팡질팡했다. 그 결과 몇 가지 개발 제안은 제대로 진행되지 못했다. 1990년대 초에 마르첼로 간디니가 잘파 모델을 대체할 모델 디자인 의뢰를 받았으나, 1980년대 모델에 가까운 그의 각진 자동차 디자인 제안은 좋은 반응을 얻지 못했다. 이탈디자인이 제안한 칼라Cala 모델도 개발이 흐지부지됐다. 당시 산타가타 볼로냐에 파견 근무 중이던 맥라렌 포뮬러 원 스타일리스트 피터 스티븐스Peter Stevens는 상황을 이렇게 설명한다. "그건 그들의 최고 걸작에 속하지 못했습니다. 차가 뚱뚱한 데다가 특별히 짜임새 있는 디자인도 아니었거든요."

그러다가 자가토에서 디아블로 모델의 섀시와 드라이브트레인을 토대로 제작 가능한 콘셉트카를 선보였다. 1996년 제네바 모터쇼에서 랍토르Raptor라 불렸던 이 콘셉트카 역시 개발 결정은 나지 않았다. 대신 자가토는 새로운 디자인을 내달라는 의뢰를 받았고, 1998년 람보르기니의 소유권이 폭스바겐 그룹으로 넘어갈 무렵에는 칸토Canto라는 이름의 새 모델을 한창 개발 중이었다. 이탈리아 나르도 테스트 트랙에서 테스트 중인 테스트 뮬*의 파파라치 사진들이 이미 유럽의 여러 자동차 잡지에 실리고 있었다.

폭스바겐 그룹의 회장 페르디난트 피에히는 칸토 모델을 꼼꼼히 살펴보고, 마음에 안 드는 검투사에 판결을 내리는 로마 황제처럼 엄지손가락을 아래로 향해 반대 의사를 표명했다. 다만 섀시, 엔진, 그리고 드라이브트레인은 그대로 쓰기로 했다. 작업은 일사천리로 진행됐다. 아우디는 베르토네와 주지아로의 이탈디자인 같은 다른 유명한 이탈리아 디자인 업체로부터도

2006년 2세대 무르시엘라고 모델이 출시될 무렵에는 아우디의 기준에 맞게 품질 수준이 좋아졌다.

디자인 제안을 받았고, 회사의 디자이너 루크 동커볼케Luc Donkerwolke*를 잠시 파견 보내 산타가타 볼로냐에 자체 디자인 사무실을 설립했다.

　폭스바겐이 람보르기니에 동커볼케를 보낸 일은 사람들 눈에 특이한 선택으로 비쳤다. 그가 해온 일이 주로 평범한 종류였기 때문이었다. 당시 그는 폭스바겐 그룹이 소유한 알짜 체코 자동차 브랜드인 스코다Skoda에서 막 아우디로 되돌아온 상황이었다. 체코에서 그는 폭스바겐에 인수된 스코다가 처음으로 완전히 새로운 디자인의 자동차를 제작할 수 있게 도왔다. 그러나 재능에 야심까지 있는 이 벨기에인은 훨씬 값비싼 고급 자동차를 만들고 싶다는 강한 의지를 품고 있었다. 그렇게 해서 2000년 초, 모든 제안을 검토한 끝에 아우디는 루크 동커볼케 팀이 내놓은 디자인을 최종 낙점했다.

　무르시엘라고 모델의 업적을 꼽으라면, 21세기 자동차를 위한 전혀 새로운 디자인 특징을 제시하면서도 낯익은 람보르기니 디자인의 특성을 충분히 살려 람보르기니 골수팬을 실망시키지 않았다는 것이다. 디아블로 모델의 섀시를 발전시킨 무르시엘라고의 섀시는 디아블로와 비슷한 자세 및 비율을 공유했다. 다만 무르시엘라고 모델은 1980년대 말과 1990년대 초에 크게 유행했던 '캡 포워드cab forward*' 방식과는 다르게 객실과 유리창 부분을 재조정했다. 그리고 후기 디아블로 모델과 칸토 모델을 꼼꼼히 살펴보면서 폭스바겐 그룹의 회장 페르디난트 피에히와 그의 수석 엔지니어들이 언짢아했던 자동차 어깨 부분의 떡 벌어진 통풍구는 제거했고, 대신 공기역학적으로 최적화된 에어 스쿠프를 추가했다. 무르시엘라고는 람보르기니의 과거 흔적을 지우는 대신 있는 그대로 받아들였다. 이 모델에 달린 가위 모양의 시저 도어 scissor door는 분명 디아블로 도어의 판박이였다.

　자동차 전문 잡지 《카 앤드 드라이버Car and Driver》에서 존 필립스John Phillips가 기록했듯이 무르시엘라고 모델은 신선하면서도 익숙하고, 깔끔하고 현대적이면서도 따분한 것과는 거리가 먼 자동차로 과거의 모든 람보르기니 슈퍼카처럼 사람들의 눈길을 사로잡았다.

나는 디트로이트 메트로 공항 앞 I-94 고속도로에서 람보르기니를 몰고 멜빈데 일초등학교 스쿨버스를 추월하려 했다. 그 차와 나란히 달리게 됐을 때, 노란색 스쿨버스가 마치 막 전복되려는 루시타니아호*처럼 내 쪽으로 기울어지는 게 보였다. 나는 충돌을 피하려고 가속 페달을 밟았다. 굉음을 내며 추월하는데, 얼굴이 일그러지고 몸이 왼쪽으로 뒤틀린 버스 기사가 시트에서 거의 떨어질 듯 보였다. 그는 마치 미국 TV 시트콤 〈신혼여행자Honeymooners〉에서 친구 에드 노턴Ed Norton에게 소리를 질러대는 버스 기사 랠프 크램든Ralph Kramden 같았다. 그런데 정작 문제는 다른 데 있었다. 버스에 탄 아이들이 우르르 왼쪽 창문으로 몰려들었던 것.

자동차 앞에 붙은 작은 황소 엠블럼은 이처럼 사람들을 미치게 만든다.

모델명 선택에서도 아우디는 람보르기니의 과거에 충실했다. 아우디는 '칸토'라는 이름을 버리고 적절한 황소 이름을 찾아 역사책을 샅샅이 뒤졌으며, 결국 '무르시엘라고'라는 황소 이름을 찾아냈다. 무르시엘라고는 1879년 한 투우 경기에서 여러 차례 칼에 찔리고도(람보르기니의 황소 이야기가 대개 그런 식이듯 정확하게 몇 번 칼에 찔렸는지에 대해서는 논란이 많다) 끝내 죽지 않고 살아남아 돈 안토니오 미우라Don Antonio Miura가 거둬들였다는, 놀랄 만큼

Murciélago

무르시엘라고

섀시	합성 부품이 딸린 튜브형 강철 모노코크
서스펜션	독립 더블 위시본 프론트/리어, 동축 코일 스프링, 자동 조정 방식의 텔레스코픽 쇼크 업소버, 안티-롤 바, 안티-스쿼트 바
브레이크	ABS 및 DRP 장치가 딸린 통풍형 브렘보 디스크
휠베이스	2665mm
프론트/리어 트랙	1635mm/1695mm
휠/타이어	18×8.5인치, 피렐리 피제로 245/35(프론트); 18×13인치, 피렐리 피제로 335/30(리어)
엔진	60도 각도의 후방 세로 장착형 12기통 엔진
보어/스트로크	87mm/86.6mm
엔진 배기량	6192cc
엔진 압축비	10.7:1
최대 출력	7500rpm에서 580 제동마력
밸브 장치	듀얼 오버헤드 캠샤프트, 체인 구동, 실린더 당 밸브 4개, 계속 변하는 밸브 개폐 타이밍
연료/점화 장치	람보르기니 전자 제어식 연료 분사, 개별 코일들
윤활 시스템	드라이 섬프
기어박스	람보르기니 6단 수동 (로봇화된 e-기어 수동이 옵션)
변속기	사륜구동
클러치	드라이 싱글-플레이트
건조 중량	1650kg(로드스터 버전은 1665kg)
최고 속도	시속 약 330km (로드스터 버전은 시속 약 320km)

강인한 황소였다. 당시 재정적 어려움에 처해 있던 람보르기니의 상황을 감안할 때 새로운 모델에 무르시엘라고라는 이름은 적절했던 것 같다.

람보르기니는 처음에 튜브형 강철 프레임 제작은 외주를 주었고, 합성 보디 패널은 루프 패널과 함께 사내에서 제작했다. 엔지니어링 부서 책임자 마시모 체카라니는 유서 깊은 12기통 엔진의 배기량을 6.2리터로 늘리고, 지오토 비자리니의 애초 의도처럼 윤활 시스템을 드라이 섬프 방식으로 바꾸는 등 격납실에서의 흥미로운 변화를 진두지휘했다. 그 덕에 엔진이 50mm 더 낮게 장착되었고, 결과적으로 핸들링이 확실히 더 좋아졌다.

람보르기니는 또 아우디의 유명한 콰트로 변속기 대신 자사의 사륜구동 변속기를 그대로 썼고, 새로운 6단 기어박스(람보르기니에서는 처음 사용)도 산타가타 볼로냐 공장에서 직접 개발했다. 이전과 마찬가지로, 리어 디퍼렌셜은 한 덩어리로 통합시키고, 비스커스 커플링으로 출력을 앞바퀴로 전달했다. 또한 람보르기니는 'e-기어'라 불리는 패들-시프트 기어박스를 도입했는데, 반자동 방식이 아니라 로봇화된 수동 방식이다. 이 장치는 무르시엘라고 소유주들 사이에서 계속 찬반 의견이 나뉘고 있다.

최초 브레이크에는 ABS를 장착했다. 무르시엘라고는 람보르기니 모델 가운데 가장 철저한 테스트를 거친 신모델이었음에도 그 브레이크가 프로 테스터들과 소유주들 사이에서 거듭 취약점으로 부각되었다. 그래서 무르시엘라고 소유주 가운데 상당수는, 특히 발렌티노 발보니의 애초 의도대로 자동차를 몰고 다닌 사람들은 제3자 업그레이드를 받았다.

회사용으로 무르시엘라고 모델을 구입한 트랙 주간 주최자 사이먼 조지Simon George는 자신이 여러 해 동안 그 자동차를 이용하면서 쓴 경비를 자동차 전문 잡지 《이보》에 공개했다. 그러면서 브레이크 문제를 다음과 같이 밝히고 있다.

2주 전에 나는 브레이크 전문 기업 타록스Tarox의 영국 지사 총책임자인 레나토 카푸치Renato Cappucci로부터 감사 전화를 받았다. 정기 구독자들은 기억할 수도 있겠지만, 나는 기존 브레이크 디스크에 금이 가기 시작했기 때문에 새로운 브레이크 디스크가 필요했다. 브렘보에서 제작한 람보르기니 자체 브레이크 디스크는 코너당 1000파운드씩으로, 다른 곳에서는 구할 수도 없었다. 대신 타록스에 내 낡은 브레이크 디스크 두 개를 넘겨주었는데, 그것들은 다시 이탈리아에 있는 회사 공장으로 보내져 새로운 브레이크 디스크 세트 제작에 필요한 견본 역할을 했다. 3주 후, 타록스는 예상을 뛰어넘는 멋진 대체품을 보내왔다. 금이 가는 문제를 피하려고 브레이크 디스크에는 구멍 대신 홈이 파여 있었다.

새로운 브레이크 디스크의 첫인상은 아주 긍정적이었으며 가격도 훨씬 괜찮았다. 작동할 때 조금 소리가 나긴 하지만, 그래도 금이 가서 못 쓰게 되는 것보다는 나았다. 게다가 한 세트에 1500파운드밖에 하지 않아서 원래 브레이크 디스크 가격 4000파운드가 너무 비싸게 느껴졌다.

성능과 외관 사이의 균형 문제를 해결하기 위해 무르시엘라고 모델의 많은 부품은 필요할 때만 효율적으로 사용하게 되어 있다. 예를 들어 후미 스포일러는 시속 약 129km 넘게 달릴 때는 자동으로 50도 각도를 유지하고, 시속 약 217km일 때는 70도 각도를 유지한다. 또한 양쪽 어깨 부분의 공기 흡입구도 엔진을 많이 식혀야 하는 경우에만 저절로 올라가며, 운전자가 무언가 과시하고 싶다면 운전석에서 스위치로 직접 올려야 한다.

아우디는 무르시엘라고 모델에서 인체공학적으로 불편한 람보르기니 특유의 몇 가지 요소를 제거했다(가뜩이나 시야도 제한되어 있고, 공간도 비좁은 상황에서 작업이 쉽지 않았다).

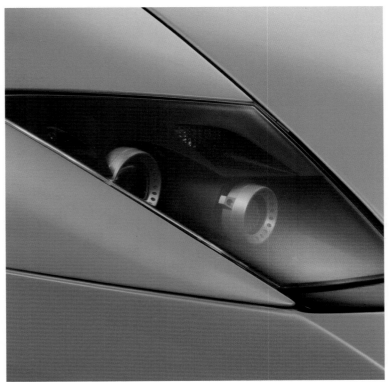

벨기에 외교관의 아들인 루크 동커볼케는 1965년 페루 리마에서 태어났으며, 아프리카와 남미 일대를 돌아다니며 어린 시절을 보냈다. 그런 경험 덕에 여러 언어를 유창하게 구사한다.

동커볼케는 벨기에와 스위스 교육 기관에서 산업공학과 운송 기기 디자인을 공부하는 등 유럽에서 교육을 마쳤다. 그리고 1990년 프랑스 푸조에 입사하면서 자동차 업계에 발을 들인다. 1992년, 그는 아우디로 옮겨 폭스바겐 그룹 내 디자인 부서에서 출세 가도를 달린다. 사석에서 그는 자신이 '아웃사이더'여서 가능했다고 말했다.

"저는 특수 프로젝트를 전담하는 디자이너가 되었어요. 제 동료들은 거의 직선형 디자이너들로 한 가지 프로젝트에만 머물고 싶어 했죠. 그래서 오후 네 시면 집에 갈 수 있었어요. 하지만 저는 절대로 집에 못 갔죠."

아우디에서 2년을 보낸 그는 1980년대 말 폭스바겐 그룹에 인수되어 거듭난 체코의 유명 브랜드 스코다 자동차로 전출됐다. 그리고 1996년에 다시 아우디로 돌아와 백 퍼센트 알루미늄으로 이루어진 획기적인 A2 모델과 훗날 R8R 르망 레이스카가 될 자동차의 디자인에 기여했다.

1998년, 동커볼케는 아우디에 인수된 람보르기니로 잠시 파견 근무를 나가 아주 큰 기회를 거머쥔다. 디아블로 모델을 마지막 SV 모델로 페이스리프트하는 작업을 한 그는 최고 경영진에게 후속작에 대한 자신의 비전을 제시했는데, 그의 제안이 베르토네, 이탈디자인, IDEA 등 쟁쟁한 디자인 전문업체의 제안을 물리치고 공식 채택된 것이다. 그 시기에 람보르기니는 자체 디자인 센터 센트로 스틸레Centro Stile를 설립했다.

동커볼케는 이탈디자인과 손잡고 람보르기니 가야르도Gallardo 모델도 제작했다. 폭스바겐 그룹의 스페인 브랜드 SEAT가 디자인 주체가 되기 전에 무르시엘라고 로드스터 모델 개발을 진두지휘하는 것도 그의 몫이었다. 2012년, 그는 폭스바겐 그룹이 인수한 또 다른 유명 브랜드 벤틀리의 디자인 책임자로 영전했다.

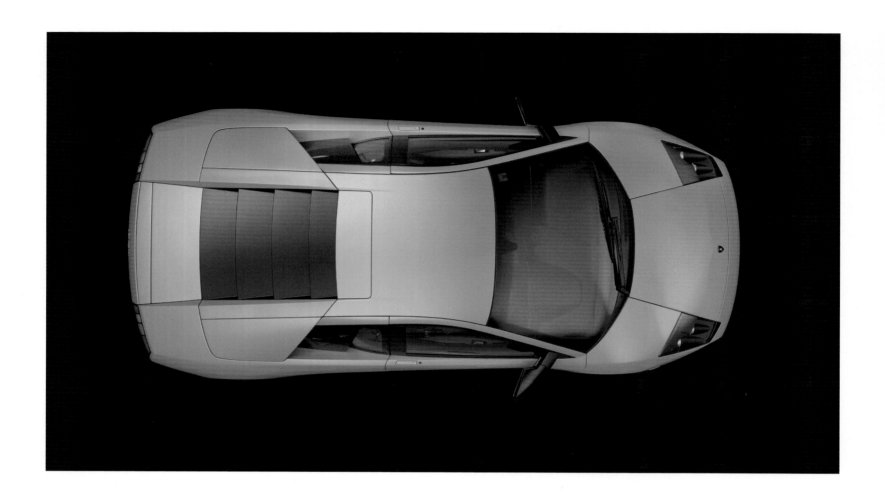

하지만 디아블로 모델에서 가져온 섀시 특성 때문에 일부 불편은 불가피했다. 존 필립스는 《카 앤드 드라이버》에서 이렇게 말했다. "무르시엘라고 모델에 올라타서 제일 먼저 알 수 있는 건 왼쪽 앞부분 휠이 발밑 공간 쪽으로 20cm 정도 파고 들어와 두 발을 오른쪽으로 틀어야 한다는 것이다. 왼쪽 발은 쉴 만한 장소를 찾아야 하는데, 그나마 클러치 아래가 유일하게 편한 곳이다. 그다음 알 수 있는 건 마치 카누 안에 노가 솟아 있듯이 조그만 검은색 박스에서 액셀러레이터 페달이 튀어나와 있다는 것이다. 발뒤꿈치는 그 박스 앞에서 쉬게 되며, 그래서 스로틀을 움직이려면 발가락을 앞으로 구부려야 한다. 신발에 틱톡 캔디 한 박스를 넣고 여기저기 걸어 다니는 듯한 느낌을 경험할 것이다."

이런 상황에서도 잠재 소유주들은 무르시엘라고 모델을 포기하지 않았다. 2000년 람보르기니는 296대의 디아블로를 팔았다. 2002년 출시된 무르시엘라고는 훨씬 많은 424대가 팔렸다. 물론 회사가 손익분기점을 넘기려면 여전히 갈 길이 멀었다. 이를 위해서 가격이 적절한 가야르도 모델이 필요했다. 그런 중에도 람보르기니는 여전히 무르시엘라고 모델을 계속 업그레이드했고, 2009년 단 한 차례만 판매량 400대 이하로 떨어졌을 뿐 비교적 선방한다.

무르시엘라고 모델의 시장을 확장하는 확실한 방법은 로드스터 버전을 내놓는 것이었다. 루크 동커볼케는 가야르도 모델 개발이 확정되자 곧바로 작업에 착수했다. 2003년, 람보르기니는 디트로이트 모터쇼에서 콘셉트카를 공개했다. 2004년 3월에는 제네바에서 무르시엘라고 로드스터 모델이 공개되었다. 당시 람보르기니는 로드스터 모델과 함께 한정판 버전의 쿠페 모델도 공개했는데(바깥쪽을 파란색으로 칠하고, 휠이 달라졌고, 가죽 장식을 쓰고, 새로운 배기 장치를 달았으며, 안쪽에 숫자가 적힌 명판을 부착했다), 쿠페 모델은 람보르기니 창사 30주년을 기념해 단 50대만 제작했다.

동커볼케에 따르면, 실내의 '독보적인 느낌을 극대화'하기 위해 운전석에 다른 소재를 쓰고, 구멍을 내 마무리한 점이 특히 눈에 띄었다. 고객이 원할 경우 운전석과 조수석에 각기 다른 색의 가죽을 쓸 수도 있었다.

지붕이 없어져 약해진 구조를 보강하기 위해 무르시엘라고 로드스터 모델에는 중요 부분마다 네모난 강철 튜브를 추가하고, A-필러와 도어 아래쪽 문틀에도 합성 요소를 추가했다. 또한 전복 사고에 대비해 앞 유리 프레임을 강화했고, 헤드레스트 뒤쪽에 팝업 스타일의 아우디 롤 바*를 두 개 설치했다. 12기통 엔진 위에는 뒤쪽 칸막이벽부터 서스펜션 캐리어까지 강철로 이루어진 엔진 버팀대를 설치했는데, 4000달러를 더 내면 탄소섬유 소재로 바꿀 수도 있었다. 람보르기니의 과거를 인정하는 차원에서 엔진 커버는 미우라 모델처럼 뒤쪽에서 열리게 되어 있었다.

무르시엘라고 로드스터 모델에는 캔버스 천으로 된 기본 덮개를 제공했는데, 지붕이라기보다는 샤워 캡 같은 비닐 모자에 가까워 시속 약 160km 이상 달리면 안전을 보장할 수 없었다. 《로드 & 트랙》의 기자 더글러스 코트Douglas Kott는 이렇게 적었다.

> 위에 지붕도 없는 상태에서 12기통 엔진이 뿜어대는 배기음을 듣다 보면 마치 완벽한 THX-돌비 시스템을 설치한 극장에 앉아 있는 기분이 든다…… 비스커스 커플링 장치가 최대 출력 572 제동마력인 사륜구동 엔진을 작동하면 정지 상태에서 시속 약 96.5km에 도달하는 데 약 3.8초밖에 안 걸린다. 거센 바람이 머리카락을 날리고 얼굴을 때려 훨씬 빠른 느낌이 든다.
>
> 갑자기 소나기가 쏟아지는 경우에는 가죽 시트를 보호할 목적으로 루프톱을 사용할 수 있다. 사용하기 까다로운 이 장치는 접이식 강철 튜브 프레임으로 이루어져서 쭉 펴서 늘리고 잘 맞춘 뒤 고정시켜야 한다. 측면 창의 위쪽 밀폐 부분과 별도의 세로축을 결합하면 루프톱이 완성되는데, 사용하지 않을 때는 앞쪽 트렁크 속에 있는 가죽 가방에 집어넣게 되어 있다. 루프톱을 사용할 경우, 앞 유리창 헤더 부분에 시속 약 160km 이상으로는 달리지 말라고 표시되어 있다(나는 조종사가 비상 탈출할 때 조종석 덮개가 날아가는 F-16 전투기를 상상하며 안전벨트를 맨다!).

2003년, 람보르기니 가야르도 모델이 등장하면서 페라리와의 이른바 '마력 군비 경쟁'이 촉발한다. 동시에 무르시엘라고 모델의 영토가 일부 침범당한다. 람보르기니의 주장에 따르면 오리지널 가야르도 10기통 엔진의 최대 출력은 493 제동마력으로, 무르시엘라고 12기통 엔진의 572 제동마력에 비해 그리 떨어지지 않는다. 오히려 출력-중량 비율 측면을 따지면 성능 차이가 훨씬 줄어든다.

페라리가 F430 모델을 내놓자, 람보르기니 역시 2005년 가야르도 모델의 성능을 높인 업그레이드 버전을 내놓는다. '베이비 람보르기니'가 최대 출력 513 제동마력이라는 루비콘강을 건넌 순간이다. 여기에 더해 람보르기니는 다른 한쪽에서 훨씬 강력한 2세대 모델을 준비하고 있었다.

2006년은 무르시엘라고 모델과 그 동생 모델의 확실한 차별화를 목적으로 무르시엘라고 모델에 대한 성능 향상이 이루어진 해였다. 외양은 전면부와 후면부의 라인을 선명하게 하는 것 외에 변화가 없었지만, 내부에는 많은 변화가 있었다. 엔진 격납실에 배기량 6.5리터짜리 엔진과 새로운 가변 제어 타이밍 장치를 장착하여, 람보르기니 측 주장에 따르면 최대 출력이 631 제동마력(640PS)에 달하면서 LP640이라는 배지가 붙었으나 새로운 배기 장치로 배기가스를 내보내 일부 관측자들을 당혹스럽게 만들기도 했다.

자동차 잡지 《이보》의 존 바커John Barker는 이렇게 적었다. "새로운 배기 장치로 인해 귀가 먹은 게 아닌가 싶을 만큼 엔진 소리가 확 줄어들었다. 그러나 도어 여는 소리, 키 꽂는 소리, 안전벨트를 매는 소리 등 온갖 크고 작은 소리가 들리는 걸로 미루어 12기통 엔진 소리가 잘 들리지 않을 만큼 귀가 먹은 건 아닌 게 분명하며……"

패들-시프트 기어박스를 재프로그래밍하고 클러치를 업그레이드하는 과정에서 람보르기니는 도어 중 하나가 열린 상태에서 운전자가 기어를 조작하지 못하게 하는 안전 조치도 취했다. 그 결과, 테스트 드라이버 발렌티노 발보니가 완성한 '아웃-오브-더-시트out-of-the-seat' 주차 기법으로 많은 자동차 소유주가 따라한 '발보니 스타일'로 후진하는 건 불가능해졌다. 그러나 주행 중에는 새로운 무르시엘라고 LP640 모델이 정치적으로 올바르게 달라졌다는 예상이 틀렸다는 사실이 입증되었다.

"운전석에 앉으면 무르시엘라고 모델의 특성과 매력이 고스란히 남아 있음을 알 수 있어서 그나마 위안이 된다." 존 바커의 말이다. "차 안에 앉으면 엔진 돌아가는 소리가 대체로 줄지 않아 등 뒤에서 거대한 12기통 엔진의 강력하고 열정적이며 자극적인 힘이 느껴진다. 극한까지 치고 올라가 뼛속까지 전해지는 변화무쌍하고 웅장한 엔진 소리. 가야르도 모델의 10기통 엔진도 좋은 엔진이지만, 실린더 2개의 차이는 아주 크다."

람보르기니는 다소 비싼 가격인 1만 2500달러에 카본-세라믹 앵커anchor를 추가하는(유리 엔진 커버 등과 함께) 옵션 방식을 택함으로써, 1세대 무르시엘라고 모델의 빈약한 브레이크 성능 문제를 일부밖에 해결하지 못했다. 운전에 진심인 사람의 입장에서는 새로운 버킷 시트는 도움이 됐지만, 또 다른 중요한 스펙 변화라고 할 수 있는 새로운 켄우드Kenwood 오디오 장치는 불필요했다. 인체공학적으로 불편한 인스트루먼트 패널이 개선되지 않은 점도 실망스러웠다.

무르시엘라고 모델의 강철 프레임 받침대가 다른 경쟁 자동차의 가볍고 민첩한 합성 소재 모노코크에 비해 구식으로 느껴진다는 의견도 점점 많아졌다. 그러나 크리스 칠턴Chris Chilton은 새로운 무르시엘라고 LP640 모델을 시운전한 뒤 자동차 잡지 《카》에 이렇게 적었다. "무르시엘라고 모델은 여전히 시대를 앞서가는 차다. 특히 최고 속도가 시속 341km에 이르는 1.7톤짜리 2인승 대형차치곤 더욱."

무엇보다 무르시엘라고는 구식 구조 덕분에 튜닝을 잘하면 GT 부문 레이스에 참가할 수 있었다. 고객에게 튜닝 버전을 공급하는 일은 수익성 좋은 부업이 되기도 했다. 독일 튜닝 전문 업체 라이터 엔지니어링Reiter Engineering은 후륜구동 버전의 무르시엘라고 모델을 만들어 R-GT라고 명명했다. 그러나 2000년대 GT 부문 레이스는 급증하는 자동차 시리즈로 인해 변화가 심했고, 어떻게 하면 서로 다른 자동차들의 성능 사이에서 균형을 취할 것인가가 중요한 이슈가 되었다. R-GT 모델 한 대가 2000년 FIA GT 챔피언십의 개막 레이스에서 우승했음에도 R-GT 모델은 극소수만 제작되었다.

Murciélago LP640

무르시엘라고 LP640

섀시	합성 부품이 딸린 튜브형 강철 모노코크
서스펜션	독립 더블 위시본 프론트/리어, 동축 코일 스프링, 자동 조정 방식의 텔레스코픽 쇼크 업소버, 안티-롤 바, 안티-스쿼트 바
브레이크	ABS 및 DRP 장치가 딸린 통풍형 브렘보 디스크(카본-세라믹이 옵션)
휠베이스	2665mm
프론트/리어 트랙	1635mm/1695mm
휠/타이어	18×8.5인치, 피렐리 피제로 245/35(프론트); 18×13인치, 피렐리 피제로 335/30(리어)
엔진	60도 각도의 후방 세로 장착형 12기통 엔진
보어/스트로크	88mm/89mm
엔진 배기량	6496cc
엔진 압축비	11.0:1
최대 출력	8000rpm에서 631 제동마력
밸브 장치	듀얼 오버헤드 캠샤프트, 체인 구동, 실린더 당 밸브 4개, 계속 변하는 밸브 개폐 타이밍
연료/점화 장치	람보르기니 전자 제어식 연료 분사, 개별 코일들
윤활 시스템	드라이 섬프
기어박스	람보르기니 6단 수동 (로봇화된 e-기어 수동이 옵션)
변속기	사륜구동
클러치	드라이 싱글-플레이트
건조 중량	1650kg(로드스터 버전은 1665kg)
최고 속도	시속 약 340km (로드스터 버전은 시속 약 330km)

무르시엘라고 모델의 업데이트는 계속해서 진행되었다. 2006년에는 창사 40주년 기념 모델 후속으로 패션 브랜드 베르사체Versace와 손잡고 주문 제작형 무르시엘라고 쿠페 및 로드스터 모델 20대를 내놓았다. 여기에 베르사체에서 제작한 드라이빙 액세서리를 함께 제공했다.

2009년은 무르시엘라고 모델군의 끝이 보이기 시작하고, 아벤타도르Aventador 모델의 개발이 진행 중인 상황에서 궁극의 무르시엘라고 변종이라 할 수 있는 무르시엘라고 LP670-4 슈퍼벨로체SuperVeloce 모델이 공개된 해다. 모델 이름은 미우라 모델까지 거슬러 올라가는 작명 전통을 반영한 것으로, '에어로팩Aeropack'을 옵션으로 택하는 경우 '일반' 무르시엘라고 모델과 혼동할 여지가 전혀 없었다. 에어로팩은 레이스카 스타일의 유명한 리어 스포일러로, 장착할 경우 최고 속도가 시속 4.8km 정도 줄었다. 참고로 에어로팩을 장착하지 않는 경우의 최고 속도는 시속 약 341km였다.

《카 앤드 드라이버》의 그레고리 앤더슨Gregory Anderson은 이렇게 적었다. "비록 최고 속도는 줄어들더라도 운전에 진심인 사람이라면 에어로팩을 선택할 것이다. 고정된 커다란 스포일러 덕분에 워낙 큰 다운포스*가 생겨나서 람보르기니에서 에어로팩 이름을 SG(Super Glue, 즉 슈퍼 접착제)라고 고치는 걸 고려하는 게 어떨까 생각이 들 정도다. 이탈리아 남부 나르도 성능 시험장에서 테스트한 결과, 일반 무르시엘라고 모델의 후미는 심한 커브 길을 돌 때 종종 흔들리는 데 반해 무르시엘라고 LP670-4 슈퍼벨로체의 후미는 늘 바닥에 단단히 붙어 있었다."

무르시엘라고 LP670-4 슈퍼벨로체 모델은 엔진 출력이 661 제동마력(670PS)까지 올라갔지만 비장의 카드는 따로 있었다. 바로 차량 무게를 약 100kg 줄인 것으로, 이를 위해 전체적으로 탄소섬유를 많이 사용하고, 섀시에 경량 강철을 썼으며, 배기 장치 무게를 줄이고, 고정된 리어 스포일러를 부착했다(이동식 리어 스포일러에 필요한 모터 무게가 삭제된다). 시트에도 짜증날 만큼 탄력 없는 탄소섬유를 사용했다. 《로드 & 트랙》이 옛 공군 기지 활주로에서 행한 성능 테스트에 따르면 무르시엘라고 LP670-4 슈퍼벨로체 모델은 정지 상태에서 시속 약 96.5km에 도달하는 데 2.8초 밖에 걸리지 않았다. 1세대 모델의 3.8초에 비해 1초나 빠른 기록이다.

또한 람보르기니는 차 무게가 가벼워진 점을 보완하기 위해 핸들 스티어링을 보다 예민하게 느껴지도록 만들었다. 당시 페라리는 HGTE 핸들링 팩이 쓰인 599 모델을 막 내놓은 상태였는데, 여기에 무르시엘라고 LP670-4 슈퍼벨로체 모델의 출현은 감당하기 힘든 도전이었다. 데이비드 비비안David Vivian은 자동차 잡지 《이보》에서 무르시엘라고 LP670-4 슈퍼벨로체 모델을 이렇게 평했다.

치고 나가는 속도가 엄청난 데다가 기어 변속 시 들려오는 엔진 소리 역시 귀청이 터질 듯해 순간 숨이 멎을 지경이다. 한마디로 미친 듯이 내달린다.

코너링 상황에서도 매력은 줄어들지 않는다. 이 모델의 섀시가 갖는 가장 놀라운 점은 아무리 미묘하고 순간적인 핸들링이라도 의미 있는 움직임으로 이어진다는 것이다. 스티어링이나 스로틀로도 코너링에 미묘한 차이를 만들 수 있다. 워낙 넓은 면적을 자랑하는 이 차가 도로 위에 놓인다는 점을 감안하면 아주 정교하게 움직이는 셈이다. 주목받는 듯하면서 동시에 친근하게 느껴지고, 엔진이 뿜어대는 엄청난 출력을 섀시가 가감 없이 받아들이는 점 역시 이 모델의 또 다른 특성이다.

오버스티어링* 현상은? 토크가 후륜구동 상태에서 갈라져 특히 코너링 중에 브레이크를 밟는 상황에서는 코스에서 벗어나지 않지만, 재빨리 카운터스티어링*을 해주는 게 좋다. 코스에서 너무 벗어나면 돌아갈 수 없다.

전 세계에 불어닥친 불경기와 조만간 모델 교체가 이루어질 거라는 기대감으로 부유한 잠재 고객들이 지갑을 닫자 무르시엘라고 모델의 판매는 하향 곡선을 그리기 시작한다. 람보르기니는 최종 한정판 모델 두 종류로 고객들의 관심을 돌리려 했다. 우선 2010년에 내놓은 무르시엘라고 LP670-4 슈퍼벨로체 차이나 한정판은 엄청나게 긴 이름 때문에 관심을 끌었다. 이름 그대로 중국 시장을 노린 모델로 10대만 제작했으며, 색깔(유광 회색에 앞뒤로 길게 중앙에 검은색·오렌지색·검은색으로 된 3선 줄무늬가 있다)을 제외하고 무르시엘라고 슈퍼벨로체 기본형과 다를 게 없었다. 람보르기니는 3선 줄무늬를 '화산 분출의 힘을 형상화한 것'이라고 했다. 하지만 공교롭게도 모델을 공개한 베이징 모터쇼에 참석했던 외국인들은 아이슬란드 에이야퍄들라이외퀴들산의 화산 분출로 생긴 화산재 구름 탓에 비행기가 뜨지 못해 귀국이 늦어졌다.

또 다른 무르시엘라고 한정판 모델은 지붕 없는 무르시엘라고 LP650-4 로드스터로 20대 한정 제작이었다. 외부는 회색에 군데군데 오렌지색을 섞은 두 가지 컬러에 실내 역시 두 가지 컬러로 운전석과 조수석에 검은색 가죽과 알칸타라 원단을 사용했다. 엔진 출력도 키워서 641 제동마력(650PS)까지 높였다.

무르시엘라고 LP670-4 슈퍼벨로체 모델은 분명 놀랍고 흥미로운 자동차였다. 그러나 불경기로 차갑게 식어버린 시장에서 람보르기니의 기대를 채우기엔 부족했다. 람보르기니는 이 모델을 350대 제작한 뒤에 생산 라인을 해체하고, 후속 모델인 아벤타도르 제작에 나설 거라고 이야기했다. 그러나 무르시엘라고 LP670-4 슈퍼벨로체 모델의 실제 판매량은 그 절반에도 미치지 못했다.

긍정적이지 못한 결말임에도, 무르시엘라고 모델이 믿을 수 없을 만큼 큰 성공작이라는 사실만은 분명하다. 역대 가장 화려하고 이색적인 공개 행사 이후 람보르기니에 다시 활력을 불어넣고, 21세기 회사가 나아가야 할 방향을 제시해준 무르시엘라고는 그렇게 9년 만에 끝을 맺는다.

2010년 11월 5일, 가야르도 경찰차 한 대, 350GT 한 대, 미우라 한 대, 쿤타치 한 대, 그리고 흰색 LP670-4 슈퍼벨로체 모델 한 대의 호위 속에 마지막이자 4099번째인 무르시엘라고(주황색 슈퍼벨로체) 모델이 생산 라인을 빠져나왔다. 참고로 람보르기니가 디아블로 모델 2903대를 파는 데는 꼬박 11년이 걸렸다.

Murciélago LP670-4 SuperVeloce
무르시엘라고 LP670-4 슈퍼벨로체

섀시	합성 부품이 딸린 튜브형 강철 모노코크
서스펜션	독립 더블 위시본 프론트/리어, 동축 코일 스프링, 자동 조정 방식의 텔레스코픽 쇼크 업소버, 안티-롤 바, 안티-스쿼트 바
브레이크	ABS 및 DRP 장치가 딸린 통풍형 카본-세라믹 브렘보 디스크
휠베이스	2665mm
프론트/리어 트랙	1635mm/1695mm
휠/타이어	18×8.5인치, 피렐리 피제로 245/35(프론트); 18×13인치, 피렐리 피제로 335/30(리어)
엔진	60도 각도의 후방 세로 장착형 12기통 엔진
보어/스트로크	88mm/89mm
엔진 배기량	6496cc
엔진 압축비	11.0:1
최대 출력	8000rpm에서 661 제동마력
밸브 장치	듀얼 오버헤드 캠샤프트, 체인 구동, 실린더 당 밸브 4개, 계속 변하는 밸브 개폐 타이밍
연료/점화 장치	람보르기니 전자 제어식 연료 분사, 개별 코일들
윤활 시스템	드라이 섬프
기어박스	람보르기니 6단 수동(로봇화된 e-기어)
변속기	사륜구동
클러치	드라이 싱글-플레이트
건조 중량	1565kg
최고 속도	시속 약 343km

7장

GALLARDO

가야르도

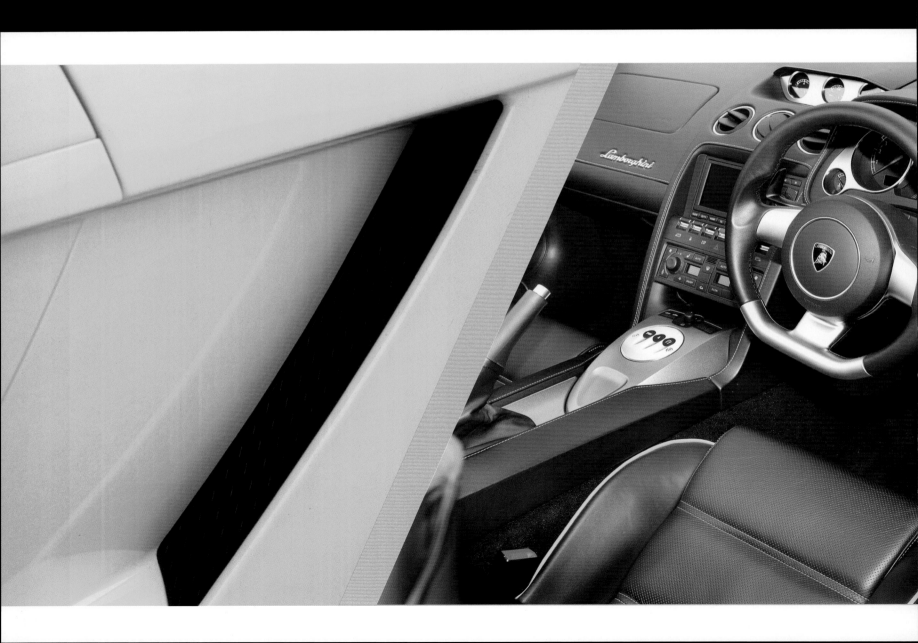

제법 큰 판돈이 걸린 게임이었다. 1998년 7월 아우디가 람보르기니를 인수했을 때, 아우디 경영진은 사람들의 관심이 온통 람보르기니의 주력 자동차 디아블로 모델의 후속작에 몰릴 거라는 걸 잘 알았다. 하지만 그 관심은 그리 오래가지 않았다. 아우디는 숙고 끝에 람보르기니가 독자 생존하려면 1년에 최소 1500대의 자동차를 판매해야 한다는 결론에 도달했다. 물론 실제 판매 대수는 언저리에도 간 적이 없었고, 이것이 바로 여러 기업이 야심 차게 람보르기니를 인수했다가 실패를 맛본 원인이었다. 람보르기니는 잘파 모델의 뒤를 이을 편안하고 저렴한 모델이 필요했다. 가급적 실제로 판매할 수 있는 모델 말이다.

운 전 자 의　　슈 퍼 카

무르시엘라고 모델 출시를 서둘러서 노후화된 디아블로 모델을 대체하는 게 급선무였지만, 람보르기니를 인수한 지 18개월이 채 안 됐을 때 아우디는 '베이비 디아블로' 모델 개발을 검토했다. 그리고 수석 디자이너 루크 동커볼케의 부설된 지 얼마 안 된 디자인 센터, 센트로 스틸레의 부담을 덜어주려는 목적으로, 2000년 초 아우디의 사내 디자인 팀은 물론 이탈리아의 유명 차체 제작업체인 이탈디자인, 베르토네, IDEA에게도 디자인을 의뢰했다. 이탈디자인은 언제든지 람보르기니 자동차 디자인 작업에 참여할 준비가 되어 있었고, 수년 전 조르제토 주지아로의 아들인 파브리치오 주지아로Fabrizio Giugiaro가 디자인에 참여한 적도 있었다.

1995년에 열린 제네바 모터쇼에서 이탈디자인은 '칼라'라는 2+2(앞좌석 두 개에 뒷좌석 두 개를 더한 구조) 형태의 '연구용 시제품'을 발표했다. 당시 이탈디자인은 시제품의 디자인 요소 중 일부를 람보르기니 미우라 및 쿤타치 모델에서 가져왔음을 솔직히 인정했다. 바깥쪽 합성 소재 밑에는 알루미늄 섀시가 숨어 있었다. 모터쇼를 찾는 사람들은 대개 디자인 전문업체 이탈디자인의 자유분방한 디자인에 익숙했다. 실제로 많은 고객들이 이탈디자인의 과거 디자인을 더 선호했다. 특히 시제품 어깨 부분의 다소 불균형한 에어 스쿠프 모양을 마음에 들어하는 사람이 별로 없었다. 일부는 파브리치오 주지아로가 아버지를 따라가려면 아직 멀었다고 혀를 찼다. 그러나 기계적 측면에서 칼라 모델은 자세히 들여다볼 가치가 있었다. 람보르기니 드라이브트레인을 토대로 제작한 드라이브트레인과 후륜구동 방식의 배기량 4리터짜리 람보르기니 10기통 엔진(372 제동마력. 크라이슬러 시대에 제작)이 뛰어났을 뿐 아니라 운전하기에 더없이 좋았다. 단순한 연구용 시제품이 아니었다.

칼라는 오리지널 디자인 그대로 제작되는 행운을 누리지 못했지만, 이탈디자인은 훗날 가야르도 모델 디자인을 제안해달라는 의뢰를 받았을 때 칼라 디자인을 참고했다. 1995년에는 인도네시아 메가테크의 투자 부족으로 결실을 맺지 못한 채 없던 일이 되어버렸지만, 불과 몇 년 후 람보르기니를 재정적 자립이 가능한 기업으로 만들겠다는 아우디의 원대한 계획을 뒷받침해준 토대가 된다.

아무튼 아우디와 이탈디자인의 제안이 최종 단계를 통과하며 칼라 모델 업데이트가 승인되었다. 알루미늄 스페이스-프레임 방식의 섀시를 쓴다는 제안도 채택됐는데, 개발이 진행되는 과정에서 수석 엔지니어링 팀이 갑자기 제동을 걸었다. 그들은 자동차가 보다 콤팩트해야 한다고 주장했다. 그 결과 보디를 대대적으로 손봐야 했고, 이 작업은 루크 동커볼케가 지휘했다. 동커볼케는 디자인에 한층 신경 써서 일부 요소를 곧 출시될 무르시엘라고 모델에 맞추었다. 둥근 미등을 옆으로 기다란 미등으로 바꾸고, 헤드라이트와 공기 흡입구의 모양을 고쳤으며, 고속으로 달릴 때만 나타나는 이동식 리어 스포일러를 장착했다. 그렇게 완성된 자동차는 70퍼센트가 동커볼케의 작품이었고, 나머지 30퍼센트가 이탈디자인의 작품이었다.

가야르도 모델은 8기통 엔진을 장착한 페라리 360 모데나Modena 모델과 6기통 수평 엔진을 장착한 포르쉐 911 모델처럼 이미 확고히 자리 잡은 라이벌 자동차와 경쟁을 앞두고 있었다. 그만큼 멋진 외양을 갖추는 것도 중요했지만, 제대로 된 파워트레인*을 제공하고, 훌륭한 운전 경험을 선사하는 게 우선이었다. 핸들링이 쉽지 않다거나 품질 관리가 느슨할 경우 변명의 여지가 있을 수 없었다.

기존의 배기량 4리터짜리 10기통 엔진은 너무 작은 데다가 21세기 검사 기준을 통과하기엔 성능이 미흡했다. 엔지니어링 팀의 판단처럼 8기통 엔진 역시 페라리에 대적하기에 충분하지 않았다. 기존의 아우디 8기통 엔진을 바탕으로 제작하더라도 최소 배기량 5리터짜리 10기통 엔진 정도는 되어야 했다(144쪽 '10기통 엔진의 힘' 참조). 이 소식이 밖으로 새어 나가자 곧바로 이런 의문이 꼬리를 물었다. "이제 단순화된 람보르기니의 쐐기형 디자인 시대는 끝나는 건가?"

Gearshift lever

AF

2003년 5월, 산타가타 볼로냐의 람보르기니 공장에 다녀온 《오토카》의 유럽 편집자 피터 로빈슨은 이렇게 밝혔다. "여러분은 이 차를 좋아할 겁니다. 가야르도 모델의 엔진에서 뿜어 나오는 깊은 배기음은 페라리 360 모데나 모델의 플랫-크랭크 8기통 엔진 고주파 배기음과 차원이 다르고, 무르시엘라고 모델의 12기통 엔진 배기음과도 다릅니다. 가야르도 10기통 엔진의 토대가 된 아우디 8기통 엔진의 부드러운 기계음과도 전혀 다릅니다."

패키징에 따라 엔진의 레이싱 스타일 실린더 배치 각도도 달라졌다. "우리는 72도 각도의 10기통 엔진을 검토했습니다." 당시 람보르기니의 수석 엔지니어 마시모 체카라니의 말이다. "그랬더니 무게 중심이 더 높아지고, 패키징에 문제가 생겼습니다. 분명 (아우디 8기통 엔진과) 시너지 효과는 났지만, 모든 게 결국 90도 각도의 10기통 엔진 콘셉트에서 시작됐습니다."

그렇다면 포르쉐와 페라리는 어떨까. 출시 당시 가야르도 10기통 엔진은 최대 출력이 493 제동마력이었는데, 포르쉐 911 모델은 414 제동마력, 페라리 모데나 모델은 394 제동마력이었다. 이 소문이 퍼지면서 페라리 마라넬로 공장과 포르쉐 슈투트가르트 공장의 엔지니어들은 칼을 갈기 시작했다.

가야르도는 과거 람보르기니의 어떤 모델보다도 많은 차량이 고도로 자동화된 생산라인에서 제작됐지만, 세밀한 작업의 상당 부분은 수작업으로 이루어졌다.

가야르도 모델에 장착한 강력한 10기통 엔진은 아우디 그룹 내 다른 회사들로 아웃소싱됐다. 최종 조립은 헝가리에서 이루어졌으며, 완성된 엔진을 산타가타 볼로냐의 람보르기니 공장으로 보냈다.

공장은 여전히 건설 중이었다(박물관 및 관리 블록은 2001년에 추가됐고, 가야르도 생산 라인은 2002-2003년 겨울에 설치됐다). 가야르도 모델에 들어가는 많은 부품은 아웃소싱으로 조달했다. 알루미늄 스페이스-프레임 섀시는 독일 크룹-드라우즈Krupp-Drauz가 제작한 뒤 독일 네카르줄름의 옛 NSU 공장인 아우디 시설에서 도색됐으며, 육로를 통해 산타가타 볼로냐의 람보르기니 공장으로 옮겨 새로운 생산 라인에서 조립했다.

가야르도 모델의 서스펜션 위시본도 알루미늄이었다. 아우디 그룹에서 가야르도는 코니 Koni사의 댐핑 시스템을 사용한 최초의 양산차였다. 댐핑 시스템이란 도로 상황에 따라 댐퍼* 설정을 점진적으로 조정하는 수동적 완충 시스템을 의미한다. 일정 수준의 상하좌우 진동에서는 댐퍼가 가장 강하게 설정되고, 상하 진동이 7헤르츠를 넘어서면 내부 밸브가 열리면서 댐핑 및 튀어오름 현상을 완화시킨다.

2003년은 람보르기니에게 마른걸레라도 쥐어짜야 할 시기였다. 2월에는 가야르도 조립 라인 설치를 완료했고, 3월에는 제네바 모터쇼에 공개했으며, 4월부터 6월까지는 자동차 딜러들과 매스컴에 선별적으로 소개했다. 람보르기니 딜러들은 대대적인 홍보전에 나섰다. 미국 딜러들은 그해에 제작한 가야르도 모델의 35퍼센트를 수주(890대로 추정)했다. 산타가타 볼로냐의 람보르기니 공장은 밀려드는 수요를 맞추기 위해 2교대 근무를 시작했다.

매스컴도 움직였다. 5월 말, 이탈리아의 이몰라 서킷 주변에서 검게 위장한 사전 제작 가야르도 모델을 본 저널리스트 다섯 명으로부터 새로운 소식이 전해지기 시작했다. 《오토카》 기자 피터 로빈슨도 그중 하나였다.

> 감히 말하건대, 크기가 더 큰 무르시엘라고 모델보다 널찍하게 느껴진다.
> 아우디 A4에서 볼 수 있는 온도 조절 시스템과 음향 시스템을 사용하고,
> 인체공학적으로 개선된 점이 아우디의 영향을 받은 게 분명하다.
> 그러나 운전석 유전자는 절대적으로 람보르기니의 것이었다.
>
> 앞 유리의 밑부분은 내 발끝보다 앞쪽으로 아주 멀리 나가 있었다. 후드가
> 그쯤에서 다시 밑으로 떨어져 앞에 후드가 있다는 걸 믿기 어려울 정도였다.
> 프론트 휠 아치 꼭대기에서 위로 올라간 두툼한 필러는 확실히 시야를 가렸다.
> 지붕에서부터 거의 자동차 끝부분까지 이어진 지지대buttress 때문에 어깨
> 너머 시야도 방해받았다. '뒤에 뭐가 있든지 무슨 상관'이라는 람보르기니식
> 사고를 그대로 반영한 셈이다. 앞 유리는 워낙 평평하고 앞쪽으로 나가 있어
> 사이드 미러가 도어에서 뻗어 나온 암arm에 부착되어 있다는 점도 특징이다.

가야르도는 의심할 여지없는 람보르기니였다. 하지만 인체공학적으로 다듬어지지 않은 끝부분은 대부분 매끄럽게 변했다. 물론 차체가 낮은 쐐기형 슈퍼카의 특성상 어떻게 해도 차체가 높은 미니밴처럼 넓은 시야를 가질 수는 없었을 것이다. 사람들이 유일하게 불만을 표할 만한 점은 가위 모양의 시저 도어가 없다는 것이었지만, 이는 독점 모델인 무르시엘라고와 가야르도를 차별화하려는 람보르기니의 신중한 선택의 결과로 보인다.

라이벌 자동차와의 성능 비교를 떠나 가야르도 모델에는 믿기 어려운 매력이 하나 있었다. 《카 앤드 드라이버》에서 에런 로빈슨Aaron Robinson의 말이다.

> 람보르기니 가야르도를 몰고 고속도로를 내달릴 때, 자동차의 각 부품을 어디에
> 서 만든 건지 신경 쓸 사람이 대체 어디 있겠는가? 차 유리에 얼굴을 바짝 대고
> 두 귀를 쫑긋 세운 채 최대 출력 493 제동마력을 자랑하는 가야르도 10기통
> 엔진에서 내뿜는 웅장한 배기음에 귀 기울일 거리의 통근자들도 그런 건 신경
> 쓰지 않을 것이다.
>
> 가야르도 모델은 스타터 모터도 반응 속도가 아주 빠르다. 키를 꽂고 돌리면
> 스타터 모터가 휙 돌아가며 곧바로 연소가 일어나 303입방인치 DOHC 40-밸
> 브 10기통 엔진이 점화된다. 엔진은 분당 회전수가 1000rpm이라 언제든
> 도로를 유유히 달릴 수 있고, 한계치인 빨간색 8100rpm까지 올라가 전력 질주
> 할 수도 있다.

페라리, 마세라티, 애스턴마틴Aston Martin도 사용한 로봇화된 e-기어식 수동 기어박스는 마그네티 마렐리Magnetti Marelli사 시스템의 업그레이드형으로 몇 가지 소소한 문제를 내포하고 있었다. 이로 인해 가야르도 모델과 가장 가까운 라이벌 모델과 성능을 비교하려던 초기 시도는 번번이 무산되곤 했다. 문제의 기어박스, 이와 관련한 과도한 클러치 마모는 두고두고 가야르도 모델 소유주, 그중에서도 '추진 모드(정지 상태에서 출발할 때 휠 스핀을 제어하면서 최적화된 출발을 돕는 자동 주행 시작 시스템)'를 자주 사용하는 소유주들의 골칫거리로 자리 잡았다. 대체 변속기인 6단 수동 기어박스 역시 지나치게 길고 탄성 있는 클러치 동작과 느리고 투박한 추진력을 보여주어 실망스럽긴 마찬가지였다.

그럼에도 2004년 10월 말에 페라리는 360 모데나 모델을 대체할 F430 모델을 출시했

다. 예상보다 18개월이나 일찍 나왔다는 건 페라리가 가야르도 모델을 진지하게 경쟁자로 여기고 있다는 분명한 방증이었다. 페라리 F430 모델은 가야르도와 가격대가 같고, (사륜구동 장치가 없었기 때문에) 무게는 70kg 가벼웠다. 483 제동마력으로 최대 출력도 조금 낮았다.

늘 그랬듯이 페라리는 직접 비교를 피하도록 기자 회견 일정을 잡았지만, 자동차 잡지 《오토카》는 속임수로 허점을 찔렀다. 그렇게 이루어진 성능 비교 테스트 결과 F430 모델과 가야르도 모델은 여러 면에서 아주 근소한 차이를 보였다. 벤 올리버Ben Oliver 기자는 이렇게 적었다. "가야르도 모델의 스티어링은 무거우면서도 정확하다. 그러나 그 반응이 자연스럽기보다는 프로그램화된 느낌이며, 가벼우면서도 활기 넘치는 페라리 휠에 비해 무미건조하다. 극도로 타이트한 코너를 돌 때 사륜구동 방식의 가야르도 스티어링을 살짝 방해하는 토크 반응도 페라리에는 없었다…… 출력-중량비는 페라리가 조금 나은데, 엔진이 최대 출력을 낼 때 그 이점이 배가되는 듯하다. 페라리는 스로틀 반응도 더 즉각적이고, 엉덩이 쪽에서 미는 힘도 훨씬 강하다. 500 제동마력에 가까운 람보르기니의 최대 출력이 약하게 느껴질 정도라고 할까? 가볍고 날래고 열정적인 페라리와 비교하면 가야르도는 더 느리고 더 뻣뻣하다."

몇 개월 후, 람보르기니는 250대의 한정판 가야르도 SE 모델을 내놓으며 반격에 나섰다. 각 모델에는 별도의 번호를 매겼고, 투톤 컬러(6종류 색에서 선택)에 새로운 휠 림wheel rim을 장착했으며, 실내 장식을 바꾸고, 주차를 도와주는 후방 카메라 등 표준 장치도 추가했다. 가야르도 SE 모델에는 다른 스티어링 랙steering rack도 있어 스티어링 반응이 한결 예민했으며, 첫 5단까지의 기어비*도 더 짧았다. 이러한 기술 변화 외에 엔진 매핑 변경(513 제동마력) 및 배기가스 배출 개선 작업이 2006 모델 연도 후반까지 이어졌다. 과속 방지턱 같은 도시의 장애물을 넘을 때 지상고*를 일시적으로 10cm 정도 늘리기 위해 자동차 앞쪽에 리프팅 장치를 장착한 것도 변경 모델의 특징이었다. 이 장치는 파워 스티어링 펌프를 통해 추가 오일을 프론트 쇼크 업소버에 공급하여 작동했다.

람보르기니는 1세대 가야르도 모델 개선 작업을 끝내지 않은 상황에서 2006년 로스앤젤레스 모터쇼에 오픈카 스타일의 스파이더Spyder 모델을 내놓았다. 2007년 제네바 모터쇼에서는 쿠페 스타일의 자동차를 속성 다이어트로 무게를 줄인 가야르도 수페르레게라 모델을 공개했다. 수페르레게라는 람보르기니가 초창기에 거래했던 보디 제작업체 카로체리아 투어링이 1930년대에 특허를 낸 초경량 제조 방식을 가리키는 말이다.

람보르기니는 100kg(미국 시장에 내놓는 차량의 경우 70kg)을 줄이기 위해 많은 금속 부품을 탄소섬유 및 폴리카보네이트로 바꾸었다. 엔진 후드, 리어 디퓨저, 도어 패널, 거울, 그리고 시트를 포함한 여러 실내 장식이 그 대상이었다. 유리(앞 유리는 제외)는 투명한 폴리카보네이트로 대체했다. 흡기 다기관과 배기 다기관에 세세한 변화를 주어 용적 효율을 높였고, 엔진 전자 제어 장치(ECU)를 재프로그래밍해 최대 출력을 523 제동마력(람보르기니 주장)으로 올려, 벤치마크 가속 테스트 당시 정지 상태에서 시속 약 100km에 도달하는 데 3.8초밖에 걸리지 않았다. 이는 표준형 가야르도 모델보다 10분의 2초 빠른 기록이었다. 또한 가야르도 모델에서는 옵션이었던 스포티한 서스펜션 패키지를 기본으로 제공했고, e-기어 변속기도 기본 제공했다. 가야르도 수페르레게라 모델은 회색Telesto Gray, 검은색Noctis Black, 오렌지색 Borealis Orange, 노란색Midas Yellow 4가지 중 하나를 택할 수 있었다.

람보르기니 매장은 가야르도 수페르레게라 모델을 몰아보려는 사람들로 문전성시를 이루었다. 스릴 넘치는 TVR 투스칸 챌린지로 유명한 카레이서이자 《오토카》의 테스트 드라이버였던 스티브 서트클리프Steve Sutcliffe는 다음과 같이 적었다.

가야르도 스파이더

제일 먼저 느끼는 충격은 소리다. 수페르레게라 모델의 새로운 배기 시스템은 최고 속도로 달릴 때 10기통 엔진에서 뿜어져 나오는 소리를 족히 몇 데시벨 높였다. 가장 큰 발전은 핸들링이다. 거의 레이스카만큼 예민해졌고, 핸들이 이전보다 충실해졌는데 급한 코너를 돌거나 완만한 코너에서 정말 빠른 속도로 방향을 바꿀 때도 어안이 벙벙할 만큼 정확히 움직인다. 브레이크 또한 옵션으로 제공되는 탄소 세라믹 디스크가 제 기능을 발휘할 경우 엄청난 힘을 보여준다.

가야르도 수페르레게라 모델의 유일한 단점은 람보르기니에서 허용하는 엄청난 접지력 한계나 그 근처에 도달했을 때 나타난다. 피렐리 피제로 코르사 타이어의 표준성 덕분에 땅이 마른 상태에서 접지력은 눈물 날 만큼 뛰어나고, 액셀러레이터를 마구 밟아도 언더스티어* 현상이 유지된다. 그러나 오버스티어* 슬라이드 현상을 다뤄야 할 경우에는 차가 빙글 도는 걸 피하기 위해 번개처럼 빨리 움직여야 한다. 즉, 일반적인 자동차가 갖고 있는 균형감을 상실하는 것이다. 이는 돌이킬 수 없을 만큼 큰 접지력을 가진 자동차를 몰면서 치러야 하는 불가피한 대가이기도 하다.

주력 모델인 가야르도는 시급히 시장에 재투입해야 했다. 2008년 제네바 모터쇼에서 람보르기니는 2세대 가야르도 모델을 공개했다. 2세대 모델은 전면부 일대를 레벤톤*Reventón 스타일로 페이스리프트했고, 운전자 바로 뒤쪽에 완전히 새로운 배기량 5.2리터짜리 직접 연

137

Gallardo

가야르도

섀시	알루미늄 스페이스-프레임
서스펜션	독립 더블 위시본 프론트/리어, 동축 코일 스프링, 자동 조정 방식의 텔레스코픽 쇼크 업소버, 안티-롤 바, 안티-스쿼트 바
브레이크	ABS와 ASR, ABD 장치가 딸린 통풍형 브렘보 디스크
휠베이스	2560mm
프론트/리어 트랙	1592mm/1622mm
휠/타이어	19×8.5인치, 피렐리 피제로 235/35(프론트); 19×11인치, 피렐리 피제로 295/30(리어)
엔진	90도 각도의 후방 세로 장착형 10기통 엔진
보어/스트로크	82.5mm/92.8mm
엔진 배기량	4961cc
엔진 압축비	11.0:1
최대 출력	7800rpm에서 493 제동마력 (2006 모델 연도부터는 513 제동마력)
밸브 장치	듀얼 오버헤드 캠샤프트, 체인 구동, 실린더 당 밸브 4개, 계속 변하는 밸브 개폐 타이밍
연료/점화 장치	람보르기니 전자 제어식 연료 분사, 개별 코일들
윤활 시스템	드라이 섬프
기어박스	람보르기니 6단 수동 (로봇화된 e-기어 수동이 옵션)
변속기	사륜구동
클러치	드라이 싱글-플레이트
건조 중량	1430kg(스파이더 버전은 1570kg)
최고 속도	시속 약 315km (스파이더 버전은 시속 약 314km)

료 분사식 10기통 엔진을 장착했으며, 건조 중량*도 줄어들었다. 이 모델에는 람보르기니의 새로운 모델 명명법에 맞춰 LP560-4라는 이름을 붙였는데, 새로운 명명법에서는 출력, 구동 바퀴 수, 엔진 위치와 배열법 등을 중시했다. 어쨌든 새로 나온 가야르도 모델은 이전 모델에서 확실히 개선되었다.

외양 변화는 미미했지만, 람보르기니에 따르면 공기역학 효율성을 개선하고, 보행자 보호 규정도 준수했다고 한다. 아우디의 플래그십 모델과 마찬가지로 자동차 앞뒤에 LED 주간 주행등이 달려 앞에서 달리는 자동차 운전자가 백미러로 보았을 때 더 크게 보이는 효과도 있었다. 또한 새로운 디퓨저를 장착해 고속 주행 시 안정성을 개선하는 등 자동차 뒷부분 전체도 살짝 재디자인해 통합된 모습으로 바뀌었다. 새로운 인스트루먼트 패널과 듀얼-존 에어컨 설치 등 실내도 개선이 이루어졌으며, 람보르기니의 '애드 퍼스넘Ad Personam'이라는 새로운 고객 맞춤 제작 프로그램에 따라 광범위한 맞춤 제작도 가능해졌다.

보다 개선되고 가벼우며, 변속이 더 빠른 e-기어 변속기도 제공되어 운전자가 다섯 가지 변속 모드 중 하나를 선택할 수 있었다. 엔진 전자 제어 장치를 통해 여러 가지 동력 전달 방식을 선택할 수 있게 한 것이다. 가령 트랙 주행에 초점을 맞춘 코르사Corsa* 모드를 선택하면 변속 시간이 40퍼센트나 줄어들었으나, 그 대가로 아주 급격한 변속을 경험해야 한다.

가야르도 모델은 곧바로 컨버터블형 스파이더 버전을 출시했는데, 여기에는 그럴 만한 이

유가 있었다. 당시 영국 자동차 전문 매체 《톱 기어Top Gear》의 톰 포드Tom Ford는 경멸스러움을 굳이 감추지 않고 이렇게 썼다. "람보르기니에 따르면 가야르도 스파이더 버전은 쿠페 버전보다 무려 두 배 잘 팔린다고 한다. 이 결과를 놓고 보면 우리가 마음 한구석에 품고 있는 생각이 사실인지도 모르겠다. 람보르기니 소유주들은 그야말로 과시욕에 불타는 사람들이라는 생각 말이다. 세세하고 미묘한 부분은 아무 상관없다. 그저 천천히 몰고 지나가기만 해도 러시아 매춘부를 끌어들일 수 있는 능력, 그게 가장 중요한 장점인 셈이다."

이후 몇 년간 람보르기니는 폭넓은 버전의 자동차를 내놓았다. 우선 적절한 동력 전달을 강조하기 위해 가야르도 LP570-4라고 명명한 수페르레게라 버전의 2세대 모델을 내놓았고, 이어서 스파이더 퍼포만테Spyder Performante라고 이름 붙인 오픈카 버전을 출시했다. 엔트리 수준의 역할을 수행할 이륜구동 버전인 가야르도 LP550-2도 나왔다. 람보르기니에서 오랜 세월 수석 테스트 드라이버로 일한 발렌티노 발보니의 은퇴를 기리는 모델이라는 말이 나온 모델이었다. 발보니는 후륜구동 방식을 선호했다고 한다. 이어서 람보르기니는 250대라는 한정 수량으로 '발보니' 스페셜 버전을 내놓았다. 중앙에 흰색 줄무늬가 앞뒤로 길게 그어져 있고, 한쪽 가장자리에 그려진 금색 띠가 눈길을 끈 모델로, 람보르기니 레벤톤 한정판만큼 희귀하지는 않았지만 람보르기니 애호가 사이에서는 숭배하다시피 하는 모델이다.

아벤타도르 모델을 성공적으로 출시한 뒤, 가야르도 모델은 마지막 제작 연도인 2013년에 페이스리프트를 거쳤다. 이 모델은 기본적으로 앞쪽과 뒤쪽 공기 흡입구를 가로질러 대각선으로 한 쌍의 바를 설치했고, 합금 소재의 휠은 당시 유행에 따라 검정과 은색을 사용해 눈길을 끌었다. 조금 특이하지만, 무의식적으로 마지막 터치를 가미하길 원하는 잠재 고객들은 옵션으로 패키지 스타일을 선택할 수 있어서 기본 색상인 무광 검은색으로 마무리한 차체 외부의 여러 부분을 유광으로 재도색할 수 있었다.

2013년 11월, 람보르기니 경영진과 공장 직원들은 중요한 순간을 기념하는 조촐한 행사에 참석했다. 마지막 가야르도 차량이자 1만 4022번째로 제작된 가야르도 LP570-4 스파이더 퍼포만테가 생산 라인을 통과한 날이다. 미우라 같은 자동차가 '람보르기니 전설'을 만들었다면, 가야르도는(우루스Urus 모델이 등장하기 전까지 압도적으로 큰 성공을 거둔 람보르기니 모델이다) 그 전설에 오랜 생명력을 불어넣은 주인공이었다.

Gallardo LP560-4

가야르도 LP560-4

섀시	알루미늄 스페이스-프레임
서스펜션	독립 더블 위시본 프론트/리어, 동축 코일 스프링, 자동 조정 방식의 텔레스코픽 쇼크 업소버, 안티-롤 바, 안티-스쿼트 바
브레이크	ABS와 ASR, ABD 장치가 딸린 통풍형 브렘보 디스크
휠베이스	2560mm
프론트/리어 트랙	1597mm/1632mm
휠/타이어	19×8.5인치, 피렐리 피제로 235/35(프론트); 19×11인치, 피렐리 피제로 295/30(리어)
엔진	90도 각도의 후방 세로 장착형 10기통 엔진
보어/스트로크	84.5mm/92.8mm
엔진 배기량	5204cc
엔진 압축비	11.0:1
최대 출력	8000rpm에서 552 제동마력 (LP570-4 모델은 562 제동마력)
밸브 장치	듀얼 오버헤드 캠샤프트, 체인 구동, 실린더 당 밸브 4개, 계속 변하는 밸브 개폐 타이밍
연료/점화 장치	보쉬 전자 제어식 직접 연료 분사, 개별 코일들
윤활 시스템	드라이 섬프
기어박스	람보르기니 6단 수동 (로봇화된 e-기어 수동이 옵션)
변속기	사륜구동
클러치	드라이 싱글-플레이트
건조 중량	1500kg(스파이더 버전은 1570kg)
최고 속도	시속 약 325km (스파이더 버전은 시속 약 323km)

10기통 엔진의 힘

람보르기니는 1990년대 중반에 이미 10기통 엔진을 개발했으나, 아우디는 그 엔진을 적합하지 않다고 여겼다. 그래서 서둘러 완전히 새로운 엔진을 개발해야만 했다. 람보르기니는 기존의 배기량 4.2리터짜리 아우디 8기통 엔진에 드라이 섬프 윤활 시스템을 채택하기로 하고, 그 엔진에 새로 제작한 피스톤과 커넥팅 로드를 결합했다. 아울러 엔진 제조업체 코스워스 테크놀로지Cosworth Technology와 협업해 새로 제작한 밸브 4개짜리 실린더 헤드도 추가했다.

코스워스는 모터 레이싱 팬들의 귀에 익은 이름이다. 폭스바겐 그룹은 1998년 영국 엔지니어링 기업 비커스Vickers로부터 이 회사를 매입했으며, 훗날 이 회사의 레이싱 부문을 포드에 팔고, 주물 제작 및 엔지니어링 시설은 현재까지 유지하고 있다. 최초의 람보르기니 10기통 엔진은 영국 우스터시에 자리한 코스워스 테크놀로지 주조 공장에서 태어났다. 이후 마무리 작업을 위해 헝가리에 있는 또 다른 아우디 공장으로 보내졌고, 그 과정을 거쳐 완성된 형태로 산타가타 볼로냐의 람보르기니 공장으로 왔다.

이 엔진은 자동차 비평가와 소유주들의 찬사를 이끌어냈다. 그러나 현대적인 파워트레인, 즉 현대적인 동력 전달 장치라고 하기에는 수명이 너무 짧았다. 눈에 띄는 약점까지는 아니었지만, 기어 변속 정교성과 유난히 높은 클러치 마모율 같은 품질 문제에도 비판의 시선이 쏠렸다. 람보르기니의 이런 도전을 달가워하지 않은 페라리가 자사의 모델들을 개선하는 방식으로 반격을 가했다는 점도 문제였다. 2006 모델 연도에 람보르기니는 배기 시스템을 손봤고, 둘로 분리되어 있던 머플러를 하나로 통합했으며, 한 쌍의 바이패스 밸브를 제작해 도시를 천천히 다닐 때 나는 소음은 낮추고, 운전자가 액셀러레이터를 밟을 때 나는 배기음은 키웠다.

2008년 출시된 2세대 가야르도 모델에 장착한 배기량 5.2리터짜리 10기통 엔진의 사양을 살펴보면 보어가 2mm 더 넓다는 것을 알 수 있다. 새로운 디자인은 보어 중앙이 더 넓고 크랭크축이 더 길었다. 무엇보다 크랭크축은 오리지널 엔진에서 일어났던 진동 문제를 해결하기 위해 더 단단하고 강해졌다. 람보르기니 기술 책임자 마우리치오 레지아니Maurizio Reggiani는 2008년 제네바 모터쇼에서 개선된 가야르도 모델을 공개하며 말했다. "이전 엔진은 출력과 성능에 한계가 있었습니다."

최초의 10기통 엔진에서는 서로 다른 실린더 사이에 분리 크랭크핀을 사용해 72도에서 고른 점화 간격을 유지한 데 반해, 새로운 엔진에서는 공유 크랭크핀을 사용해 90도와 58도에서 점화 간격을 유지하도록 했다. 여기에 새로운 배기 시스템을 더해, 특히 액셀러레이터를 세게 밟을 경우 엔진 배기음이 완전히 달라졌다.

또한 아우디의 연료성층분사(FSI) 시스템을 채택함으로써 노킹*에 대한 민감도가 줄어들고, 그 결과 연료 압축비가 12.5:1로 커지며 연소 특성이 개선됐다. 덕분에 출력이 강해졌을 뿐 아니라 이산화탄소 배출도 18퍼센트나 감소했다. 물론 소유주 대부분은 이산화탄소 배출 감소보다 출력, 소음, 승차감을 우선순위 목록에서 상위에 두었겠지만.

"새로운 람보르기니 모델에 올라 시동을 걸면 완전히 다른 10기통 엔진을 장착했다는 사실을 알게 될 것이다." 2세대 가야르도 모델에 최대 출력 34 제동마력이 낮은 10기통 엔진을 장착했을 때 아우디 R8 모델과 성능 비교 테스트를 거친 자동차 잡지 《이보》의 존 바커가 남긴 말이다. "시동을 걸면 배기 장치 내 밸브가 열리면서 엔진이 벼락처럼 폭발하며 부드러우면서도 색다른 소리로 울부짖는다. 언제 들어도 굶주린 듯 거친 소리이며, 그 소리에 걸맞은 움직임을 보인다. 아우디 R8은 스로틀 반응이 뛰어나지만, 가야르도는 마치 전기 충격을 받은 듯 쏜살같이 튀어 나가며, 그만큼 운전자를 시트 안으로 밀어 넣는 힘도 더 강하다."

람보르기니는 여러 해에 걸쳐 다양한 GT 부문 레이스 참가를 준비했다. 람보르기니 공장은 우승컵을 들어 올리지 못할 바에 레이싱은 쓸데없는 짓이라는 페루치오 람보르기니의 철학을 고수했다. 그러나 엔초 페라리가 입증했듯이 레이스카 판매는 수지맞는 사업이 될 수 있었다. 람보르기니가 아우디에 인수된 후 매출에 신경 쓰고 시장을 확대해야 하는 상황에서 레이싱은 람보르기니의 사업 목표 중 하나가 되었다.

독일 튜닝 전문업체 라이터 엔지니어링은 일본 람보르기니 소유주 클럽을 비롯한 개인 고객을 위해 무르시엘라고 모델을 레이스카로 튜닝했을 뿐 아니라 이륜구동 가야르도 모델 몇 대도 튜닝해 일본 슈퍼GT 레이스에 참가하게 해주었다.

2008년, 람보르기니는 아우디로부터 오랫동안 열리지 않은 람보르기니 슈퍼 트로페오와 비슷한 원-메이크 레이스★ 시리즈에 참가할 새로운 버전의 가야르도를 개발해달라는 요청을 받았다. 람보르기니 블랑팡 슈퍼 트로페오Lamborghini Blancpain Super Trofeo라는 이름의 이 챔피언십은 FIA GT, 포뮬러 3, DTM 같은 주요 국제 레이스 단체의 후원 아래 멀티-레이스 프로암★ 형식으로 부유한 아마추어 운전자들이 20만 파운드를 내고 노련한 프로 카 레이서들과 짝을 이뤄 참가하는 레이스였다.

그러나 전 세계에 불어닥친 불경기의 여파로 레이스의 초기 진행은 더디기만 했고, 결국 첫 이벤트는 (2009년 5월, 영국 실버스톤에서 열린 FIA GT 시리즈를 지원하느라) 취소되었다. 그러나 챔피언십 주최 측은 몇 주 후 이탈리아 아드리아 국제 레이스 웨이에서 레이스를 열어도 좋을 만한 수(제작된 모델 30대 중 15대)의 참가 신청을 받았다.

라이터 엔지니어링은 레이스에 대비해 자동차에서 110kg을 덜고 서스펜션을 강화했다. 경험이 부족한 점잖은 아마추어 카레이서가 레이스카를 친숙하게 느낄 수 있도록 사륜구동 방식을 그대로 유지했지만, 배기 시스템에 경량 소재를 쓰고, 엔진 관리 방식을 바꿔 마력을 조금 늘려 총출력을 562 제동마력으로 맞추었다.

이밖에도 레이스에 대비해 보디와 각종 부품에 탄소섬유를 사용했고, 유리는 폴리카보네이트로 대체했다. 당시만 해도 여러 타당한 이유를 들어 브레이크를 강철로 만들었는데, 시즌 전에 수많은 테스트를 거친 결과 실제 레이스에서는 이 부분이 약점으로 지적되었다. 주말 동안 40분짜리 레이스에 세 번 참가하다 보니 자동차 브레이크가 토스트처럼 타버린 것이다.

개선 작업을 거쳐 이후에는 브레이크 문제가 줄어들었다. 챔피언십 레이스 역시 초기의 사소한 문제에도 불구하고 뿌리를 내려 미국과 아시아 시장으로 확대됐다. 2011년, 람보르기니는 사내에 '스쿼드라 코르세Squadra Corse'라는 새로운 부서를 만들어 레이스카 제작 및 운영을 맡겼다. 가야르도 모델 역시 세계적인 레이스의 GT 시리즈 부문에 계속해서 참가했다.

Gallardo LP550-2

가야르도 LP550-2

섀시	알루미늄 스페이스-프레임
서스펜션	독립 더블 위시본 프론트/리어, 동축 코일 스프링, 자동 조정 방식의 텔레스코픽 쇼크 업소버, 안티-롤 바, 안티-스쿼트 바
브레이크	ABS와 ASR, ABD 장치가 딸린 통풍형 브렘보 디스크
휠베이스	2560mm
프론트/리어 트랙	1597mm/1632mm
휠/타이어	19×8.5인치, 피렐리 피제로 235/35(프론트); 19×11인치, 피렐리 피제로 295/30(리어)
엔진	90도 각도의 후방 세로 장착형 10기통 엔진
보어/스트로크	84.5mm/92.8mm
엔진 배기량	5204cc
엔진 압축비	11.0:1
최대 출력	8000rpm에서 542 제동마력
밸브 장치	듀얼 오버헤드 캠샤프트, 체인 구동, 실린더 당 밸브 4개, 계속 변하는 밸브 개폐 타이밍
연료/점화 장치	보쉬 전자 제어식 직접 연료 분사, 개별 코일들
윤활 시스템	드라이 섬프
기어박스	람보르기니 6단 수동 (로봇화된 e-기어 수동이 옵션)
변속기	이륜구동
클러치	드라이 싱글-플레이트
건조 중량	1380kg(스파이더 버전은 1520kg)
최고 속도	시속 약 320km (스파이더 버전은 시속 약 319km)

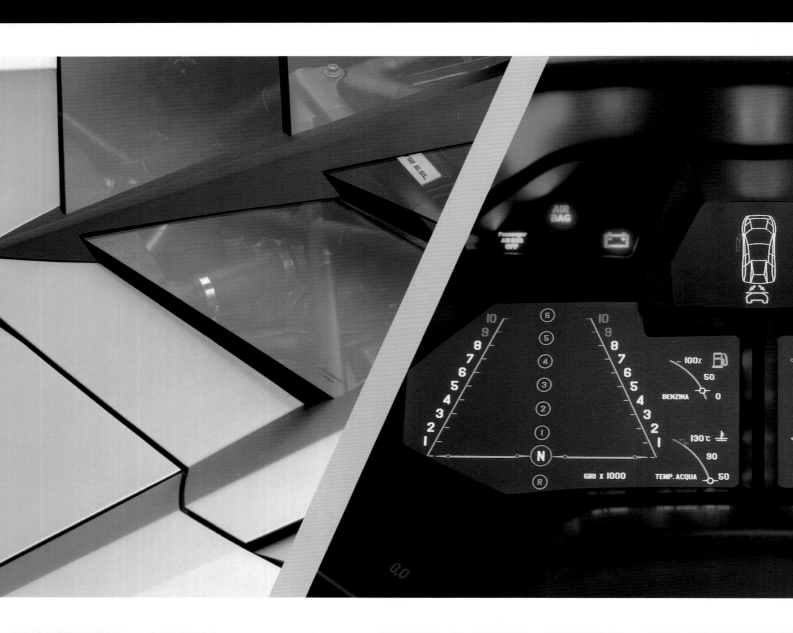

아우디가 람보르기니를 인수한지 10년. 중년의 나이가 된 무르시엘라고 모델 다음 단계의 전략을 가동할 때였다. 전 세계 슈퍼 갑부를 상대로 최고급 슈퍼카를 제작해 수익성 높은 부업을 하자는 계획이 수립됐다. 궁극의 무르시엘라고 버전을 꼭 개발해야 했던 걸까? 그건 아니었을 것이다. 인간을 달에 보내겠다고 한 전 미국 대통령 존 F. 케네디의 유명한 연설을 살짝 비틀어 말하자면 이유는 이렇다. 람보르기니가 궁극의 무르시엘라고 버전을 개발하고자 함은, 21세기 들어 자사의 브랜드 가치를 공고히 하는 과정에서 회사의 모든 에너지와 역량을 테스트하고 구현하는 데 도움을 줄 수 있었기 때문이다.

독 보 적 인   성 능

자동차 잡지 《로드 & 트랙》 역시 람보르기니의 이러한 정서와 태도를 그대로 전달했지만, 표현은 조금 달랐다. "람보르기니는 더 이상 여타 보디 제작업체가 무르시엘라고 모델 한 대를 골라 다른 자동차로 개조해주기를 기다리지 않기로 한 듯하다. 그런 일은 자신들이 더 잘할 수 있다고 여겨 코드명 무르시엘라고 LP640/2 또는 M.O.A.라는 프로젝트에 착수하기로 결정한 것이다. M.O.A.(Meanest of All)는 '가장 기막힌 자동차'라는 뜻으로, 람보르기니 대변인 도미니크 호베르그Dominik Hoberg에 따르면 이 자동차가 "최소 650 제동마력의 출력"을 낼 것으로 기대를 모아서 붙인 이름이라고 한다.

그러나 1943년 투우사 펠릭스 구즈만Felix Guzman을 숨지게 만든 미우라 종(스페인 투우종의 하나) 황소에게서 이름을 따온 레벤톤은 차의 토대를 공유한 무르시엘라고 모델만큼 치명적이지 않았다. 엔진은 출력을 10 제동마력 더 내도록 제작했고, 차체의 상당 부분 역시 합성 소재로 이루어졌지만 가야르도 수페르레게라 모델만큼 극강의 성능을 보이지 않았다. 람보르기니 회장 겸 최고경영자인 슈테판 빙켈만은 이렇게 설명했다. "산타가타 볼로냐에 있는 람보르기니 센트로 스틸레 디자인 센터의 디자이너들은 무르시엘라고 LP640 모델의 기술적 토대를 참고했고, 그 모델의 DNA, 그러니까 유전자 코드를 압축하고 또 강화했습니다."

무르시엘라고의 그늘에서 여전히 못 벗어난 거냐? '오트 쿠튀르' 같은 말이 여기저기 눈에 띄는 보도 자료를 살펴보라. 아니면 단도직입적으로 폭스바겐 그룹의 이야기를 들어보는 게 낫다. 폭스바겐 그룹은 2007년 연말 결산보고서에 이렇게 적었다. "20대만 제작한 이 한정판의 기본 아이디어는 람보르기니라는 브랜드의 성공을 대변해줄 모델을 만들자는 것이다. 이 모델은 람보르기니의 독특함을 세상에 알릴 사륜구동 홍보 대사 역할을 할 것이며, 이제 스포츠카 제조사가 짧은 개발 기간에 어떤 일을 해낼 수 있는지 보여줄 것이다."

사실 람보르기니는 평범한 자동차라고 말할 사람이 거의 없을(스포츠카가 흔히 돌아다니는

레벤톤 로드스터

런던의 특정 지역이나 두바이에 살지 않는 한 말이다) 법한 아주 독보적인 자동차를 만들었다. 무엇보다 겉모습이 그랬다(람보르기니에서 '친구들과 수집가들'이라 부르는 극소수 고객만을 위한 아주 색다르고 희귀한 옷 같았다). 제작 대수도 20대로 한정했다. 주행 느낌은 별로 변한 게 없고, 핸들링도 딱히 나은 게 없었으며, 가속 성능도 대체로 비슷했지만 말이다.

레벤톤 모델은 어떤 자동차였을까? 날카로운 주름과 스트레이크는 미국 전투기 F22 랩터 Raptor*에서 영감을 받았다고 알려져 있다. 실제로 람보르기니 디자이너들은 이후 수년에 걸쳐 이 주름과 스트레이크를 활용했다. 레벤톤 모델은 일명 '51구역 효과*'를 완성하기 위해 아주 독특한 색으로 마무리했다. 람보르기니는 이 색을 이렇게 설명했다. "당연한 이야기지만, 겉모습이 워낙 독특해 그에 어울리는 독특한 색이 필요했습니다. 산타가타 볼로냐의 디자이너들은 단 20대의 레벤톤을 위해 '레벤톤'이라는 완전히 새로운 색을 만들었습니다. 일반적인 광이 없는 녹색 빛을 띤 불투명한 회색 말이죠."

뭐라도 꼬투리를 잡을 심산인 자동차 글쟁이라면 '레벤톤'이라는 색을 보고 "음, 과장이 심하군요. 실제 색은 무광 회색인걸요."라고 답했을 것이다. 그러나 안료 배합 과정에서 수많은 미세한 금속입자를 집어넣어서일까. 가까이에서 실물을 보면, F22 랩터 같은 미묘한 빛이 나는 게 사실이다. 이처럼 기분 좋은 효과를 낸 것에 고무됐는지 훗날 람보르기니는 세스토 엘레멘토Sesto Elemento 모델에 레벤톤 색상을 다시 사용했다.

전투기에서 영감을 받아 제작한 모델답게 레벤톤은 공격적인 브레이크 냉각용 덕트가 눈에 띄는 날카롭고 뾰족한 전면부에서부터 유명한 리어 디퓨저, 그리고 조절 가능한 리어 윙에 이르는 모든 요소에서 전투기 느낌이 난다. 공기를 라디에이터로 직접 보내기 위해 도어 아래에 있는 공기 흡입구는 비대칭형으로 운전석 쪽 공기 흡입구가 더 컸다. 오리지널 미우라 모델과 마찬가지로 유리 합성 소재로 이루어진 엔진 커버의 열려 있는 환기 구멍 덕택에 그 밑에서 울부짖는 12기통 엔진을 볼 수 있었다.

합성 소재 패널은 리벳으로 섀시와 단단히 결합되어 있었고, 무르시엘라고 모델과 마찬가지로 알루미늄 연료 캡과 LED 테일라이트를 설치했다. 실내는 LCD 센터페시아 디스플레이를 통해 전통적인 다이얼 효과를 선택하거나, 아니면 전투기의 헤드업 디스플레이* 비슷한 디스플레이를 선택할 수 있었다. 레벤톤 모델에는 비행기 스타일의 중력 미터기도 설치되어 있어서 자동차에 미치는 힘의 강도와 방향 관련 정보를 끊임없이 제공했다. 아울러 e-기어 변속기만 제공함으로써 이후 모델에서 수동 변속기 옵션이 사라질 것임을 확실히 알려주었다.

단 20대만 제작한 레벤톤은 곧바로 전설적인 스포츠카로 자리매김했다. 비록 세계적인 레이스에 비하면 부수적인 레이스에 지나지 않았지만, 군부대처럼 꾸민 장소를 위장막으로 마무리한 람보르기니 블랑팡 슈퍼 트로페오 레이스는 운전자와 VIP 고객에게 풍성한 볼거리를 제공하는 이벤트였다. 여기에 마치 UFO가 주차된 것처럼, 레벤톤 모델을 눈에 띄게 잘 전시한 것도 이 레이스의 매력이었다.

람보르기니는 보수적으로 엄선한 몇몇 자동차 매체에게 사전 제작 자동차를 몰아보는 특권을 주었는데, 당시 《오토카》의 마이클 테일러Michael Taylor는 이렇게 썼다. "레벤톤 모델은 사람들의 관심을 한몸에 받았다. 무르시엘라고 모델이 지나가면 다른 차들은 잠시 멈추고 사람들은 고개를 돌려 쳐다볼 것이다. 그러나 레벤톤이 지나가면 사람들의 목이 확 꺾이고 도로는 몇 시간이고 정체될 것이다."

테일러는 말을 이었다. "짚고 넘어갈 게 있다. 레벤톤은 마치 무르시엘라고 LP640 모델처럼 움직인다. 선회 반경이 넓어(12m) 다지점 회전 방식으로 핵핵 움직이는데, 이 점은 가격이 100만 유로에 세금도 따로 내야 하는 비싼 자동차치고는 안 좋은 점일 수도 있다."

람보르기니는 무르시엘라고 모델에 꼭 필요했던 카본-세라믹 브레이크 디스크라는 옵션을 레벤톤 모델에는 기본으로 제공했다. 이런 혜택이 있어, 엄청나게 비싼 가격 때문에 이 차의 구입을 꺼리는 일은 없었다. 람보르기니가 캘리포니아 샌타모니카에서 실물 크기를 4분의 1로

줄인 모델을 전시한 뒤 레벤톤을 사겠다는 잠재 고객 20명이 순식간에 줄을 섰다.

　　2007년에 단지 운이 없어서 20대의 레벤톤 중 하나를 놓친 사람들을 위해 람보르기니는 2년 후 레벤톤 모델만큼 멋지면서도 더 희귀한 모델을 내놓았다. 2009년, 람보르기니가 프랑크푸르트 모터쇼에서 레벤톤 로드스터를 공개했을 때, 제작한 15대 가운데 12대는 이미 팔린 상태였다. 얼마였냐고? 무려 110만 유로였다. 극히 일부의 특권층만 이해할 수 있는 고가 스포츠카 시장에서 세계 경제에 대한 암울한 전망 따위는 아무 상관없었다. 레벤톤 로드스터는 보기 드물게 아름다운 예술 작품이자 백 퍼센트 확실한 투자 대상이었다.

　　'레벤톤'이라는 '과장된' 색깔 이름을 만든 람보르기니 제품 기획자들은 레벤톤 로드스터 모델의 색상 이름을 짓는 데는 탁월한 재능을 발휘하지 못했다. 이 모델의 색은 쿠페형인 레벤톤 모델과 비슷하면서도 조금 더 밝았는데, 람보르기니는 여기에 '레벤톤 회색Reventon Gray'이라는 이름을 붙였다. 이름이야 어쨌든 무광 메탈색을 실물로 본 고객들은 열렬한 반응으로 화답했고, Y형 바퀴살이 달린 빛나는 합금 휠과 브레이크 냉각을 돕기 위해 제작한 무광 카본 윙릿winglet, 즉 작은 날개 역시 사람들의 시선을 끌어모았다.

　　레벤톤 로드스터 모델은 루프를 제거했다 쳐도 무게가 25kg밖에 늘지 않았다. 람보르기니에 따르면 기존의 스페이스-프레임식 구조가 충분한 비틀림 강성*을 지녀서 추가 보강을 하지 않아도 되었기 때문이다. 쿠페형 레벤톤 모델과 마찬가지로, 차체는 거의 합성 소재로 이루어졌고, 시저 도어 표면만 예외적으로 강철이었다. 무게가 늘어난 요인은 대부분 각 시트 뒤쪽의 기계 장치, 즉 자동차가 전복되는 것을 감지할 때 빠른 속도로 한 쌍의 롤 후프*를 가동하는 장치 무게 때문이었고, 이 밖에 시트 뒤쪽 크로스 멤버*와 많은 국가가 의무로 규정한 안전장치인 브레이크도 무게를 보탰다. 레벤톤 로드스터는 레벤톤 쿠페형 모델 및 무르시엘라고 모델과 마찬가지로 리어-덱의 트레일링 에지trailing edge를 안전 보강용 윙으로 배가하여 자동적으로 두 가지 다른 각도(첫째 시속 약 130km에서, 둘째 시속 약 220km에서)로 움직였다.

늘어난 무게를 감당하기 위해 람보르기니는 비장의 무기를 썼다. 가장 강력한 12기통 엔진인 무르시엘라고 SV 모델의 엔진을 레벤톤 로드스터 모델에 적용한 것이다. 최대 출력 661 제동마력을 자랑하는 엔진 덕분에 출력이 20 제동마력 늘어났고, 이는 레벤톤 쿠페형에 비해 10 제동마력이 늘어난 것이었다. 람보르기니에 따르면, 레벤톤 로드스터 모델은 이론적으로는 성능 저하가 전혀 없었고, 정지 상태에서 시속 약 96.5km에 도달하는 데 3.4초 걸렸다. 운전자는 무르시엘라고 SV 모델 안에서 울부짖던 강력한 12기통 엔진의 사운드를 즐길 수 있었다. 로드스터 모델은 그냥 서 있기만 해도 너무 매력적이었다. 쿠페형 모델과 달리 리어-덱 부분에 광을 내 오가는 사람들의 시선을 사로잡았다.

레벤톤 로드스터 모델은 타르가 루프를 제거하면서 알칸타라 원단으로 감싼 멋진 실내가 눈에 더 잘 띄었다. 물론 소유주들은 그 원단을 건드리기도 조심스러워했다. 촉감이 좋은 대신 손때를 잘 탔기 때문이다. 액정 대시보드 디스플레이의 덮개는 고정밀 알루미늄으로 컴퓨터 수치 제어(CNC) 가공했으며, 주변은 탄소섬유로 장식했다.

람보르기니 브랜드 책임자 만프레드 피츠제럴드Manfred Fitzgerald는 이런 말을 했다. "사람들이 슈퍼카를 사려면 현실에서 자신을 합리화해야 합니다. 하지만 실제로 슈퍼카를 사는 사람들은 삶을 만끽하는 데 비중을 둡니다. 그들의 세계에서는 제품의 장점이 아니라 예술 작품이 중요하지요. 우리는 꿈을 팔고 있는 겁니다."

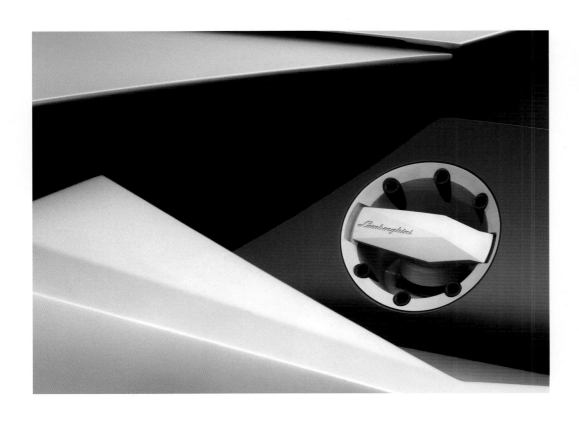

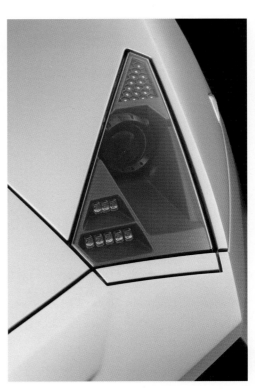

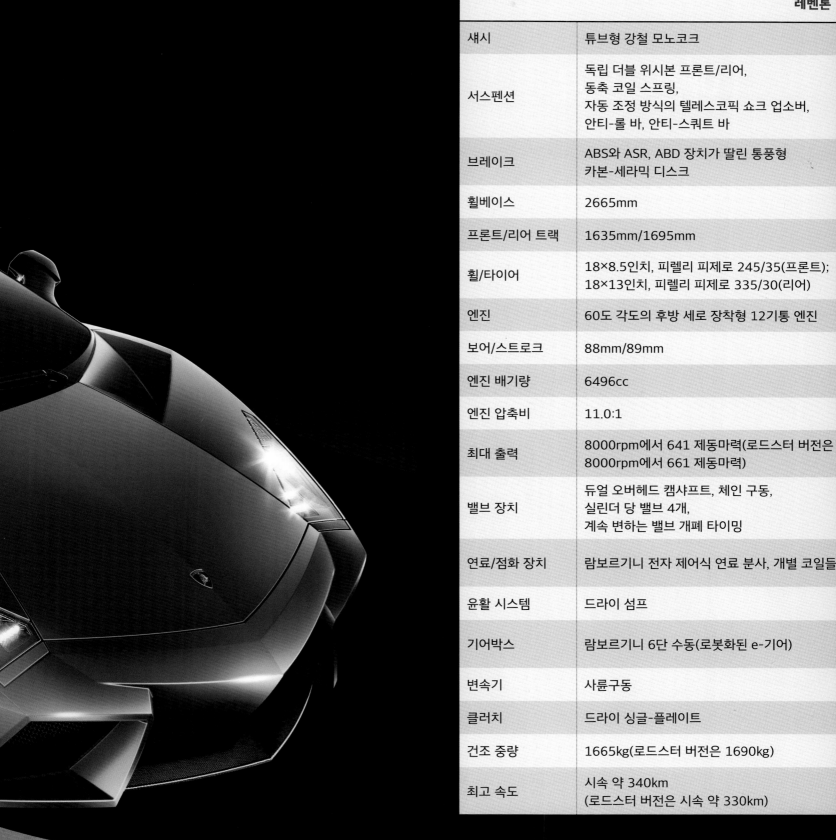

Reventón

레벤톤

섀시	튜브형 강철 모노코크
서스펜션	독립 더블 위시본 프론트/리어, 동축 코일 스프링, 자동 조정 방식의 텔레스코픽 쇼크 업소버, 안티-롤 바, 안티-스쿼트 바
브레이크	ABS와 ASR, ABD 장치가 딸린 통풍형 카본-세라믹 디스크
휠베이스	2665mm
프론트/리어 트랙	1635mm/1695mm
휠/타이어	18×8.5인치, 피렐리 피제로 245/35(프론트); 18×13인치, 피렐리 피제로 335/30(리어)
엔진	60도 각도의 후방 세로 장착형 12기통 엔진
보어/스트로크	88mm/89mm
엔진 배기량	6496cc
엔진 압축비	11.0:1
최대 출력	8000rpm에서 641 제동마력(로드스터 버전은 8000rpm에서 661 제동마력)
밸브 장치	듀얼 오버헤드 캠샤프트, 체인 구동, 실린더 당 밸브 4개, 계속 변하는 밸브 개폐 타이밍
연료/점화 장치	람보르기니 전자 제어식 연료 분사, 개별 코일들
윤활 시스템	드라이 섬프
기어박스	람보르기니 6단 수동(로봇화된 e-기어)
변속기	사륜구동
클러치	드라이 싱글-플레이트
건조 중량	1665kg(로드스터 버전은 1690kg)
최고 속도	시속 약 340km (로드스터 버전은 시속 약 330km)

영국 포뮬러 원 레이스카 제조사 맥라렌이 슈퍼카 시장에 뛰어들면서 무르시엘라고 모델을 대체할 자동차를 개발하던 람보르기니는 기술적으로 뛰어나며 유능하고 야심만만한 또 다른 경쟁자를 맞이했다. 슈퍼카 판매의 발목을 잡는 세계적인 불황도 여전히 문제였다. 람보르기니로서는 무르시엘라고 모델의 기본 뼈대에 새롭고 멋진 보디 셸을 씌워 내놓는 편이 차라리 현명했다.

공식을 바꾸다

람보르기니는 아벤타도르 모델에 처음으로 모노코크 섀시 구조이자 전면 탄소섬유로 교체한 '터브'를 채택했다.

람보르기니는 매사에 신중한 아우디의 관리 감독하에서 어느 하나 대충 하는 법이 없었다. 2011년에 나온 아벤타도르 모델은 단순히 엔지니어링 측면에서만 진일보한 모델이 아니라 많은 측면에서 과거와의 단절을 의미하는 모델이었다. 물론 그 속에는 여전히 람보르기니의 피가 흘렀다. 아벤타도르라는 이름은 미우라처럼 투우사의 이름에서 따온 것도, 가야르도처럼 황소 종의 이름에서 따온 것도 아니었다. 1993년 10월 스페인 플라사 데 토로스 데 사라고사에서 유명한 투우사 에밀리오 무노즈Emilio Munoz와의 처절한 싸움 끝에 죽은 무게 507kg의 투우 이름에서 따온 것이었다.

람보르기니는 섀시를 제작하면서 무르시엘라고 모델의 섀시에 적용한 원칙을 깼다. 강철 튜브 프레임을 기초로 주로 탄소섬유 패널을 입히는(단, 루프와 도어는 강철로 제작) 방식이 전통적인 람보르기니 스타일이었다. 그러나 람보르기니는 아벤타도르 모델을 개발하면서 완전히 새로운 탄소섬유 모노코크 섀시를 만들었다. 알루미늄 소재로 이루어진 앞뒤의 서브프레임에는 서스펜션과 엔진을 탑재해 경미한 사고가 일어날 경우 수리가 용이하게 했다. 그 결과 무르시엘라고 모델보다 무게가 무려 90kg이나 줄었고, 이는 건장한 성인 한 사람이 차에서 내린 것과 맞먹는 효과를 창출했다.

이제 이 새로운 자동차 아벤타도르의 또 다른 이름인 LP700-4(풀 네임은 아벤타도르 LP700-4)를 살펴보자. 전작 무르시엘라고는 최대 출력이 632 제동마력인 데 반해 아벤타도르는 사륜구동 방식에 출력이 691 제동마력(LP700-4에서 700은 유럽 기준으로 700PS을, 4는 사륜구동을 뜻한다)으로, 무게가 줄어든 만큼 출력은 상당히 늘어났으나 엔진 배기량은 6.5리터 그대로였다. 엔진 격납실에는 오리지널 비자리니 12기통 엔진과 완전히 다른 새로운 엔진을 탑재했다.

람보르기니의 차세대 12기통 엔진은 보어는 늘어나고 스트로크는 줄어들었으며(88x86.8mm에서 95x76.4mm로), 전작인 무르시엘라고 모델보다 토크가 커졌고 엔진 회전 속도는 더 빨라졌다. 추가 출력은 엔진 회전수 범위가 조금 더 높을 때 나왔지만, 최대 토크는 5500rpm에서 조금 더 낮은 지점에서 나왔다. 결과적으로 람보르기니의 새로운 주력 모델인 아벤타도르의 엔진 회전 성능은 유지를 뛰어넘어 강화되었고 엔진 배기음도 더욱 강력해졌다.

아벤타도르 모델은 알파 로메오의 디자이너였던 필리포 페리니Filippo Perini가 디자인했다.

그는 형태와 기능이 완벽하게 조화된 아벤타도르를 디자인할 때 전투기 디자인에서 영감을 받았다고 밝히며, 차체에 있는 모든 구멍은 그 자체로 예술적인 장식이자 동시에 냉각 장치와 브레이크 덕트 또는 공기 흡입구 역할을 겸한다고 설명했다.

람보르기니 자동차 특유의 스타일이 그렇듯이 보디는 뒤쪽에서 부풀어 오른 뒤 다시 마치 곤충처럼 지그재그 접힌 모양이 되고, 맨 끝에는 고속으로 달릴 때만 부풀어오르는 테일 스포일러가 자리한다. 단순한 윤곽선은 대체로 끊어지지 않고 물 흐르듯 이어지지만, 아벤타도르 모델의 대담무쌍한 V자 형태를 보고 있노라면 철저히 기능을 중시한 노스럽Northrop의 B-2 스피릿Spirit '스텔스 폭격기'와 록히드Lockheed의 F-117 나이트호크Nighthawk가 떠오른다. 이미 느꼈겠지만, 람보르기니의 센트로 스틸레 디자인 센터는 세상이 깜짝 놀랄 만한 자동차를 만드는 일을 천직으로 여기는 디자이너들로 넘쳐난다. 필리포 페리니의 말처럼.

여기서 일하는 디자이너들에게는 한 가지 작은 문제가 있다. 선배 디자이너들이 해놓은 일의 양과 질에 경의를 표하면서, 동시에 마음속에 늘 미우라, 쿤타치, 무르시엘라고, 디아블로 등 시대의 아이콘으로 자리한 자동차를 염두에 둬야 한다는 것이다. 우리는 마음에 새긴다. 우리가 만드는 자동차가 시대의 아이콘, 디자인의 아이콘이 될 거라는 사실을.

우리 람보르기니는 맨 앞부터 뒤까지 한 라인으로 연결되는 자동차를 제작할 수 있는 유일한 슈퍼카 브랜드이다. 패키지 그 자체, 그러니까 모든 덩어리와 기계 부품이 휠베이스 안에 포함되는 방식이 이를 가능케 한다. 그다음에 우리는 레시피에 변화를 준다. 유연하고 깔끔하게 펜더에 연결하는 라인에 무언가 매력을 더하는 것이다. 자동차의 윗부분은 라인이 중요하다. 옆에서 봐도 아주 중요한 방식으로 공간 안으로 흘러가는 또 다른 중요한 라인이 있는데, 그것이 바로 자동차 앞부분과 스포일러 끝부분을 연결하는 일명 '토네이도 라인tornado line'이다.

엔진 라디에이터를 측면에 두는 것도 무르시엘라고 모델의 틀에서 벗어난 아벤타도르의 특징 중 하나다. 측면에서는 공기 구멍의 필요성 때문에 극도로 잘 조각된 표면을 만들 수 있다.

전반적인 디자인은 항공학에서 영감을 얻었으나 자동차 뒷부분은 다르다. 뒷부분의 표면 각도는 평소 우리가 본 것들을 뒤집는 방식으로 제작되어 동적 효과를 창출한다.

아벤타도르 모델에 장착한 7단 독립 시프팅 로드(ISR)*의 자동화된 수동 변속기는 새로운 변속기로, 폭스바겐 그룹의 트윈-클러치 직접 시프팅 기어박스(DSG) 시스템의 성능을 제공하지는 않았지만, 가야르도 모델의 e-드라이브 변속기보다는 변속 시간이 빨라 50밀리초(1000분의 1초)였으며, 70kg에서는 DSG 시스템보다 가볍고 콤팩트했다. 람보르기니는 아벤타도르 모델을 출시하며 변속기가 '감정까지 변화하는 기분'을 안겨줄 것이며, 사실상 기어 변속이 동시에 일어날 거라고 장담했다. 이론적으로는 한 시프팅 로드가 기어에서 빠져나오면 또 다른 시프팅 로드가 다음 기어로 넘어가는데, 이것이 총 4개 있으며 각 시프팅 로드는 압력 60bar에서 작동하는 고압 장치를 통해 유압으로 작동된다.

당시 유행에 따라 아벤타도르 모델의 기어 변속 방식은 운전자가 스트라다Strada*, 스포츠 Sport, 코르사Corsa 등 세 가지 모드 가운데 하나를 선택할 수 있었다. 스트라다 모드는 일상 생활 모드로, 완전 자동 변속을 제공해 편안함에 초점을 맞췄다. 스포트 모드는 공격적인 성능을 내주는 모드이고, 레이스 트랙에 초점을 맞춘 코르사 모드는 변속 속도가 엄청 빨랐다. 그러나 늘 그렇듯이 기어 변속 시스템은 이내 쓸모없는 기능으로 여겨지며 폐기됐다. 로드 테스터들은 이런 시스템을 달갑지 않아 했다. 완전 자동 변속 모드로 돌아다니는 데 관심 있는 고객도 드물었다. 코르사 모드는 일상생활에 사용하기엔 너무 격렬한 모드였다(잡지 《로드 & 트랙》은 "코르사 모드를 쓰면 마치 제로백*에 도전하는 자동차처럼 총알 같이 튀어 나간다"고 썼다). 신호등이 초록색으로 바뀔 때 바로 내달리는 레이스에서 '론치 컨트롤launch control*' 기능을 쓰면 분명 그랑프리를 차지할 것이다. 운전자가 기어를 조작하는 순간, 정지해 있던 자동차는 마치 뒤에서 10톤 트럭이 달려와 들이받은 듯 앞으로 튕겨 나간다.

아벤타도르 모델은 이전 모델에 비해 더 가벼우면서도 도로에서 차지하는 면적은 비슷했다. 조종석 역시 여유 공간이 넉넉해 차에 탑승한 사람들이 팔다리를 자유로이 움직일 수 있었다. 다만 콤팩트한 드라이브트레인으로 인해 잡다한 물건을 보관할 수 있는 곳은 앞쪽의 작은 짐칸과 가죽으로 된 실내의 기다란 포켓 두 개가 전부였다. 물론 신경 쓰이는 부분은 아니다. 돈 많은 사람들은 지갑만 있으면 만사 오케이니까! 목적지에서 옷을 전부 새로 사고, 체크아웃 할 때 호텔 종업원에게 넘기면 그만이다.

문제는 경제 상황이 좋지 않을 때 출시되는 슈퍼카에는 다른 시선이 덧씌워진다는 것이다. 아벤타도르 모델이 출시되자 일부 칼럼니스트들은 사치스럽고 비실용적인 자동차를 소유하는 게 철학적으로 어떤 의미가 있는지 질문을 던졌다. 앤드류 프랑켈Anderw Frankel은 《오토 카》에 이렇게 썼다.

몰고 다니는 기계로서, 최대 출력이 691 제동마력에 달하는 아벤타도르 모델은 정지 상태에서 시속 약 100km에 도달하는 데 3초도 걸리지 않는 슈퍼카임을 고려할 때 합리적으로 안전하다. 그러나 반대로, 도로를 달리는 기계로서 다른 운전자들의 전방주시를 방해하는 위력은 가히 타의 추종을 불허한다. 당연히 충돌 사고를 내지야 않겠지만 볼거리가 상당할 것이다. 소유주들이 슈퍼카에 바라는 건 이런 게 아닐까? 무르시엘라고, 디아블로, 쿤타치 등 이전 모델과 마찬가지로 람보르기니 아벤타도르 역시 사람들의 관심을 끄는 것이 첫 번째, 백 퍼센트 달리기 위함이 두 번째 아닐까? 그럴 수도 있겠지만, 그렇다고 해서 이 모델의 존재 자체가 찬사를 받을 만하지 않다는 의미는 아니다. 한 자리 수 또는 두 자리 수로 제작되는 파가니Pagani*나 코닉세그Koenigsegg*처럼 소수만 알고 있는 모델을 제외하고, 현재 주류 스포츠카 업체의 양산 모델 가운데 람보르기니 아벤타도르 모델은 단연 눈에 띈다.

아벤타도르 모델에는 첨단 기술이 잔뜩 들어 있다. 하지만 깊이 들여다보면 여전히 구식 슈퍼카로, 폭이 아주 넓고 높이도 믿기지 않을 정도로 낮으며 엄청 난 출력을 내뿜는 전통적인 자연흡기식 12기통 엔진을 장착했는데, 이 모두를 40년 전에 처음 공개한 쿤타치 모델에도 그대로 적용할 수 있다.

개발 중인 슈퍼카가 늘 그렇듯이 아벤타도르는 시제품 단계에서 트랙 테스트를 거칠 때 파파라치 사진이 찍히는 걸 막기 위해 철저히 위장했다.

아벤타도르 모델의 출시를 앞두고 아란치오 아르고스(Arancio Argos)라는 색상이 람보르기니 색상 리스트에 올랐으며, 이후 인기 있는 자동차 색상 가운데 하나로 자리 잡았다.

800대로 제작 대수를 제한한 레이스 트랙용 아벤타도르 SVJ 로드스터 모델은 루프 패널을 없애고 보강한 섀시 버팀대 때문에 쿠페형인 오리지널 아벤타도르 모델보다 50kg이 더 무거웠다. 하지만 제로백에 도달하는 시간이 오리지널 모델에 비해 단 0.1초 느리며, 람보르기니 측 주장에 따르면 공기역학 측면에서 적극적인 조치를 취한 덕분에 최고 속도는 동일하다고 한다.

Aventador LP700-4 Roadster
아벤타도르 LP700-4 로드스터

섀시	탄소섬유 모노코크, 알루미늄 프론트/리어 프레임
서스펜션	푸시로드-구동식 수평 모노-튜브 댐퍼 프론트/ 리어
브레이크	6-피스톤 캘리퍼(프론트); 4-피스톤 캘리퍼(리어) 카본-세라믹
휠베이스	2700mm
프론트/리어 트랙	1720mm/1700mm
휠/타이어	19×9인치, 피렐리 피제로 255/35 ZR19 (프론트); 20×12인치, 피렐리 피제로 335/30(리어)
엔진	60도 각도의 후방 세로 장착형 12기통 엔진
보어/스트로크	95mm/76.4mm
엔진 배기량	6498cc
엔진 압축비	11.8:1
최대 출력	8250rpm에서 690 제동마력
밸브 장치	듀얼 오버헤드 캠샤프트, 전자 제어식으로 변하는 밸브 개폐 타이밍
연료/점화 장치	람보르기니 전자 제어식 연료 분사
윤활 시스템	드라이 섬프
기어박스	람보르기니 7단 ISR
변속기	할덱스 IV 사륜구동
클러치	드라이 더블-플레이트
건조 중량	1625kg
최고 속도	시속 약 349km

루프를 제거해도 아벤타도르의 외양에는 전혀 손상이 없지만, 임시 하드톱 역할을 하는 탄소섬유 패널을 보관할 경우 짐 싣는 공간이 줄어든다.

아벤타도르 로드스터

아벤타도르 모델에 별다른 매력을 느끼지 못하는 사람도 있었을 것이다. 2013년, 람보르기니는 이런 사람들을 위해 지중해의 목가적인 풍경이 떠오르는 옅은 푸른색 '아주로 테티스Azzuro Thetis'라는 새로운 색상으로 도색한 아벤타도르 로드스터 버전을 내놓았다. 뛰어난 엔지니어링이 돋보이는 이 작품은 루프를 없애는 바람에 보완용 버팀대를 추가해야 했고, 그래서 무게는 늘고(무려 50kg) 성능은 좀 떨어졌다. 물론 그렇다고 해서 아벤타도르 로드스터 모델을 실패라고 말하기는 어려웠다. 정지 상태에서 시속 약 100km에 도달하는 데 루프가 있는 쿠페형 아벤타도르 모델에 비해 불과 0.1초밖에 느리지 않았기 때문이다. 최고 속도(충분히 길게 쭉 뻗고 속도위반 단속이 없는 도로를 발견할 수 있다면) 역시 시속 약 349km로 같았다.

무엇보다 수석 디자이너 필리포 페리니가 드롭톱을 워낙 정교하게 만든 까닭에 일부 사람들의 눈에는 오히려 쿠페형 아벤타도르 모델보다 훨씬 아름다워 보였다. 이 모델의 임시 하드톱*은 6kg짜리 탄소섬유 패널 두 장으로 멋지게 제작했고, 금방 탈거해 후드 밑 짐칸에 집어넣을 수 있었다.

그런데 셰익스피어의 표현을 훔치자면 '바로 거기에 문제가 있었다There lies the rub'. 후드 밑 짐칸이 떼어낸 루프 패널로 가득 차면 모험을 즐기려는 아벤타도르 로드스터 소유주는 휴대전화와 칫솔만 달랑 들고 여행길에 나서야 할 지경이었다. 이러한 비실용적인 면을 지적하는 게 쉬운 일은 아니지만 누군가는 해야 했다.

"그래서," 미국 마이애미에서 열린 아벤타도르 로드스터 출시 행사에 참석한 미국의 저널리스트는 람보르기니 최고경영자 슈테판 빙켈만에게 이렇게 물었다. "우리 짐은 어떻게 해야 합니까? 페덱스FedEx로 부칠까요?"

교양 있고 세련된 빙켈만은 재치 있게 응수했다. "목적지까지는 루프를 올린 채 여행하시고, 호텔에 가방을 둔 다음 루프를 내린 채 즐기시면 됩니다."

아벤타도르 로드스터 출시에 맞추어 이 모델과 쿠페형 오리지널 아벤타도르 모델 양쪽에 엔진 압축비 개선을 위한 새로운 기어 변속 소프트웨어가 깔렸다. 그러나 테스트 드라이버들은 여전히 변속기에 의문을 표했다. 《톱 기어》에서 제이슨 발로우Jason Barlow는 이렇게 불만을 토로했다. "빠른 속도로 상단 기어로 바뀌면 여전히 머리를 세차게 한 대 맞은 듯하다. 람보르기니 자동차는 원래 아주 강력하고 거칠지만 변속기는 여전히 문제가 많다. 풀 오토 모드로 시내를 돌아다니면 문제는 훨씬 심각해서 세미 오토 모드를 쓰던 초창기 시절로 되돌아간 느낌이다. 땅 위에 공룡들이 돌아다니던 시절 말이다. 듀얼-시프트 변속기는 무거운 데다가 패키지화하기도 힘들겠지만, 일단 괜찮은 듀얼-시프트 변속기를 써보면 다시는 이전으로 돌아가지 못한다."

구석기 시대에나 쓸 법한 변속기만 빼면 쿠페형이든 로드스터형이든 아벤타도르는 여전히 어떤 자동차보다 멋진 운전 경험을 선사해주었다. "44만 1000달러나 하는 자동차이니 당연하겠지만, 아벤타도르 로드스터는 그만한 가치가 있는 자동차입니다." 《이보》의 기자 닉 트롯Nick Trott이 내린 결론이다. "다른 어떤 새로운 라이벌(동일 가격대)도 이처럼 거칠고 예민한 슈퍼카 경험을 선사하지 못할 겁니다. 페라리 458 모델을 몰아보면 더 큰 스릴을 느낄 수 있고, 맥라렌 12C 모델도 그에 못지않게 빠릅니다. 물론 보다 가슴을 울리는 슈퍼카를 즐기고 싶다면 82만 9000달러를 더 내고 파가니의 와이라Huayra 모델을 사야겠죠. 그러나 파가니 엔진(AMG에서 제작)도 람보르기니 엔진만큼 카리스마가 넘치진 않습니다."

사실이다. 이 모델은 눈과 귀에 호소하는 자동차였다. 시속 120km를 넘기면 동승자와 대화할 생각조차 해서는 안 될 정도로 말이다.

오른쪽 아벤타도르 SVJ 로드스터 모델의 탄소섬유 루프 패널 두 장의 무게는 각 6kg밖에 안 되지만, 루프를 탈거해 패널을 후드 밑 짐칸에 넣으면 짐칸이 꽉 찬다.

2015년에 공개한 더 가볍고 빠른
아벤타도르 SV 모델은 커다란 리어 윙,
자기 서스펜션, 카본-세라믹 브레이크,
새로운 전자식 조향 장치가 눈길을 끌었다.
당연히 레이스카 느낌이 더 강했다.

아마 좀 더 높은 연배의 고객에 대한 배려였겠지만, 아벤타도르는 도어 아래 문틀이 낮아지고 도어 손잡이 사용이 더 쉬워졌으며 시트도 더 부드러워져 보다 쉽고 우아하게 차에 타고 내릴 수 있었다. 각종 제어 장치는 논리정연하게 배치되었을 뿐 아니라 운전석에 가만히 앉아서도 조작 가능하다. 많은 소유주가 전면 디지털화된 GT 스타일의 인스트루먼트 패널을 좋아한다는 게 입증됐지만, 그럼에도 떨어져 나가는 고객들은 거의 없었다(아벤타도르 모델은 출시 가격이 39만 2000달러에서 시작했는데, 당시는 은행가들의 보너스를 조사하던 시절이었다). 첫해에 제작한 자동차들은 2011년 여름에 최초의 고객들이 자동차를 인도받기 훨씬 전에 매진됐으며, 2년 후에는 2000번째 차가 생산 라인을 빠져나왔다. 참고로 람보르기니가 16년간 제작한 쿤타치 모델은 총 2042대에 불과했다.

차 옆에서 포즈를 취하기보다 진심으로 운전할 마음이 있는 사람들에게 아벤타도르는 슈퍼카와 하이퍼카*의 구분을 모호하게 만든 모델로, 전작들에 비해 도전적이면서도 훨씬 편한 주행 경험을 안겨주었다. 할덱스Haldex IV 사륜구동 시스템의 경우 거대한 타이어로부터 저항을 별로 받지 않고, 691 제동마력의 출력을 고스란히 도로에 전달함으로써 아주 뛰어난 구동력을 제공한다. 우람한 체구와 상당한 무게를 감안하면 방향 전환도 빠르고, 측면 접지력 또한 믿기 어려울 만큼 강하다. 그러나 한 가지 조금 신경 쓰이는 일도 있었다. 물론 과거의 람보르기니 슈퍼카도 마찬가지였지만, 각종 한계가 너무 높고 차체도 너무 넓어서 레이스 트랙에서

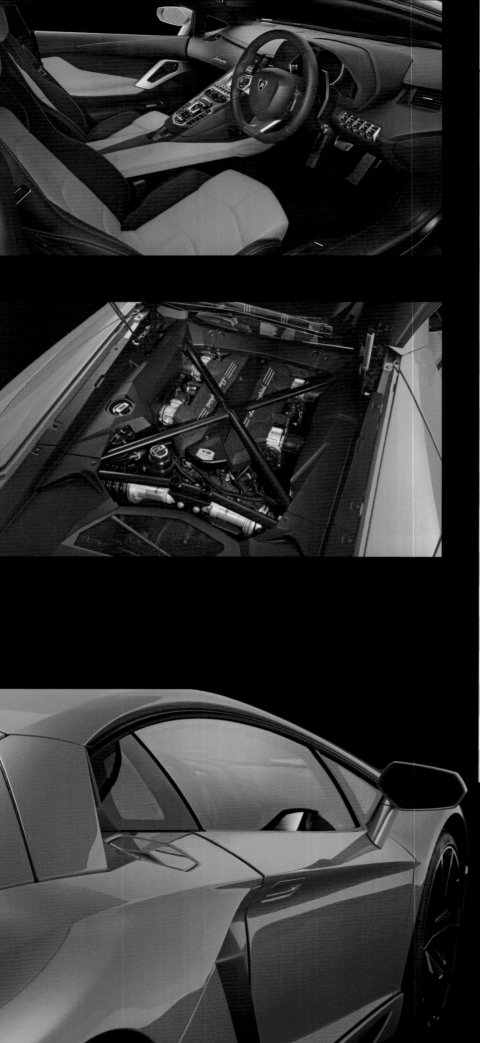

Aventador LP700-4

아벤타도르 LP700-4

섀시	탄소섬유 모노코크, 알루미늄 프론트/리어 프레임
서스펜션	푸시로드-구동식 수평 모노-튜브 댐퍼 프론트/리어
브레이크	6-피스톤 캘리퍼(프론트); 4-피스톤 캘리퍼(리어) 카본-세라믹
휠베이스	2700mm
프론트/리어 트랙	1720mm/1700mm
휠/타이어	19×9인치, 피렐리 피제로 255/35 ZR19 (프론트); 20×12인치, 피렐리 피제로 335/30 (리어)
엔진	60도 각도의 후방 세로 장착형 12기통 엔진
보어/스트로크	95mm/76.4mm
엔진 배기량	6498cc
엔진 압축비	11.8:1
최대 출력	8250rpm에서 690 제동마력
밸브 장치	듀얼 오버헤드 캠샤프트, 전자 제어식으로 변하는 밸브 개폐 타이밍
연료/점화 장치	람보르기니 전자 제어식 연료 분사
윤활 시스템	드라이 섬프
기어박스	람보르기니 7단 ISR
변속기	할덱스 IV 사륜구동
클러치	드라이 더블-플레이트
건조 중량	1575kg
최고 속도	시속 약 349km

가 아니면 실제 성능을 백 퍼센트 발휘하지 못한 것이다.

크리스 칠턴은 《로드 & 트랙》에서 이런 말을 했다. "공간도 충분해졌겠다, 아벤타도르를 몰면 슬라이드를 하고 싶어질 수 있다. 하지만 도로에서 시도할 때는 안전띠를 단단히 매야 할 것이다…… 람보르기니 안에서 남북한 사이에 있는 비무장 지대를 오가는 듯이 강력한 접지력과 미끄러움 사이를 오갈 테니까 말이다."

이러한 현실에도 불구하고 람보르기니는 아벤타도르의 성능을 한계 너머로 확장했다. 람보르기니 창사 50주년을 기념해 출시된 한정판 아벤타도르 LP720-4 모델(쿠페 100대, 로드스터 100대)은 최대 출력을 710 제동마력까지 올렸고, 공기역학 측면에서 전면부 일대와 엔진 커버도 개선했다. 당연히 이 모델은 날개 돋친 듯 팔려 나갔고, 람보르기니는 아벤타도르를 시판하는 동안 여러 차례 한정판 모델 제작을 되풀이해 원-오프* 모델 및 한정판 모델의 가짓수를 늘려나갔다.

경쟁사들이 저마다의 슈퍼카를 토대 삼아 트랙 지향적인 변종을 내놓기 시작하자 람보르기니는 그 추세에 맞춰 다시 아벤타도르 LP750-4 모델을 내놓았다. 이 모델은 아주 커다란 고정식 리어 윙을 부착하는 등 공기역학 측면에서 변화를 주었다. 람보르기니 주장에 따르면 아벤타도르 기본형에 비해 다운포스가 180퍼센트 커졌다고 한다. 탄소섬유를 광범위하게 사용한 것만 봐도 람보르기니가 이 모델에 얼마나 큰 기대를 걸었는지를 알 수 있다.

변화는 자동차 외부에서만 일어난 게 아니었다. 구식 변속기는 여전히 문제가 있었지만, 자기 서스펜션과 새로운 전자 스티어링 시스템, 카본-세라믹 브레이크 덕분에 레이스카다운 드

아벤타도르 S 쿠페(다음 페이지 참조) 모델과 아벤타도르 로드스터 모델은 2017년 가벼운 페이스리프트를 거쳐 엔진 출력을 730 제동마력까지 올렸으며, 사륜 스티어링 시스템과 변화한 서스펜션으로 조금 덜 거칠어진 덕분에 운전하기가 편해졌다.

아벤타도르 J

위대한 작품을 즉흥적인 생각만으로 마술처럼 뚝딱 만들 수 있을까? 2012년 제네바 모터쇼에서 눈이 휘둥그레질 정도로 매혹적인 아벤타도르 J 모델이 공개되었다. 람보르기니의 최고경영자 슈테판 빙켈만이 제네바 모터쇼에 '뭔가 특별한' 자동차를 출품하고 싶다는 결정을 내린 지 한 달 반 만이었다. 수석 디자이너 필리포 페리니는 기쁜 마음으로 제도판 앞으로 달려갔다.

"빙켈만 씨가 우리에게 제네바 모터쇼에 출품할 뭔가를 만들라고 한 건 1월 14일이었습니다." 페리니의 말이다. "백지 한 장. 뭐든 원하는 걸 그려보는 거죠. 이 디자인은 일주일 만에 나온 겁니다……"

아벤타도르 J 모델은 섀시, 엔진, 변속기, 대시보드를 제외한 후드, 리어 펜더, 헤드라이트를 오리지널 아벤타도르 모델에서 그대로 가져다 썼다. 르망 시제품 스타일의 프론트 윙에서부터 시트 뒤쪽에 위치한 Y자 모양의 탄소섬유 크로스브레이스를 둘러싼 두 개의 돌출부twin humps에 이르는 모든 외부 패널은 새것이었다. 백미러는 1970년대에 활약한 독일 아이펠란트Eiffleland 포뮬러 원 레이싱 팀 자동차의 것을 떠오르게 했고, 합성 소재와 특허받은 탄소섬유 직물로 만든 시트는 레이스카 시트와 비슷했다.

아벤타도르 J는 람보르기니 궁극의 원-오프 모델이었던 미우라 조타를 연상시켰다. 도로 주행용으로 허가받은 이 원-오프 모델은 제네바 모터쇼에 공개되기도 전에 주인을 만났다. 람보르기니의 큰손들 중 한 사람이 예술 작품처럼 멋진 이 자동차를 280만 달러에 매입한 것이다.

라이빙을 즐길 수 있게 되었다. 그로부터 얼마 후, 람보르기니는 머리카락이 바람에 휘날리는 걸 좋아하는 사람들을 위해 지붕이 없는 2인승 자동차 로드스터 버전도 출시했다.

2017년 중년기를 맞이한 아벤타도르 모델은 새롭게 업그레이드할 무렵 이미 애초에 예상한 4000대를 훨씬 뛰어넘는 판매 대수를 기록했다. 새로 나온 아벤타도르 S LP740-4 모델은 사륜 스티어링 시스템과 과감한 리어 윙, 그리고 개선된 서스펜션을 채택했다. 더욱 강력해진(730 제동마력까지) 12기통 엔진을 제어하기 위함이었다. 아울러 람보르기니는 공기역학적으로 새로운 조치를 취해 다운포스가 130퍼센트 늘어났다고 주장했다. 마케팅 차원에서 어느 정도 과장이 따랐겠지만, 새로운 모델에서 가장 눈에 띄는 발전은 운전자가 네 번째 주행 모드를 직접 프로그래밍할 수 있게 됐다는 것이다. 덕분에 운전자는 나머지 세 가지 모드의 최대 장점을 취사선택할 수 있었다.

L539: 완전히 새로운 12기통 엔진

그야말로 모든 엔지니어가 꿈꿔온 일이었다. 지오토 비자리니가 설계한 오리지널 엔진, 즉 람보르기니의 DNA에 깊게 자리 잡은 괴물 같은 12기통 엔진이 무려 5세대를 거치고 무대 뒤로 사라지자, 람보르기니는 수석 엔지니어 마우리치오 레지아니가 이끄는 연구개발팀에 반드시 완수해야 할 두 가지 임무를 부여했다. 하나는 코드 네임이 L539인 새로운 엔진이 12기통이어야 한다는 것, 또 다른 하나는 그 엔진의 실린더가 60도 각도를 유지해야 한다는 것이었다. 페라리 같은 주요 경쟁사가 완전한 하이브리드 자동차를 만드는 게 아니라면 엔진 사이즈를 줄이고 터보차징 방식을 추가하던 시절에 내린 결정이었다.

L539 엔진은 배기량이 6.5리터였지만, 내부 부속은 참신한 시각으로 접근해 출력은 물론 효율성도 중시했다. 보어는 늘어나고(88mm에서 95mm로), 스트로크는 줄어들어(89mm에서 76.4mm로) 마찰 손실은 줄고, 약간 높은 엔진 회전 속도(8250rpm)에서 더 큰 출력(632 제동마력에서 691 제동마력으로)을 낼 수 있었다. 6000rpm에서 660.5Nm였던 최대 토크 역시 5500rpm에서 689.7Nm로 높아졌다.

무게는 엔진 블록과 실린더 헤드에 알루미늄-실리콘 합금을 광범위하게 사용해 235kg(예전 12기통 엔진은 253kg)으로 줄였다. 소기 펌프scavenging pump를 8개 사용해 압력을 줄이고, 스위치로 전환 가능한 워터 서킷으로 최적 온도까지 올라가는 속도를 줄이는 등, 배관 구조가 복잡해졌는데도 무게를 줄인 것이다.

엔진 및 변속기 사양과 관련된 세부 요소는 출시 당시 몇 가지 문제를 안고 있었다. 직접 연료 분사 장치를 개발 기간 내에 완벽하게 만들기 쉽지 않았지만, 장래를 위해 프로젝트에서 제외하지 않았다. 7단 싱글-클러치 독립 시프팅 로드(ISR)의 자동화된 수동 기어박스는 폭스바겐 그룹에서 널리 쓰이던 트윈-클러치 직접 시프팅 기어박스(DSG)보다 무게는 가벼웠지만, 기어박스의 장점 중 일부가 결여되었고, 수동 옵션도 없어 유럽 시장에 적합하지 않았다. 그러나 예전 변속기에 비해 콤팩트한 사이즈였다.

이렇게 해서 비자리니가 설계한 12기통 엔진은 결국 50년 만에 무대 뒤로 사라졌다. 새로운 12기통 엔진은 드라이 섬프 윤활 시스템이어서 수직으로 더 콤팩트했고, 자동차의 무게 중심에 많은 이점이 생겼다. 비자리니도 이 엔진의 우수성을 흔쾌히 인정하지 않았을까.

2016년 이후 람보르기니의 스타일링을 이끌고 있는 미티야 보커트는 컴퓨터 작업에 앞서 종이에 스케치하기를 즐긴다. 그는 늘 이렇게 말한다. "명쾌하면서도 정확한 선 단 몇 개로 새로운 람보르기니 모델을 만들어내는 게 가능합니다."

Aventador S LP740-4

아벤타도르 S LP740-4

섀시	탄소섬유 모노코크, 알루미늄 프론트/리어 프레임
서스펜션	푸시로드-구동식 수평 모노-튜브 댐퍼 프론트/리어
브레이크	6-피스톤 캘리퍼(프론트); 4-피스톤 캘리퍼(리어) 카본-세라믹
휠베이스	2700mm
프론트/리어 트랙	1720mm/1700mm
휠/타이어	19×9인치, 피렐리 피제로 255/35 ZR19 (프론트); 20×12인치, 피렐리 피제로 335/30 (리어)
엔진	60도 각도의 후방 세로 장착형 12기통 엔진
보어/스트로크	95mm/76.4mm
엔진 배기량	6498cc
엔진 압축비	11.8:1
최대 출력	8250rpm에서 690 제동마력
밸브 장치	듀얼 오버헤드 캠샤프트, 전자 제어식으로 변하는 밸브 개폐 타이밍
연료/점화 장치	람보르기니 전자 제어식 연료 분사
윤활 시스템	드라이 섬프
기어박스	람보르기니 7단 ISR
변속기	할덱스 IV 사륜구동
클러치	드라이 더블-플레이트
건조 중량	1575kg
최고 속도	시속 약 349km

새로운 수석 디자이너 미티야 보커트Mitja Borkert는 쿤타치 모델의 리어 윙 및 공기 흡입구 일대 라인의 디자인에 깊은 경외심을 내비치며 아벤타도르 S 모델의 외관을 통합적으로 재정비했다. 앞범퍼 아래쪽에 달린 윙릿은 뱀의 송곳니를 연상케 했다.

중요한 차이는 정작 주행 경험에서 나타났다. 람보르기니는 사륜구동 시스템의 움직임을 자제해 후륜구동 느낌을 보다 강화했다. 출시 당시 람보르기니는 스페인 발렌시아 리카르도 토르모 서킷에서 기자들에게 예전 모델도 함께 제공해, 새로운 모델과 비교 평가할 수 있게 해주었다.

"미묘한 정도 차이가 아니었다." 벤 배리Ben Barry는 자동차 잡지 《카》에서 이렇게 적었다. "예전 모델은 자기주장이 강하고 좀 완강한 듯했고, 스티어링은 왼쪽 오른쪽으로 휙휙 꺾어야 할 때 좀 굼뜬 편이었다. 그런데 아벤타도르 S 모델은 심한 S자 커브를 돌아도 균형감을 잃지 않아 엉덩이와 훨씬 일체감이 느껴졌고, 스티어링도 몇 광년은 더 빠른 것 같다."

기본적으로 아벤타도르 S 모델은 람보르기니 입장에서 중요한 승리였다. 우선 섀시에 전자 기술을 제대로 쏟아부어 거대한 12기통 엔진이 별다른 단점 없이 작동했다. 2018년, 람보르기니는 레이스카에 가까운 2세대 아벤타도르 변종인 아벤타도르 LP770-40 슈퍼벨로체 조타(SVJ) 모델을 내놓았다. 오리지널 아벤타도르 모델의 SV 특별판과 마찬가지로 출력을 더 강화했고(760 제동마력), 탄소섬유와 다른 특수 소재를 사용해 공격적인 경량화에 성공했으며, 공기역학 측면도 개선했다. 자동차 앞뒤에 항공기 장치를 적극 사용해 항력과 다운포스 사이에 적절한 균형을 이루었고, 와류 발생기와 커다란 리어 디퓨저를 장착해 오리지널 아벤타도르 SV 모델에 비해 차체 하부에 대한 다운포스도 40퍼센트 늘어났다.

라이벌 업체와의 경쟁이 치열한 상황에서도 람보르기니의 플래그십 모델 아벤타도르는 모든 기대치를 넘어서는 성공을 거두었다. 아벤타도르 시리즈는 무대에서 내려가기 전까지 무려 1만 대 넘게 제작됐는데, 이는 지나치게 낙관적이지 않나 싶었던 애초의 목표를 두 배 이상 뛰어넘는 수량이었다.

레이스카로 만들어달라

만약 아벤타도르 SVJ 모델이 마음에 들지 않는다면, 그리고 집안에 돈이 남아돈다면 람보르기니의 스쿼드라 코르세 레이싱 부서로 연락해보라.

2018년 11월, 람보르기니는 아벤타도르 SVJ 모델의 원-오프 변종인 SC18 알스톤 Alston을 공개했다. 이름이 알려지지 않은 고객의 요청으로 특별히 주문 제작한 모델이었다. 람보르기니 우라칸 모델의 레이싱 변종에서 영감을 받은 공기역학적 맞춤형 장치, 람보르기니 베네노Veneno 모델의 것과 밀접한 관련이 있는 휠, 그리고 람보르기니 센테나리오Centenario 모델과 비슷한 뒷부분이 눈길을 끄는 알스톤의 매력은 의심할 바 없이 아주 독특했다. 아쉽게도 정확한 성능은 물론 가격조차도 알 수 없지만 말이다.

2020년, 람보르기니는 또 다른 맞춤형 원-오프 모델 SC20을 공개했다. 미티야 보커트가 밝힌 고객의 오픈카 주문 내용은 간단했다. "그냥 멋지게 만들어달라." SC18 알스톤과 마찬가지로 SC20 모델 역시 뼈대는 아벤타도르 SVJ 모델이었다. 그러나 3D 프린터로 출력한 공기 배출구 등 상당수 부품을 맞춤형으로 제작했다.

보커트는 이런 말을 덧붙였다. "람보르기니로 오십시오. 최신형 12기통 엔진은 물론, 고급 여성복처럼 근사한 자동차 디자인이 당신의 것이 됩니다."

10장

SESTO ELEMENTO

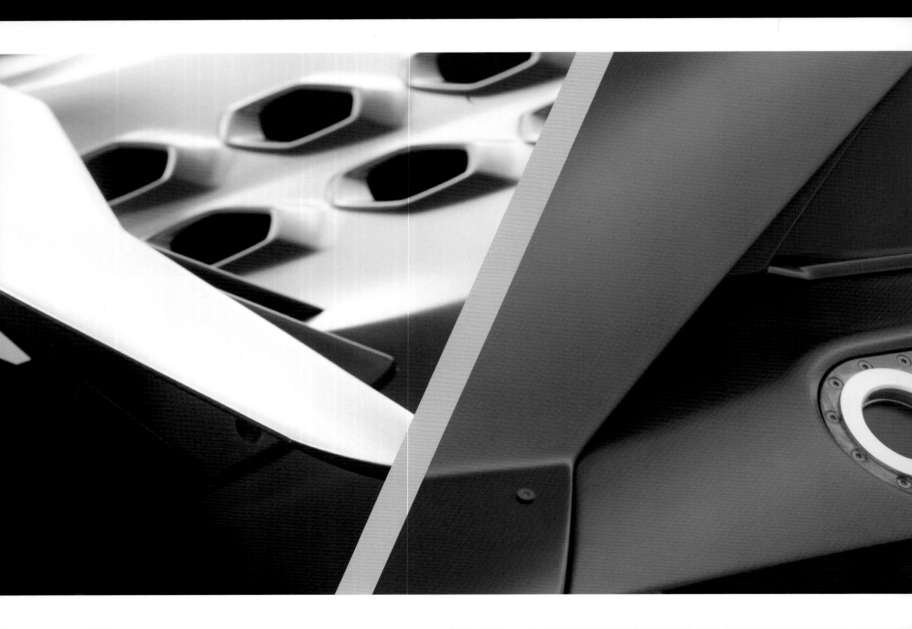

출력은 올리고,

2010년 파리 모터쇼에서 공개한 세스토 엘레멘토로, 람보르기니는 우연한 아이디어를 가지고 사람들을 열광시키는 작품을 만드는 자사의 능력을 다시 한번 입증했다. 콘셉트카, 또는 아우디 시대의 람보르기니 용어로 '독특한 기술 시연자'로 시작한 이 모델은 아주 빠른 속도로 람보르기니의 최고 부유층 고객들의 지갑을 열게 만들었다. 이듬해 프랑크푸르트 모터쇼에서 람보르기니는, 2013년이면 이 한정판 모델을 200만 달러에 살 수 있을 거라 발표했고, (총 20대 가운데) 첫 번째 차가 완성되기도 전에 전량 매진이라는 성과를 거둔다.

무 게 는 줄 이 고

세스토 엘레멘토라는 모델 이름은 원소 주기율표의 원소 기호 6번, 탄소를 연상케 한다. 람보르기니는 자동차 전체에 탄소섬유를 광범위하게 사용해 '초경량화'를 실현했다. 큰 차체에 10기통 엔진을 장착한 전륜구동 자동차인 세스토 엘레멘토 모델의 경우에 초경량화는 아주 중요한 요소였다. 문제는 그럼에도 무게가 약 999kg으로 거의 1000kg에 육박한다는 것. 물론 이 무게는 쉐보레 콜벳Corvette C7의 3분의 2가 안 되며(약 1496kg), 드라이브트레인을 공유한 람보르기니 가야르도 LP570-4 수페르레게라 모델보다(약 1340kg) 훨씬 가벼운 수치다. 세스토 엘레멘토 모델과 같은 차원의 크기인 가야르도 기본형의 무게가 약 1500kg이라는 사실을 감안하면 얼마나 철저히 무게를 줄였는지 짐작할 수 있다.

세스토 엘레멘토 모델은 자동차 세계에서 일어나고 있는 변화를 받아들이는, 즉 자동차의 효율성을 높이는 전략적인 전환의 상징과도 같은 차다. 모든 슈퍼카 제조사들에게 이러한 흐름은 골치 아픈 과제였다. 거칠고 강력한 성능이라는 브랜드 가치를 설정한 슈퍼카 제조사 람보르기니에게는 더욱 골칫거리였다. 결국 람보르기니는 엔진 사이즈를 줄이는 대신 초경량화라는 전략을 택했다.

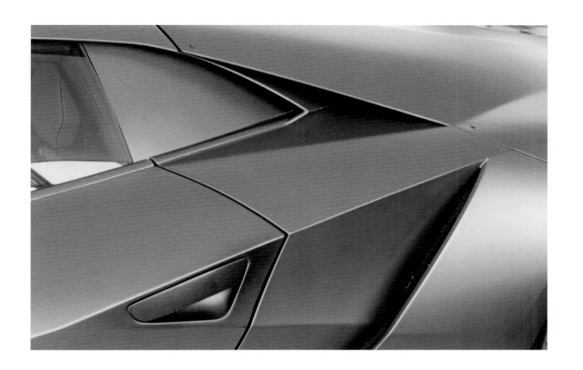

베네노와 베네노 로드스터 모델이 람보르기니 창사 50주년을 '기념'하는 자동차였다면, 콘셉트카 에고이스타Egoista 모델은 람보르기니가 자신에게 주는 생일 선물 같은 자동차였다. 이를테면, 새로 태어나 큰 성공을 거둔 람보르기니에게 모그룹 폭스바겐이 바치는 존경의 표시였다. 에고이스타는 350대가 참가한 이탈리아 그랜드 투어를 끝내고, 대중에, 정확히 말하자면 VIP 고객들에 처음 공개되었다. 람보르기니 사장 겸 최고경영자인 슈테판 빙켈만이 직접 차를 몰고 활주로 같은 무대에 모습을 드러내는 방식으로.

가야르도 모델의 뼈대를 토대 삼아 제작한 이 궁극의 람보르기니 모델은 사실상 폭스바겐 그룹의 디자인을 총괄하는 월터 드 실바Walter de Silva의 진두지휘 아래 폭스바겐 디자이너들이 디자인했다. 1인승 조종석과 뾰족뾰족하게 주름 잡힌 전면부는 아파치 헬기 디자인에서 영감을 얻었고, 뿔을 아래로 내린 채 돌격 준비 중인 황소를 연상케 하는 구부러진 펜더는 알레산드로 디암브로시오Alessandro D'Ambrosio의 작품이었다.

"소가 앞바퀴를 향해 달려가고 있다." 람보르기니는 보도 자료에서 이렇게 표현했다. "라인 자체로 이미 아주 공격적이며, 자동차 전체에 미래 지향적 활력이 느껴진다."

월터 드 실바는 1인승 시트의 이유를 설명했다. "단 한 사람을 위한 이 자동차는 운전자가 드라이빙을 즐기고 개성을 최대한으로 표현할 수 있게 해줄 겁니다. 세상 최고의 특별한 것만을 갖고 싶어 하는 수준 높은 사람들을 위해 디자인되었다고 할까요. 극단적인 쾌락주의를 대변하는 자동차이기도 하고요. 한마디로 타협을 모르는 에고이스타('이기주의자'라는 뜻)라는 거죠."

알루미늄과 탄소섬유로 이루어진 조종석은 아파치 헬기의 조종석이 비상시에 튕겨 나가듯 제거도 가능했다. 실내 디자이너 슈테판 시엘라프Stefan Sielaff는 미래 지향적 헤드업 디스플레이, 4점식 안전벨트*, 승하차를 도와주는 탈착식 핸들 등 전투기와 레이스카의 디자인 요소를 혼용했다. 비행기 날개처럼 차체에 밟을 수 없는 구역을 설정해 승하차 방법까지 구체적으로 정했다.

람보르기니 모델 가운데 스텔스 전투기의 이미지를 띠지 않은 모델이 없는데, 에고이스타의 조명은 차라리 도로 위의 UFO 같았다(헤드라이트는 안 보이고, 항공기식 LED 차폭등이 있다). 차체는 레이더에 잡히지 않는 스텔스 물질로 마감했고, 리어-덱의 두 덮개는 탈착이 가능하다. 가장 앞부분과 펜더 연결부 사이의 비어 있는 공간에는 제논 헤드라이트 한 쌍을 숨겼다.

가야르도 모델에서 가져온 최대 출력 592 제동마력의 10기통 엔진은 냉각을 위해서도 그렇지만, 공격적인 느낌을 더해 구경꾼들의 시선을 사로잡는 차원에서 그대로 진열했다.

"람보르기니 자동차가 소수를 위한 자동차라면, 이 자동차는 거기서 한 걸음 더 나아갔다." 보도 자료는 이렇게 썼다. "에고이스타는 그 자신을 위한 자동차이며, 람보르기니가 람보르기니에게 주는 선물로, 고독 속에서 눈부시게 빛을 발한다. 순수한 감정에 호소하는 자동차, 누구도 소유할 수 없고, 모든 사람이 꿈으로 간직할 '이상적인 자동차' 또는 '상상 속의 자동차'이다."

이렇듯 극단적인 콘셉트카였던 에고이스타는 누구를 위한 차도 아니었다. 전문가들의 의견 역시 온라인에서 극단으로 대립했지만 메탈(그리고 탄소섬유)로 무장한 모습은 놀라운 작품 그 자체였다. 콘셉트카 에고이스타는 현재 람보르기니 박물관에 영구 전시 중이니 언제든 찾아가서 직접 판단해보는 것도 좋겠다.

람보르기니의 사장 겸 최고경영자인 슈테판 빙켈만은 명확한 논점을 고수했다. "세스토 엘레멘토 모델은 미래의 슈퍼카가 어떤 모습일지를 미리 보여줍니다. 초경량화 엔지니어링은 궁극의 성능과 더불어 최고의 드라이빙 즐거움을 제공하죠. 우리의 기술적 역량을 모조리 쏟아부어 만든 놀라운 형태의 콘셉트카입니다. 우리가 미래 지향적인 콘셉트카를 만들 수 있었던 이유는 람보르기니만의 탄소섬유 기술 덕입니다. 모두가 인정하는 아우디의 경량화 기술도 한몫 단단히 했죠. 체계적인 경량화 기술은 미래의 슈퍼카에 절대적으로 필요합니다. 가장 다이내믹한 성능을 위해서도, 낮은 탄소 배출을 위해서도 반드시 필요하죠. 우리는 람보르기니의 모든 모델에 앞서 나가는 기술을 활용할 것입니다. 세스토 엘레멘토 모델이 품은 정신은 미래의 람보르기니에 큰 영향을 줄 것입니다."

마케팅을 위해 약간의 과장이 포함되었다지만, 람보르기니는 어떻게 이 일을 해낸 걸까? 비결은 정교하면서도 상상력을 요구하는 디테일에 있었다. 물론 모노코크는 아벤타도르 모델(콘셉트카 세스토 엘레멘토를 공개할 무렵, 이 모델은 마지막 개발 단계에 와 있었고, 2011년에 출시됐다)과 마찬가지로 탄소섬유였고, 시트 주물 역시 전체 '터브'의 일부로 아주 얇은 패딩으로 장식했다. 운전자는 운전 자세를 바로잡기 위해 고정된 시트에 맞춰 페달과 조향축을 움직여야 했다.

앞쪽 서브프레임과 크래시 스트럭처crash structure, 그리고 외부 패널은 탄소섬유 강화 폴리머(CFRP)로 이루어져 있다. 람보르기니는 자신들이 처음 사용했다고 주장하는 탄소섬유 강화 폴리머에 대해 이렇게 말했다. "산타가타 볼로냐 공장에서 슈퍼 스포츠카를 만드는 람보르기니는 3D 디자인에서부터 모의실험, 확인, 생산, 테스트에 이르는 다양한 분야에서 탄소섬유 강화 폴리머 적용에 숙달된 세계 유일의 자동차 제작사입니다. 우리는 3D 디자인에서부터 테스트에 이르는 모든 분야에서 가장 높은 품질 기준을 만족하고 있습니다."

엔진 장착과 리어 서스펜션 접촉을 통합하는 뒤쪽 서브프레임은 알루미늄으로 이루어져 있으나 세스토 엘레멘토의 외부 구조는 미우라의 그것을 연상케 한다. 보디 셸은 앞뒤 모두 한 조각짜리 정교한 주물(루프는 모노코크의 일부이다) 두 개로 이루어져 있는데, 람보르기니는 이를 프론트 후드에 공기역학 요소를 결합한 이른바 '코팡고cofango*' 커버라 불렀다. 도어는 각기 두 개의 주물을 결합해 만들었고, 뒤쪽 배기구는 '파이로식Pyrosic'이라 부르는 유리-세라믹 매트릭스 합성 소재로 되어 있다.

람보르기니가 합성 소재에 해박한 전문 지식을 갖고 있다는 사실은 단순히 마케팅 차원에서 부풀린 내용이 아니었다. 람보르기니는 실제로 많은 관련 특허를 보유하고 있다. 787 드림라이너Dreamliner를 생산하고 있는 보잉Boeing과 제휴하는 등, 다른 기업들과 협력해 새로운 주물 기술을 개발했다. 2007년에는 보잉과 미국연방항공국으로부터 자금 지원을 받아 미국 시애틀에 자리한 워싱턴대학교에 '아우토모빌리 람보르기니 첨단 합성 구조 연구소'를 설립하기도 했다.

세스토 엘레멘토는 람보르기니가 말하는 이른바 '포지드 컴포지트Forged Composite' 기술을 처음 선보인 모델이다. 포지드 컴포지트는 람보르기니가 골프용품 제조업체 캘러웨이Callaway와 손잡고 공동 개발한 신소재로, 믿을 수 없을 만큼 밀도 높은 탄소섬유/에폭시 주조 물질이다. 1제곱인치당 약 50만 개의 터보스트래틱 섬유가 서로 얽힌 이 물질은 합성수지를 이용해 탄소섬유판으로 주물을 만들고, 그것을 진공 상태에서 밀봉한 뒤 오토클레이브*에 넣고 압력을 가하는 전통적인 합성 기술을 사용하는 대신, 포지드 컴포지트라는 신소재를 열압착해 주물을 만든다. 그 결과 보다 복잡한 형태를 만들 수 있고, 모든 방향에서 더욱 강해진다.

"우리는 포지드 컴포지트 기술을 도입하여 획기적인 품질과 비용으로 세스토 엘레멘토 모델에 모노코크와 서스펜션 암을 사용할 수 있었습니다." 당시 람보르기니 연구개발 팀장 마우리치오 레지아니의 말이다. "이 기술을 자동차 소량 제작 표준으로 만드는 게 우리의 다음 과제죠."

제작 속도를 높이는 건 전통 방식으로 합성 소재를 다루는 자동차 제조사들이 풀어야 할 영원한 숙제였다. 맥라렌의 F1 모델은 탄소섬유 모노코크 구조를 채택한 최초의 슈퍼카였지만, 그 과정을 마치는 데만 3500맨아워*가 필요했다. 오늘날은 기술 덕분에 맨아워가 줄어들었지만, 비용은 여전히 고객에게 전가되고 있어서 탄소섬유 구조는 자동차 업계의 계륵 같은 존재로 남아 있다.

람보르기니는 자신들의 'RTM Lambo'(Lambo는 람보르기니의 애칭이다) 제작 과정과 관련해 많은 특허를 보유했다. RTM은 수지 전환 성형Resin Transfer Molding을 뜻한다. 전통적인 탄소섬유 처리 과정보다 장점이 많은 RTM은 오토클레이브 없이도 쓸 수 있는 과정으로, 주형이 가볍고 자동화하기도 좋아 작업 속도가 빠르다. 단점은 최적의 작업 결과가 나오지 않을 수 있다는 것. 따라서 외부 패널의 경우 여전히 전통적인 방법을 선호하는데, 도색되지 않은 상태에서 고객들이 탄소섬유 소재에 대해 기대하는 작업 결과를 보여줄 수 있기 때문이다. 세스토 엘레멘토 모델의 보디 패널은 반짝이는 효과를 내는 고운 빨간색 결정층에 무광 상태로 특허받은 마무리 코팅으로 되어 있다.

한편 세스토 엘레멘토 모델은 레이스카 스타일의 서스펜션 때문에 트랙 주행에만 적합하고 일반 도로 주행에는 적절치 않았다. 그러나 믿기지 않는 출력 중량비 덕에 성능만은 대단했

다. 이는 엄선된 소수의 로드 테스터가 시험 운전한 결과로도 드러났다. 세스토 엘레멘토는 듣기 좋은 배기음과 달리 정지 상태에서 시속 약 100km에 도달하는 데 2.5초밖에 걸리지 않는 등 결코 가볍게 볼 자동차가 아니었다. BBC의 TV 쇼, 〈톱 기어〉에 출연한 '더 스티그The Stig'라는 익명의 카레이서는 영국 남부의 옛 비행장으로, 지금은 자동차 테스트 트랙으로도 쓰는 던스폴드에서(영화 〈007 카지노 로얄OO7 Casino Royale〉과 〈월드워 ZWorld War Z〉의 촬영 장소이기도 하다) 세스토 엘레멘토를 몰고 연속 회전을 선보이기도 했다.

현재 세스토 엘레멘토 모델의 가치는 할리우드 블록버스터 영화의 제작비처럼 급상승 중이다(한때 290만 달러라는 최고가를 기록한 적도 있다).

베네노

레벤톤 모델로 부티크 슈퍼카를 만들 수 있음을 입증한 람보르기니는 창사 50주년 기념일을 맞아 레벤톤에 대한 기억을 되살려냈다. 그리하여 2012년 제네바 모터쇼에 선보인 베네노 모델은 놀랍도록 독특했으며, 아직 생기지도 않은 자동차 레이스를 위해 디자인된 레이스카 버전의 아벤타도르 같았다.

레벤톤의 근본이 겉모습을 뜯어고친 무르시엘라고 모델이었듯이 베네노 모델은 합성 소재 모노코크 구조에 배기량 2.5리터짜리 12기통 사륜구동 드라이브트레인과 아벤타도르의 푸시로드 서스펜션을 장착했고, 훨씬 눈길을 끄는 보디 셸도 추가했다.

람보르기니는 베네노에 당시 유행하던 검은색 휠(앞쪽 20인치, 뒤쪽 21인치)을 장착했는데, 이 휠은 터빈 역할을 하도록 제작되어 다량의 공기가 카본-세라믹 브레이크 디스크로 갈 수 있었다. 또한 성능 향상을 위해 엔진 출력을 높여 최대 출력이 739 제동마력에 이르렀다. 람보르기니가 모델 이름을 베네노라고 지은 것도 놀랄 일이 아니다. 베네노는 1914년 스페인 산루카르 데 바라메다에서 투우사 호세 산체스 로드리게스Jose Sanchez Rodriguez를 들이받아 치명상을 입힌 투우의 이름이다. 베네노는 단 3대만 한정 제작했고, 가격도 대당 무려 300만 달러에 달했다.

1년 후 람보르기니는 베네노 컨버터블 버전을 선보였다. 모터쇼에서의 공개는 너무 따분하다고 생각했던 걸까. 람보르기니는 독특한 장소를 찾아냈다. 아랍에미리트의 수도 아부다비 해안에 정박해 있던 이탈리아 항공모함 갑판 위를 공개 장소로 택한 것이다. 석유 부국 아랍에미리트를 선택한 건 우연이 아니었다. 자신의 부를 석유가 아닌 것에 분산할 방법을 고심하는 고액 자산가들이 많은 중동 국가. 그중에서도 아부다비는 세계 최초의 페라리 테마파크(아부다비 정부 투자 기금인 '무바달라'는 일정 기간 페라리 지분의 5퍼센트를 보유했었다)가 들어선 곳이기도 하다.

아마 가장 깔끔한 마케팅 전략은 오리지널 쿠페형 모델보다 조금 덜 독점적인 자동차로 만드는 것이었던 듯하다. 새로운 컨버터블 모델은 3대가 아닌 9대를 제작했고, 가격은 지방세 포함 330만 유로로 더 비싸게 책정했다.

에센자 SCV12

2021년, 람보르기니는 훨씬 극단적인 경량화 과정을 거쳐 아벤타도르 모델에 기반한 트랙 전용 하이퍼카 에센자Essenza SCV12 한정판 모델을 내놓았다. 람보르기니 레이싱 부서인 스쿼드라 코르세에서 개발한 에센자 SCV12 모델은 궁극의 트랙 전용 특별 자동차로, 레이싱용으로 정식 허가받지는 않았다(단 40대만 제작했다). 그러나 전복 사고 시 탑승자 보호 장치인 롤 케이지를 설치한 최초의 양산차이자, 하이퍼 레이싱 부문에서 국제자동차연맹(FIA)의 엄격한 형식 승인 기준을 충족한 자동차였다.

에센자 SCV12 모델은 자연흡기식 12기통 엔진에 작별을 고한 모델이기도 하다. 그리고 정말 엄청나게 시끄러운 모델이다. 배출 장치 같은 일반 로드카의 제약으로부터 벗어난 배기량 6.5리터짜리 12기통 엔진은 최대 출력이 818 제동마력에 육박해 아벤타도르 SVJ 모델보다 59 제동마력이나 높다. 이렇게 출력이 좋아진 이유는 람보르기니에서 '에어로다이내믹 슈퍼차징aerodynamic supercharging'이라 부르는 오토바이 스타일의 공성 공기흡입 시스템을 채택했기 때문이다. 사륜구동 변속기 대신 엑스트랙Xtrac의 후륜구동(RWD) 6단 변속기를 사용함으로써 무게를 줄였고, 마그네슘 휠 역시 무게를 줄이는 데 도움이 됐다(주문 제작 방식 피렐리 슬릭 타이어 장착). 실내 또한 최대한 간소화했고, 레이스카 스타일의 핸들을 장착했다. 결국 에센자 SCV12는 아벤타도르 SVJ 모델보다 무게가 136kg 덜 나간다.

이 모델은 레이스에 참가한 적은 없지만 람보르기니의 새로운 수입원 역할을 하고 있다. 경쟁사인 페라리와 맥라렌에서는 이미 채택한 '어라이브-앤드-드라이브★' 기회를 제공함으로써 새로운 수익을 창출하는 것이다. 250만 달러를 지불하고 이 모델을 구입하면 2년 지원 패키지를 제공받을 뿐만 아니라 람보르기니가 주관하는 각종 행사에서 노련한 카레이서로부터 코치도 받을 수 있다. 창고 보관, 차량 정비 및 운송 서비스는 덤이다.

Sesto Elemento

세스토 엘레멘토

섀시	탄소섬유 모노코크, 알루미늄 리어 프레임
서스펜션	정보 없음
브레이크	정보 없음
휠베이스	정보 없음
프론트/리어 트랙	정보 없음
휠/타이어	정보 없음
엔진	90도 각도의 후방 세로 장착형 10기통 엔진
보어/스트로크	84.5mm/92.8mm
엔진 배기량	5204cc
엔진 압축비	12.5:1
최대 출력	8000rpm에서 570 제동마력
밸브 장치	듀얼 오버헤드 캠샤프트, 전자 제어식으로 변하는 밸브 개폐 타이밍
연료/점화 장치	보쉬 MED 9
윤활 시스템	드라이 섬프
기어박스	람보르기니 6단 e-기어
변속기	영구 사륜구동
건조 중량	999kg
최고 속도	정보 없음

질문 하나. 모든 시대를 통틀어 가장 큰 성공을 누린 람보르기니 슈퍼카를 어떻게 대체할 것인가? '아주 신중하게'라고 대답한다면 우문현답이다. 지혜로운 해답, 그리고 진실에 가까운 정답은 절대로 대체해서는 안 된다고 제안하는 것이다. 즉, 기존과는 다른 독자적인 정체성을 지닌 전혀 다른 모델을 내놓아야 한다. 지금보다 많은 고객들이 구입할 만한 람보르기니 모델이라는 전제 아래 현재의 빈틈을 메워줄 수 있는 모델. 대체하는 모델이 아니라 계승하는 모델 말이다.

현 재 가   미 래 다

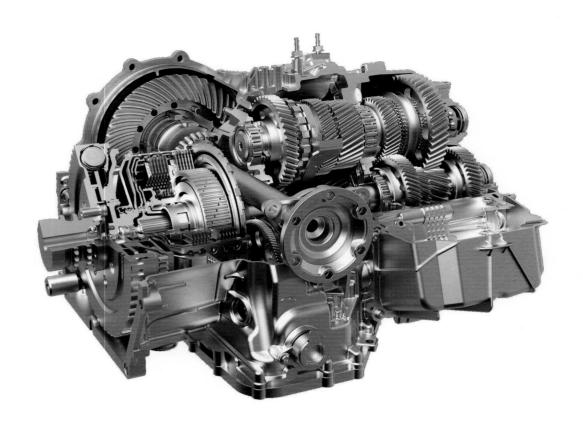

7단 듀얼-클러치 변속기는 람보르기니가 처음
사용하는 변속기로, 우라칸 모델에는 수동
변속기를 제공하지 않는다.

2009년, 람보르기니의 수석 디자이너 필리포 페리니는 훗날 우라칸 모델이 될 자동차의 대략
적인 스케치를 그렸다. 람보르기니에서 LB724라는 코드명으로 불렀던 모델의 스케치에서 페
리니는 레벤톤 모델에서 곤충 같은 모습으로 멋지게 구현한 스텔스 전투기의 테마를 따르되,
동시에 전통적인 비율의 한계를 깨는 다양한 시도를 했다. 자동차 양쪽 측면 일대와 뒷면은 마
치 빅토리아 시대 탐험가의 전리품 상자에서 빠져나온 이국적인 딱정벌레 등딱지처럼 볼록했
다. 그러나 훗날의 스케치에서 페리니는 가야르도 모델의 테마로 되돌아가 모서리는 각지게
하고, 전면부에는 커다랗고 각진 육각형 공기 흡입구를 배치했다. 그러다 결국 한 가지 아이디
어가 뿌리를 내리게 되었고, 마지막 디자인에서 육각형 테마를 통합한다.

외관 말고 고려할 부분이 더 있었다. 가야르도가 제작, 판매되는 동안에 페라리는 같은 가
격대에서 두 차례 모델 업데이트를 했다. 그사이 맥라렌은 12C 모델을 출시했다. 페라리 458
이탈리아Italia 모델은 포뮬러 원 레이스를 향한 그들의 열정을 가감 없이 보여주고, 동시에 서
툰 운전자들이 가벼운 터치의 각종 안정성 제어 장치를 잘못 다루는 걸 막아주는(핸들에 장착
한 마네티노 다이얼처럼) 매우 뛰어나고 개성 있는 자동차였다. 이 모델의 배기량 4.5리터짜
리 직접 연료 분사식 8기통 엔진은 가야르도 모델의 10기통 엔진에 필적하는 모델로 기본형
의 최대 출력이 562 제동마력이었고, 조정 가능한 자기 유동식 댐퍼는 일반 도로와 트랙 모두
에서 흠잡을 데 없이 멋진 주행을 가능하게 해주었다. 카본-터브 방식의 맥라렌 12C 모델은
페라리 458 이탈리아 모델에 지대한 영향을 주어, 배기량이 작은 맥라렌의 3.8리터짜리 8기
통 엔진(트윈 터보 방식으로 작동하며, 최대 출력 592 제동마력) 특성을 제외하곤 두 모델이
거의 구분이 안 될 정도였다.

두 경쟁 모델은 분명 우라칸의 개발 과정에 영향을 준 듯하다. 훗날 람보르기니의 최고경
영자 슈테판 빙켈만은 다음과 같이 말하며 이를 암묵적으로 인정했다. "우리는 우라칸 모델
을 균형이 잘 잡힌 자동차로 만들고 싶었습니다. 엔지니어들이 직면한 과제는 운전하기도 쉽
고, 동시에 운전자가 실제보다 나은 운전자라는 기분이 들게 하는 고성능 자동차를 만드는 것

이었습니다."

코드명 LB724는 경쟁력이 뛰어나면서 수익성도 높은 자동차가 되어야 했다. 기술 측면에서는 아우디의 DNA를 이어받아야 했고, 람보르기니 연구개발 부서 책임자 마우리치오 레지아니가 말한 대로 '가야르도 모델의 문제점을 제거하는 작업'도 병행해야 했다. 스페이스-프레임 섀시는 페라리처럼 백 퍼센트 알루미늄을 쓴 것도, 맥라렌처럼 백 퍼센트 합성 소재를 쓴 것도 아닌 알루미늄과 합성 소재를 혼합 사용했다. 공유 플랫폼 전략의 일환이었던 섀시 디자인 작업은 아우디 연구개발 부서 책임자이자 플랫폼 공유 분야의 대가인 울리히 하켄버그Ulrich Hackenberg의 관리 감독 아래 진행했다. 우라칸에 쓰인 섀시 플랫폼은 차세대 아우디 R8 모델과 폭스바겐 그룹의 다른 자동차에도 쓰일 아우디의 모듈식 스포츠카 시스템(MSS) 플랫폼으로, 전통적인 알루미늄 스페이스-프레임 요소에 특허받은 람보르기니 수지 전환 과정을 통해 제작한 합성 소재 패널을 결합한 것이었다. 탄소섬유 부품은 자동차 바닥과 문틀, 변속기 터널, B-필러 등을 보강하는 데 쓰였다. 중요한 부분은 스테인리스 강철 조임쇠(금속 접촉으로 인한 부식을 막기 위해 봉인한다)를 이용해 주요 구조와 결합했다. 그 결과 무게가 10퍼센트 줄었고 (총 건조 중량 1422kg), 람보르기니 주장에 따르면 비틀림 강성 또한 50퍼센트나 개선되었다.

우라칸 모델에 장착한 엔진과 사륜구동 변속기는 전통적인 후방 세로 장착 형태이다. 그러나 많은 비판을 받아온 가야르도 모델의 로봇화된 6단 수동 변속기 대신 올리콘 그라치아노Oerlikon Graziano에서 제작한 듀얼-클러치 변속기를 쓰는 등 세부적으로는 몇 가지 다른 점이 있었다. 람보르기니 도피아 프리치오네Lamborghini Doppia Frizione(줄여서 LDF라고도 한다)라고 불린 새로운 7단 변속기는 이전 변속기처럼 운전자가 원하는 대로 여러 모드로 바꿀 수 있었다. 우라칸 같은 고성능 자동차에 듀얼-클러치 변속기를 장착하는 건 말처럼 쉬운 일이 아니지만, 람보르기니는 우라칸의 변속기를 가야르도 모델보다 더 낮게, 그리고 클러치 지름도 좀 더 작게(215mm가 아닌 200mm로) 장착할 수 있었다.

가야르도 모델의 10기통 엔진에서 더 큰 출력을 이끌어내면서 배출 가스 규정은 그대로 지켜야 하는 난제를 해결하기 위해 람보르기니는 엔진 압축비를 12.7대 1로 올렸고, 직접 연료 분사 기술과 간접 연료 분사 기술을 혼합한 정교한 연료 분사 시스템을 만들었다. 일명 '이니에치오네 디레타 스트라티피카타Iniezione Diretta Stratificata' 커먼-레일 직접 연료 분사 시스템은 다양한 엔진 회전 속도에서 작동하여 엔진의 최대 출력 및 효율성을 높여주었고, 레지아니가 "각종 의식의 마스터"라고 낭만적으로 표현한 간접 다중 연료 분사 시스템은 시동 단계에서부터 대부분의 회전 속도 상태에서 엔진을 제어했다. 이런 방식은 애초부터 비용이 많이 들어가는 방식으로, 직접 연료 분사 시스템의 경우 회복력이 뛰어난 연료 분사 장치와 정교한 고압 펌핑 장치가 필요한 데다가 두 가지 연료 분사 시스템을 조화롭게 사용하는 데 필요한 매핑 소프트웨어 개발 역시 그 자체만으로 어려운 과제였다.

물론 두 가지 연료 분사 방식을 함께 사용하고, 각 연료 분사 방식의 단점을 제거하는 일은 분명 가치가 있었다. 직접 연료 분사 방식은 계량이 정확하고 경제적이면서도 분사량이 많아 출력이 좋아진다. 그러나 서로 다른 연료/공기 혼합 특성으로 인해 카본 입자가 형성된다. 그래서 입자 필터 없이 직접 연료 분사 방식만 사용하면 엔진이 엄격한 유로 6 배기가스 테스트를 통과하지 못할 수도 있다. 우라칸 양산형 모델은 최대 출력이 8250rpm에서 602 제동마력으로 측정되었다.

엔진은 변속기와 마찬가지로 운전석에서 람보르기니가 '아니마(ANIMA)'라고 부르는 시스템을 통해 조정된다. 아니마는 이탈리아어로 '영혼'이라는 뜻으로, 다소 억지스러운 면이 있지만 '조정 가능한 지능형 네트워크 관리'라는 뜻의 Adaptive Network Intelligent Management를 줄인 말이다. 스트라다, 스포트, 코르사의 세 가지 모드는 파워 커브와 변속 속도, 안정성 제

10기통 엔진과 변속기를 섀시 안쪽에 장착했고, 차체 뒷부분은 사고 시 파손을 대비하도록 만들었다.

어 세팅, 댐퍼 반응은 물론, 람보르기니 '다이내믹 스티어링Dynamic Steering'을 옵션으로 선택할 경우에는 핸들까지도 점진적으로 트랙에 더 집중된 느낌을 주었다.

아우디에서 차용한 다이내믹 스티어링 기술은 논란의 여지가 있었다. 항공우주 기술을 활용한 이 기술은 조향비*를 바꿔주고, 속도에 따라 동력 지원을 해준다. 전통적인 랙보다는 스티어링 축이 '조화로운 주행'을 도와주는데, 이런 주행 상태에서 전동식 타원형 내부 로터는 입력축에 부착된 선휠sunwheel의 모양을 바꾼다. 그 결과가 출력축에 부착된 또 다른 링 기어에 영향을 주고, 그 상대적 움직임으로 인해 실질적인 조향비가 바뀐다.

이 기술로, 주차할 때는 핸들을 덜 돌려도 조향이 가벼워지고, 탁 트인 도로에서는 무거워져 리니어-랙linear-rack 시스템의 자동차에 발생하는 주행 불안정감이 줄어든다. 가볍고 콤팩트하며 큰 출력이 필요하지 않은 점, 그리고 안정성 제어 장치가 차량 미끄러짐을 감지할 때 미묘한 '개입'을 하는 점도 특징이다. 이 다이내믹 스티어링 기술이 모든 사람의 취향에 들어맞는 것은 아니어서, 람보르기니는 이 기술의 개입이 '인지할 수 없을 만큼 미묘'하다고 주장했지만, 실제 많은 운전자들(필자도 포함)이 핸들을 돌릴 때 전해지는 묘한 간섭을 싫어한다.

연이어 출시되어 플랫폼 및 드라이브트레인을 우라칸과 공유하는 아우디 R8 모델도 그랬듯이, 우라칸 모델의 조정 가능한 자기유변 댐퍼는 고객에게 선택권을 주기 위한 옵션으로 제공되었다. 개발의 마지막 단계에 접어들면서 람보르기니 엔지니어들이 무엇보다 중요하게 생각한 부분은 우라칸과 아우디 R8 모델을 확연히 다르게 만드는 것이었다. 그들은 기왕이면 우라칸을 더 낮게 만들어 산타가타 볼로냐 공장 사람들의 자부심을 높여주길 바랐다. 반면 아우

조립 라인을 지나면서 점점 완성차에 가까워지는 우라칸 모델이 공중에 매달려 있다. 이 제작 방식은 차체 손상을 막는 데 도움을 준다.

디로서는 우라칸이 이탈리아 나르도 테스트 트랙에서 안정감을 잃지 않고 시속 약 322km로 달리는 것이 목표였다. 람보르기니의 수석 테스트 드라이버 조르지오 산나Giorgio Sanna는 초기 우라칸 시제품 때문에 흰머리가 늘어날 정도로 압박을 받았다. 훗날 람보르기니 연구개발 책임자 마우리치오 레지아니가 증언하듯이 아우디의 고위 간부들이 도착해 최종 승인을 내릴 무렵, 우라칸의 최종 시제품은 애초에 세운 고속 주행 목표를 모두 달성했다(맥라렌 12C 모델이나, 어쩌면 더 중요했을지도 모르는 아우디 R8과 TT 모델에 장착한 팝업 스타일의 리어 스포일러 없이도 말이다). 무엇보다 우라칸 최종 모델은 가야르도 모델에 비해 항력도 3퍼센트 줄어들었다.

이 시점에 이르러서는 오리지널 제안서에 들어 있는 특이한 세부 사항 가운데 일부를 마무리 짓기 위한 대대적인 풍동 작업이 필요했다. 람보르기니 수석 디자이너 필리포 페리니는 만족스러운 표정으로 말했다. "보디는 강하고 탄탄하며 표면은 깨끗하고 라인은 정확합니다. 디자인 제안은 완벽한 주행 성능과 다운포스를 발휘할 수 있도록 처음부터 철저한 테스트를 거쳤죠. 이 모델의 디자인이 궁극의 성능을 보여주면서도 실용성까지 갖추었다는 사실은 그야말로 흥미로운 일입니다."

그리고 이렇게 말을 이었다. "우리는 냉각 시스템과 공기역학적 효율성을 위해 필요한 모든 구멍을 세심하게 디자인해 최대한 티가 나지 않도록 했습니다. 측면 구멍 주변은 육각형 디자인인데, 우리가 좋아하는 디자인 특징이자 아벤타도르 모델에서부터 이어온 DNA입니다. 우리는 이런 기하학적인 라인 작업을 좋아하죠."

프론트 공기 흡입구가 보여주듯이 육각형은 우라칸 모델을 지배하는 디자인 요소이다. 페리니는 육각형 테마를 염두에 두고, 아래쪽 이너 레그가 전면부 맨 앞부분에서 만나기 전에 멈추도록 디자인했다. 앞 유리 아래 양쪽 모서리에서 시작하여 안쪽으로 이어진 후드 위의 두 주름 역시 전면부 맨 앞부분에서 만나기 전에 평평해진다. 전체적으로 Y자형 흰색 LED 등을 에워싼 각진 헤드램프는 마치 영화 〈프레데터Predator〉 속 괴생명체가 입을 벌려 이빨을 드러낸 듯한 분위기를 자아냈다. 육각형 테마는 측면 창의 디자인에도 나타난다. 측면 창 뒤쪽에 있는 공기 흡입구 모양이 육각형이었으며, 이는 아벤타도르 스타일의 리어라이트 사이에서 벌집형 패널로 마무리되었다. 20인치 휠은 휠 아치를 적절히 꽉 채워 언제든지 앞으로 튀어 나갈 듯한 공격적인 자세를 취하고 있다.

우라칸 모델은 2013년 11월에 '육각형 프로젝트Hexagon Project'라는 티저 웹사이트로 먼저 소개되었다. 이 웹사이트는 신차의 이미지를 보여주지 않았고, 모델명조차 언급하지 않았다. 웹사이트를 찾은 방문자들이 녹음된 새로운 10기통 엔진 소리를 듣고, 이후 차에 관한 소식을 듣기 위해 자신의 이메일 주소를 입력하면 끝이었다. 데이터를 수집하고 기대감을 끌어올리는 데 이보다 효과적인 방법은 없었지만, 마케팅 담당자들은 그야말로 죽을 맛이었다. 호기심에 가득 찬 십대들 틈에서 진정한 잠재 고객들을 골라내기 위해 일일이 이메일 주소를 살펴야 했기 때문이다.

다음 달, 람보르기니는 완성된 자동차의 스튜디오 사진을 미리 엄선한 미디어에 공개했다. 카브레라Cabrera라는 소문만 무성했던 실제 모델명도 확인할 수 있었다. 마침내 제네바 모터쇼에서 자동차를 공개하던 날, 행사를 주관한 최고경영자 슈테판 빙켈만은 이렇게 말했다. "새로운 장이 열렸습니다." 우라칸은 공식 출시를 앞두고 1000대 이상의 예약 판매를 받았다. 그

러나 자동차 외관에 대한 반응이 마냥 긍정적이지만은 않아서, 가끔 람보르기니 엔지니어링 컨설팅을 도왔던 맥라렌 F1 모델의 디자이너 피터 스티븐스Peter Stevens는 "혼란스러운 선들의 소동"이라고 비판하기도 했다.

　새로 나온 우라칸 모델을 사려고 지갑을 여는 사람들을 비롯해 자동차 마니아들은 차에 대한 자신만의 확고한 가치관을 갖고 있기에, 람보르기니는 그런 유의 비판을 무리 없이 받아넘길 수 있었다. 오히려 람보르기니 경영진은 폭스바겐 그룹의 동향에 신경을 썼다. 실제로 울리히 하켄버그는 미디어를 초청한 출시 행사 기간 동안 찰스 디킨스 소설에 나오는 유령처럼 조용히 모습을 드러내곤 했다. 아우디 연구개발 부서 책임자라는 위치를 이용해 기회가 있을 때마다 우라칸 내부 이곳저곳에 아우디의 DNA가 숨겨져 있음을 대중에 상기시키려는 의도였으리라. 물론 람보르기니가 전하고 싶었던 메시지는 아니었을 테지만 말이다.

　신차를 출시하는 행사에서는 주최 측으로부터 키를 넘겨받아 시운전을 하고자 하는 기자들이 넘쳐나기 마련이다. 우라칸도 예외는 아니어서, 아우디의 DNA를 비롯해 여러 이야기가 오가는 중에도 가장 궁금한 부분은 도로 주행 성능이었다. 과연 우라칸은 어떤 드라이빙 경험을 안겨주는가?

　포르투갈 아스카리 서킷에서 처음 우라칸을 몰아본 노련한 저널리스트 게오르그 카처 Georg Kacher는 자동차 잡지 《카》에 다음과 같이 썼다.

　이 람보르기니는 덩치 큰 다른 라이벌 개들 대부분보다 더 크게 짖을 수 있다. 하지만 가야르도에 비하면 성격은 훨씬 어른스럽고 덜 공격적이다. 새로운 람보르기니 듀얼-클러치 변속기는 가야르도 모델에 사용한 자동화된 거친 수동 변

Huracán LP610-4

우라칸 LP610-4

섀시	알루미늄/탄소섬유 스페이스-프레임
서스펜션	독립 더블 위시본 프론트/리어, 동축 코일 스프링, 자동 조정 방식의 텔레스코픽 쇼크 업소버, 안티-롤 바, 안티-스쿼트 바
브레이크	ABS와 ASR, ABD 장치가 딸린 통풍형 브렘보 디스크
휠베이스	2620mm
프론트/리어 트랙	1668mm/1620mm
휠/타이어	20×8.5인치, 피렐리 피제로 245/30(프론트); 20×11인치, 피렐리 피제로 305/30(리어)
엔진	90도 각도의 후방 세로 장착형 10기통 엔진
보어/스트로크	84.5mm/92.8mm
엔진 배기량	5204cc
엔진 압축비	12.7:1
최대 출력	8250rpm에서 602 제동마력
밸브 장치	듀얼 오버헤드 캠샤프트, 체인 구동, 실린더당 밸브 4개, 계속 변하는 밸브 개폐 타이밍
연료/점화 장치	직접 및 간접 연료 분사 방식의 보쉬 MED 엔진 관리
윤활 시스템	드라이 섬프
기어박스	7단 LDF 듀얼-클러치
변속기	전기 유압 멀티-플레이트 클러치 방식의 사륜구동
건조 중량	1422kg
최고 속도	시속 약 325km

우라칸 LP610-4 모델을 토대 삼아 제작한 우라칸 퍼포만테 모델은 일명 '포지드 컴포지트' 기술을 적용한 리어 윙을 부착하는 등 공기역학 측면에서 적극적인 조치를 취했다. 또한 새로운 버전의 10기통 엔진을 장착해 출력 역시 29 제동마력이나 향상됐다.

속기보다 더 빠르고 더 강력하고, 동시에 아주 유연하고 일관되며 느긋하다. 손끝으로 속도를 제어할 수 있다는 점도 여전히 편한 변속 방식이다. 엔진 회전 속도가 허용되는 한, 패들 시프트를 당긴 상태에서 변속기를 통해 한 번에 여러 기어를 낮출 수 있다.

코르사 모드를 택할 경우, 조향 속도가 드라마틱하게 빨라지고, 도미노 효과에 의해 업시프트*가 일어나며, 토크 벡터링* 덕분에 뒷바퀴가 더 많은 힘을 받는다. 효율적인 쇼크 업소버를 통해 브레이크를 세게 밟을 때나 최대 관성력으로 코너링할 때도 차체가 거의 안정된 상태를 유지한다. 처음에는 안정성 제어 장치가 정확히, 그리고 조금 과하다 싶을 만큼 역할을 하지만, 트랙을 20회 정도 돌아 타이어가 녹고 2단 및 3단 기어 벤드에서 차 뒷부분이 좌우로 흔들리기 시작하면 갑자기 제어 시스템이 적절한 개입을 하는 게 느껴진다. 그 시점에 카본-세라믹 브레이크가 뜨겁게 달아오르면서 더없이 효율적인 감속에 들어가고, 차체가 한두 차례 불안정하게 흔들리지만 브레이크 페달을 늦게 밟아 극단적인 감속이 일어나더라도 별다른 문제는 없어 보인다.

결론적으로, 우라칸 모델은 보다 예리하고 빠른 자동차이면서도 보다 고분고분하고 다루기 쉽다. 아벤타도르 모델보다 훨씬. 마치 아벤타도르와 우라칸을 하나로 합친 듯하다.

우라칸 모델은 람보르기니가 제작한 가장 다재다능한 슈퍼카답게 예상을 훨씬 뛰어넘는 판매를 기록했다. 가야르도 모델이 10년 걸린 판매 기록을 단 5년 만에 달성한 것이다. 생산 라인에서 1만 4022번째로 빠져나온 우라칸 에보Evo 쿠페형은 무광 회색(카탈로그에 Grigio Titans으로 표시)으로 마감됐고, 2019년에 한국 고객에게 팔렸다.

람보르기니는 우라칸 시리즈의 폭을 넓히기 위해 오리지널 우라칸 LP610-4 모델의 스파이더 버전을 내놓았다. 또한 보다 가격이 저렴한 이륜구동 LP580-2 모델을 오픈카 버전과 쿠페 버전으로도 내놓았다. 너 나 할 것 없이 트랙 중심의 특별판을 내놓던 당시의 추세에 따라 2017년 제네바 모터쇼에서는 우라칸 LP640-4 퍼포만테 모델을 선보였고, 1년 후에는 다시 우라칸 스파이더 변종을 내놓았다. 프로 카레이서가 아마추어 레이서와 짝을 이뤄 달리는 람보르기니 슈퍼 트로페오 레이스 시리즈 덕분에 람보르기니는 2015년 우라칸 620-2 슈퍼 트로페오 모델을 내놓으며 가야르도에서 우라칸으로 자연스레 무게 중심을 옮겨갈 수 있었다. 우라칸 620-2 슈퍼 트로페오 모델은 불필요한 요소를 적절히 덜어낸 레이스카로, 10기통 엔진을 개선해 최대 출력이 612 제동마력까지 올라갔다.

람보르기니 수석 디자이너 미티야 보커트는 시리즈 주기 중간쯤 접어든 우라칸 모델의 외부 디자인을 가볍게 개선했으나, 정작 개선된 우라칸 에보 모델의 진면목은 외부 디자인이 아니라 내부 요소에서 드러났다. 우선 엔진! 우라칸 LP640-4 퍼포만테 모델에 장착했던 10기통 엔진은 최대 출력이 631 제동마력으로, 티타늄 흡입 밸브와 경량 소재의 배기 장치가 특히 주목받았다. 우라칸 에보 모델에는 아벤타도르 모델에서 워낙 큰 변혁임이 입증된 사륜 조향 시스템과 함께 새로운 통합 엔진 제어 시스템인 람보르기니 디나미카 베이콜로 인테그라타 Lamborghini Dinamica Veicolo Integrata(줄여서 LDVI라고 한다) 시스템도 채택됐다. 이렇게 새로운 환경 아래 견인력 제어 장치와 자기 서스펜션은 물론 많은 비판을 받아온 다이렉트 스티어링 장치까지 크게 개선했다.

비록 형평성에는 맞지 않지만, 조향, 브레이크 느낌, 세련됨, 그리고 일상생활에서의 편의성 측면에서 우라칸 에보 모델을 맥라렌의 고급 모델 720S와 비교한《오토카》의 사이먼 데이비스Simon Davis는 우라칸 에보의 독특한 매력을 이렇게 역설했다. "맥라렌 모델에는 람보르기니 모델에 있는 개성이 없다. 적절히 사랑스러운 야생성, 목숨과도 바꿀 수 있을 만큼 멋진 엔진을 장착한 우라칸 에보는 진정한 슈퍼카이다. 맥라렌 720S는 함께 살고 싶은 슈퍼카이자 트랙에서 더 나은 성능을 보여주는 슈퍼카인지는 몰라도, 당신이 잠자리에 누워 꿈꾸게 될 슈퍼카는 역시 우라칸 에보일 것이다."

Huracán Evo

우라칸 에보

섀시	알루미늄/탄소섬유 스페이스-프레임
서스펜션	독립 더블 위시본 프론트/리어, 동축 코일 스프링, 자동 조정 방식의 텔레스코픽 쇼크 업소버, 안티-롤 바, 안티-스쿼트 바
브레이크	카본-세라믹 브레이크(앞쪽은 6-피스톤 캘리퍼, 뒤쪽은 4-피스톤 캘리퍼)
휠베이스	2620mm
프론트/리어 트랙	1668mm/1620mm
휠/타이어	20×8.5인치, 피렐리 피제로 245/30 ZR20 (프론트); 20×11인치, 피렐리 피제로 305/30 ZR20(리어)
엔진	90도 각도의 후방 세로 장착형 10기통 엔진
보어/스트로크	84.5mm/92.8mm
엔진 배기량	5204cc
엔진 압축비	12.7:1
최대 출력	8000rpm에서 640 제동마력
밸브 장치	듀얼 오버헤드 캠샤프트, 체인 구동, 실린더당 밸브 4개, 계속 변하는 밸브 개폐 타이밍
연료/점화 장치	직접 및 간접 연료 분사 방식의 보쉬 MED 엔진 관리
윤활 시스템	드라이 섬프
기어박스	7단 LDF 듀얼-클러치
변속기	할덱스 IV 사륜구동
건조 중량	1422kg
최고 속도	시속 약 325km

이러한 예찬이 무색하게 람보르기니는 곧이어 우라칸 스파이더 버전을 내놓았다. 표준 모델보다 약 33kg 가벼운 이륜구동 자동차로, 엔진 최대 출력을 602 제동마력으로 하향 조정한 차였다. 물론 출력이 낮다는 점에서, 그리고 사륜구동 방식이 아닌 데다 정지 마찰력 및 서스펜션을 제어하는 슈퍼컴퓨터가 없는 슈퍼카는 진짜가 아니라고 생각하는 사람들도 있지만, 우라칸 에보 RWD 모델은 놀랄 만큼 매혹적인 슈퍼카이다. 자동차 잡지 《이보》의 안토니 잉그램Antony Ingram은 이렇게 썼다. "우라칸 에보 RWD는 성능이나 운전자가 느끼는 매력 측면에서 놓칠 게 거의 없는 모델이므로 고민할 필요가 없다. 무엇보다 슈퍼카 시장에서 카탈로그에 적힌 가격은 선택에 그리 중요한 요소가 아니지 않던가."

슈퍼카의 또 다른 분야를 배려하는 차원에서, 2021년 람보르기니는 레이싱에 최적화한 더없이 대담한 버전, 우라칸 STO(Super Trofeo Omologato) 모델을 내놓았다. 가까스로 도로 주행용으로 허가받은 슈퍼 트로페오 레이스카 버전답게 잠망경 스타일의 엔진 공기 흡입구와 르망 24시간 레이스카 스타일의 샤크 핀, 그리고 드라마틱한 리어 디퓨저 등 겉모습부터 레이스카 같았다. 샤크 핀은 고속으로 코너링할 때 한쪽으로 기울어지는 현상을 바로잡고, 리어 윙으로 향하는 공기 흐름을 개선한다고 알려져 있지만, 람보르기니 디자인 센터 센트로 스틸레의 손을 거친 샤크 핀은 레이스카 스타일의 이 슈퍼카에서 장식으로 부착된 것이나 다름없었다. 전체 보디 패널의 75퍼센트는 탄소섬유이다. 《톱 기어》의 톰 포드는 이렇게 비유했다. "트랙데이*의 우라칸 STO 모델은 뮤지컬 극장에서 연기하는 배우와도 같다. 조금 과장을 보태, 기분 좋고 시끌벅적하면서도 재미있다."

만약 이 모델이 자연흡기식 10기통 엔진을 장착한 마지막 모델이라면, 그의 말처럼 아주 화려한 마지막이자 사람들로 하여금 새로운 모델을 갈망하게 만드는 시작점일 것이다.

람보르기니의 수석 디자이너 미티야 보커트는 우라칸 모델의 스타일을 바꿔 우라칸 에보 모델을 만들었다. 그러나 대부분의 변화는 보이지 않는 내부에서 일어났다. 우라칸 퍼포만테 모델에 사용한 631 제동마력의 업데이트된 10기통 엔진에 통합된 새로운 전자 제어 장치가 연결됐고, 사륜 조향 장치를 추가했다. 람보르기니는 마니아들을 위해 후륜구동 버전까지 선보였다.

우라칸 스테라토

2019년에 공개된 우라칸 스테라토Sterrato('흙길'을 뜻한다) 모델은 지금껏 누구도 묻지 않은 다음과 같은 질문에 대한 답으로 여겨졌다. "우라칸의 오프로드 자동차 버전은 어떤 모습일까?"

콘셉트카인 우라칸 스테라토는 넓어진 트랙과 상하 폭이 넓은 타이어, 43mm가 더해진 지상고, 보다 후륜 중심의 사륜구동 방식이 눈길을 끈 모델이다. 랜드로버 Land Rover 장르의 라이벌이라기보다는 레이스용 포르쉐 911 모델의 현대적인 해석으로 보는 게 적절하다.

본래 이 모델은 폭스바겐 이사회의 눈을 피해 람보르기니의 수석 디자이너 미티야 보커트와 엔지니어 루벤 모어Rouven Mohr가 합작한 게릴라 프로젝트였다. 그러나 실제로 테스트한 결과, 터무니없이 매력적인 자동차임이 드러났다. 우라칸 모델을 시운전했던 저널리스트 게오르그 카처는 자동차 잡지 《카》에 이렇게 적었다. "나를 차에서 끌어내리려고 그들은 온갖 애를 써야 했다."

카처의 글이 실린 《카》가 시중에 발행될 무렵, 우라칸 스테라토 시제품 모델이 북유럽에서 혹한기 테스트를 치르는 사진이 공개됐다. 그리고 2023년부터 양산에 들어갔다.

12장

괴물들

1970년대 들어 중동을 비롯한 세계 각지에서 긴장이 고조되자, 전통적인 지프류 차량을 대신할 새로운 세대의 공격용 군수 차량에 잠재 수요가 생겨났다. 더 빠르고 민첩함은 물론, 회피 능력도 뛰어나고 최신 화포에도 강한 차량 말이다. 농기계에 뿌리를 둔 슈퍼카 제조사 람보르기니야말로 그런 차량을 개발할 역량이 충분한 기업이었다.

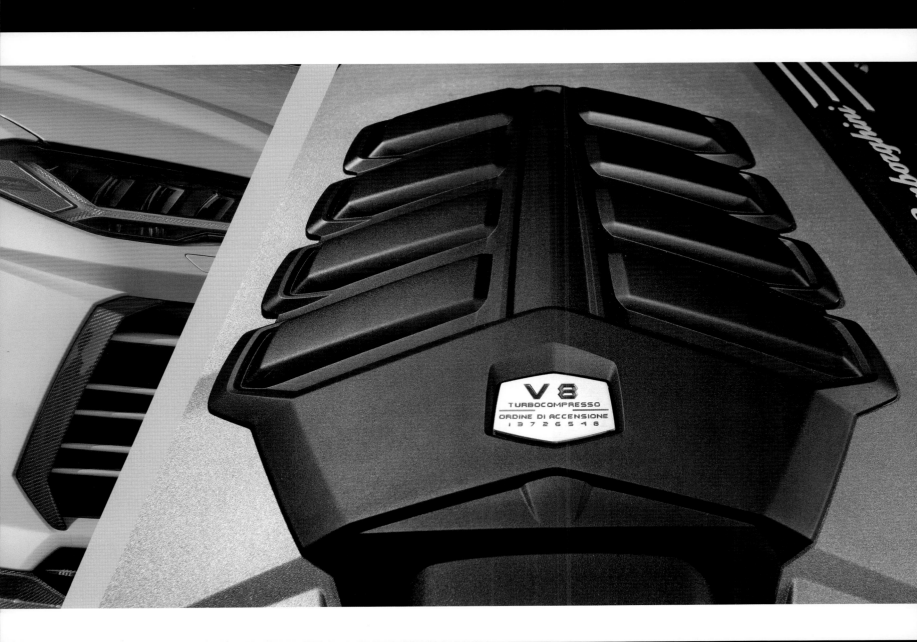

'람보 람보' 출시

람보르기니는 1977년에 치타 시제품(위 사진 왼쪽)을 공개했으나, 최종 제품인 LM002 모델(위 사진 오른쪽)의 판매에 나서기까지는 거의 10년이 걸렸다. 군 관련 고객들은 이 군수 차량에 냉담했지만, 유명 인사와 범죄자 등은 아주 좋아했다.

10년이라는 세월 동안 주인이 두 번 바뀌고 기업 파산까지 겪으면서, 람보르기니는 처음 뛰어들었던 군수 차량 분야에서 완성품을 내놓기까지 오랜 공백기를 보냈다. 그러나 우여곡절 끝에 내놓은 제품은 시장에서 큰 호응을 얻지 못했고, 오히려 전혀 다른 지지층 사이에서 인기를 끌었다.

1977년, 람보르기니는 제네바 모터쇼에서 미군 도급업체인 모빌리티 테크놀로지 인터내셔널Mobility Technology International과 공동 제작한 오프로드 차량, 치타를 공개했다. 배기량 5.9리터에 방수가 되는 후방 장착형 크라이슬러 8기통 엔진을 채택한 차량은 애당초 성공 가능성이 없었다. 가뜩이나 후방에 편향된 중량 배분이 군사 목적에 적합한지에 대해 회의적인 시각이 가득한 상황에서 사업 파트너가 라이벌 제조업체로부터 지적재산권 침해 문제로 소송 위협까지 받자 람보르기니는 파산 상태에 이른다.

소유권이 밈란 형제에게 넘어간 시기에, 람보르기니는 1981년 제네바 모터쇼에서 디자인을 개선한 새로운 버전의 오프로드 차량 LM001 제작 아이디어를 발표했다. 그러나 여전히 후방 장착형 엔진을 채택한 모델은 잠재 고객들의 마음을 사지 못했다. 세 번째 콘셉트카 시도에서는 많은 단점을 바로잡아야 했다.

그렇게 해서 1982년에 다시 공개한 LMA002('A'는 anteriore, '앞쪽'이라는 뜻이다. 이제는 엔진이 앞쪽에 위치했음을 나타낸다. 'LM'은 Lamborghini Militaria나 Lamborghini Mimran의 줄임말로 추정되나, 이를 확인할 문서는 존재하지 않는다) 모델은 분명 양산차의 예시였다. 미국이 제공한 크라이슬러 8기통 엔진 대신 배기량 4.8리터짜리 람보르기니 12기통 엔진(쿤타치 LP500S 모델에 사용했다)의 새로운 버전을 장착했고, 엔진이 앞쪽에 위치하면서 완전히 새로운 스페이스-프레임 섀시 디자인이 적용되며 오리지널 버전의 탑승 가능 인원 4명이 10명으로 늘어났다. 차체는 여전히 각진 형태였고, 옵션으로 장갑판을 두를 수도 있었다. 그러나 미군은 끝내 이 모델을 채택하지 않았다. 이탈리아 스포츠카에서 가져온 엔진을 쓸 경우 정비에 문제점이 많다는 점을 우려한 것이다.

그러던 중 세계 경제가 되살아나 이상 과열 현상이 벌어지면서, LM 콘셉트카는 뜻밖에 빛을 보게 된다. 1986년 람보르기니는 브뤼셀 모터쇼에서 이전 모델을 크게 개선한 시제품을 LM002라는 모델명으로 공개했다. 스타일은 달라졌지만, 여전히 각진 차체의 모델에는 쿤타치 콰트로발볼레 모델에서 가져온 배기량 5.2리터짜리 최신 12기통 엔진을 장착했다. 오지에 사는 잠재 고객을 배려하는 차원에서 엔진 압축비를 줄여 옥탄가를 낮춘 연료로도 달릴 수 있었고, 여전히 거친 편이었지만 훨씬 안락해진 실내에는 고급스러운 장식도 추가했다.

LM002 모델에는 '람보 람보Rambo Lambo'라는 애칭이 붙었다. 앞의 람보Rambo는 실베스터 스탤론Sylvester Stallone이 열연한 영화 〈람보Rambo〉의 주인공 이름에서 따온 것이다(뒤의 람보Lambo는 람보르기니의 애칭). 이 모델은 각종 모임에서 자신의 도착을 광고하고 싶어 하는 사람들에게 더없이 좋은 차량이었다. 첫 양산차는 모로코의 왕에게 판매됐다. 실베스터 스탤론 자신도 한 대 구입했고, 여러 귀족과 록 스타들은 물론 콜롬비아 마약왕 파블로 에스코바르Pablo Escobar 같은 범죄자들도 구입했다. 특히 파블로 에스코바르는 개인 동물원까지 갖춘 자신의 유명한 아시엔다 나폴레스 사유지를 순찰할 때 이 차를 사용했다.

LM002 모델은 300대 넘게 제작되며 당대에 큰 성공을 거둔 람보르기니 모델 가운데 하나가 되었고, 오늘날 유행하는 스포츠 유틸리티 차량(SUV)의 선두 주자로 발돋움했다. 그리고 훗날, 이 모델의 정신을 이은 후속작이 람보르기니에 변화를 몰고 오게 된다.

LM002

섀시	강철 스페이스-프레임
서스펜션	독립 더블 위시본 프론트/리어, 동축 코일 스프링, 텔레스코픽 쇼크 업소버
브레이크	통풍형 디스크(프론트); 드럼(리어)
휠베이스	3000mm
프론트/리어 트랙	1615mm/1615mm
휠/타이어	17×11인치, 피렐리 스콜피온 325/17
엔진	60도 각도의 전방 장착형 12기통 엔진
보어/스트로크	85.5mm/75mm
엔진 배기량	5167cc
엔진 압축비	9.5:1
최대 출력	6800rpm에서 450 제동마력
밸브 장치	듀얼 오버헤드 캠샤프트, 체인 구동, 실린더 당 밸브 4개
연료/점화 장치	웨버 카뷰레터 6개, 트윈 펌프, 전자 점화
윤활 시스템	웨트 섬프
기어박스	ZF 5단
변속기	차동 장치가 딸린 사륜구동
클러치	드라이 싱글-플레이트, 유압식
건조 중량	2700kg
최고 속도	시속 약 209km

포르쉐 추종자들이 SUV 모델인 카이엔Cayenne과 마칸Macan의 존재를 포르쉐라는 브랜드의 이미지를 희석시킨다고 느끼며 혼란스러워하듯, 람보르기니의 오랜 추종자들 역시 SUV 모델인 우루스의 존재에 대해 복잡한 심경을 토로한다. 소유권이 폭스바겐 그룹으로 넘어간 이래, 람보르기니는 재정 상태가 안정되고 모델군이 늘어났으며 엔지니어링 및 제작 품질 또한 꾸준히 개선되어왔다. 그럼에도 지난 10년 동안의 초기에는 판매고가 그리 눈에 띄게 늘지 않아 연간 2000대 정도를 맴돌았다. 고만고만한 수치를 늘리기 위해 2012년 베이징 모터쇼에서(중국 시장의 잠재력을 감안해 내린 중대한 결정이었다) 콘셉트카 형태의 우루스 모델을 공개한다. 2017년 12월에 출시한 모델이 2021년 7월 기준 1만 5000대가 제작되었을 정도로 우루스는 기대 이상의 좋은 성과를 거둔다.

출시 당시 람보르기니는 우루스가 세계 최초의 슈퍼 SUV라고 선포했다. 기이할 정도로 웅장했던 LM002 모델의 스타일을 포기하고 실용주의를 택한 전략이 대성공의 열쇠였다. 2012년 콘셉트카를 디자인하면서 수석 디자이너 필리포 페리니는 아벤타도르 모델의 드라마틱하게 접힌 모서리 부분과 음울한 스타일을 잘 살려냈다. 그의 뒤를 이어 수석 디자이너에 오른 미티야 보커트의 최종 승인을 받은 양산차는 외부 디자인의 세세한 부분만 달랐다.

람보르기니는 우루스 개발 과정에서 성능이 입증된 폭스바겐의 부품을 적재적소에 사용해 비용을 아꼈고, 시장에서 잠재 구매자들의 불안감도 해소했다. 우루스 모델에 사용한 MLB-Evo 플랫폼은 포르쉐 카이엔, 아우디 Q8, 벤틀리 벤테이가Bentayga SUV 모델에도 쓰이고 있다. 콘셉트카에는 가야르도 모델의 10기통 엔진을 장착했다는 소문이 무성했지만, 당시 람보르기니는 일절 언급하지 않았다. 최종 모델에는 8단 자동 기어박스로 구동되는 아우디의 배기량 4리터짜리 트윈-터보 8기통 엔진(최대 출력은 640 제동마력)을 장착했다.

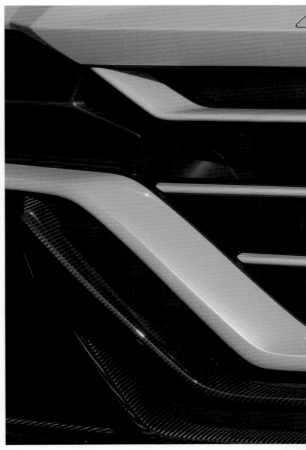

그 결과 우루스 모델은 일부 팬들이 바라는 것보다는 람보르기니의 DNA가 덜 담겨 있으면서도 사람들이 21세기의 람보르기니에게 기대할 만한 특징을 담은 자동차로 완성되었다. 위풍당당한 스타일 덕분에 다른 경쟁 모델들은 상대적으로 단조로워 보일 정도였다. 이전보다 개선한 실린더 헤드와 캠, 그리고 새로운 터보차저로 무장한 8기통 엔진 덕분에 우루스는 최고의 퍼포먼스를 자랑하는 아우디의 Q8 모델마저 가볍게 제칠 수 있었다(두 모델 모두 전자적인 측면에서의 한계 때문에 최고 속도는 시속 약 250km에 그쳤지만).

우루스의 도로 주행 성능을 높이기 위해 람보르기니의 연구개발 부서 책임자 마우리치오 레지아니는 폭스바겐 그룹이 비축한 무기를 샅샅이 뒤졌다. 그 결과, 능동형 안티-롤 바와 리어-휠 스티어링, 토르센Torsen 센터 디퍼렌셜, 그리고 리어 디퍼렌셜에 쓰인 토크 벡터링 덕으로 우루스 모델은 차체 높이와 무게에도 불구하고 640 제동마력의 출력을 냈다. 에어 서스펜션은 서로 다른 댐핑 설정, 파워트레인 및 스티어링으로부터의 다양한 반응과 혼합되어 세 가지 지상고 중 하나를 택할 수 있었다. 그리고 아스팔트 도로는 물론 눈, 자갈, 모래 등이 깔린 다양한 지표면을 달릴 때 쓸 수 있는 모드가 따로 있는데, 이 모두를 중앙부 콘솔에서 제어 가능했다.

우루스 소유주들이 과연 이런 기능을 다 쓰겠느냐 하는 의문이 따르긴 했지만, 그런 의문을 표하는 우루스 소유주들이 점점 많아지고 있다는 사실이 람보르기니로서는 아주 고무적인 일이다.

Urus

우루스

섀시	폭스바겐 MLB Evo 플랫폼을 토대로 통합된 강철/알루미늄
서스펜션	전기기계식 액티브 롤 스태빌라이저가 딸린 독립 에어 서스펜션
브레이크	통풍형 카본-세라믹 디스크
휠베이스	3003mm
프론트/리어 트랙	1695mm/1710mm
휠/타이어	21×9.5인치, 피렐리 피제로 285/21(프론트); 21×10.5인치, 피렐리 피제로 315/21(리어)
엔진	전방 세로 장착형 트윈-터보 8기통 엔진
보어/스트로크	86mm/86mm
엔진 배기량	3996cc
엔진 압축비	9.7:1
최대 출력	6000rpm에서 640 제동마력
밸브 장치	듀얼 오버헤드 캠샤프트, 벨트 구동, 실린더 당 밸브 4개
연료/점화 장치	직접 연료 분사, 전자 점화
윤활 시스템	웨트 섬프
기어박스	ZF 8단 자동
변속기	차동 장치가 딸린 사륜구동에 다이내믹 토크 배분 기능
클러치	드라이 싱글-플레이트, 유압식
건조 중량	2200kg
최고 속도	시속 약 285km

13장

미래의
과거를 향해

MARZIALI LEONARDO '21

리 메 이 크 의 재

다른 슈퍼카 제조사도 마찬가지겠지만, 람보르기니가 직면한 중대한 도전은 화석연료로부터의 해방이다.

1970년대의 오일 쇼크 여파가 람보르기니 격동의 세월 곳곳에 배어 있음에도 불구하고, 브랜드 정체성이 강력한 대용량 다기통 엔진을 장착한 거대한 근육질 자동차에 기반한다는 사실에는 변함이 없다. 그렇다면 '성난 황소'는 새로운 산업 환경에서 어떻게 생존, 번성해야 할까? 치솟는 연료 가격에, 그마저도 점점 구하기 힘들어지고, 많은 연료를 태우는 일이 사회적으로 용인되지 않는 지금의 환경에서 말이다. 무엇보다 고성능 자동차 제조사가 경량화를 통해 이룰 수 있는 효율성 증진에는 한계가 따르지 않던가.

해 석 , 리 부 트

람보르기니는 2014년 파리 모터쇼에서 하이브리드 자동차로 보이는 콘셉트카 아스테리온 Asterion을 공개했다. 람보르기니의 최고경영자 슈테판 빙켈만은 이 콘셉트카야말로 람보르기니의 기술력을 제대로 보여주는 모델이라고 말했다. 하지만 그보다 중요한 건 아스테리온이 극강의 트랙 퍼포먼스를 위한 자동차가 아니라 일상에서의 편안하고 럭셔리한 운전을 위한 자동차라고 말한 데 있을지도 모르겠다. 실제로 빙켈만은 아스테리온에 대한 사람들의 이런저런 기대에 부응하기 위해, 새로 출시된 맥라렌 P1 및 포르쉐 919 하이브리드 슈퍼카와 차별화하는 데 많은 시간을 할애했다.

아벤타도르 모델의 모노코크를 토대로 제작한 콘셉트카 아스테리온의 합성 소재 투-도어 쿠페 보디 셸은 10기통 엔진을 제공해준 우라칸 모델보다는 우라코 모델 및 그 변종들과 공통점이 많았다. 아스테리온은 이론상으로 898 제동마력의 최대 출력을 내는 3개의 브러시 없는 전기 모터를 장착했다. 차를 험하게 몰지 않는 운전자들의 경우 적절한 상황에서 리터당 약 28km 정도를 달릴 수 있으며, 이산화탄소 배출량은 킬로미터당 약 98g으로 아벤타도르 모델의 370g에 비하면 양호했다.

그러나 1년 후 람보르기니는 하이브리드 콘셉트카 아스테리온을 양산차로 개발하는 계획을 취소했다. 대신 모든 자원을 우루스 모델에 쏟아붓기로 했다. 빙켈만은 아스테리온 모델에 대한 고객들의 시큰둥한 반응을 이유로 들었다. "고객들이 그러더군요. 하이브리드 기술을 비롯한 혁신은 환영하지만, 그건 성능이 나아지는 상황에서만 그렇다고요." 그는 덧붙였다. "람보르기니 슈퍼 스포츠카는 아마 1년에 4828km 정도는 달릴 겁니다. 매일 달리는 건

아니지만요. 그래서 전기 모터를 추가한다 해도, 그걸 정당화할 정도의 성능 향상이 같이 이루어져야 한다는 겁니다."

하이브리드 파워트레인의 특정 요소를 패키지화하는 건 늘 문제였다. 리튬-이온 배터리 팩을 터널 안에 집어넣어야 하는데, 아벤타도르 모델의 경우 터널 안에는 대개 프롭샤프트*가 들어가게 되어 있었기 때문이다. 람보르기니가 콘셉트카 아스테리온의 무게를 확인해준 적은 없지만, 하이브리드 시스템의 경우 전체 패키지 무게가 약 250kg 늘어난다는 이야기가 나돌았다.

빙켈만의 언급은 람보르기니의 브랜드 이미지는 전적으로 고성능에 의존한다는 기업 철학을 보여주는 듯했다. 따라서 람보르기니가 그런 철학을 포기한다거나 우라코 모델 때처럼 다시 고급 시장에서 내려가 절제된 그란 투리스모 시장으로 돌아갈 일은 없을 것 같다. 우라코 같은 모델의 판매 실적이 저조했다는 사실을 감안하면 람보르기니 경영진이 그 시장으로 돌아가지 않겠다고 말하는 것도 놀랄 일은 아니다. 제2의 에스파다 모델도 다시는 나오지 않을 테고. 2008년 파리 모터쇼에서 람보르기니는 전방 장착형 가야르도 10기통 엔진을 장착한 4도어 세단 에스토크Estoque(투우사들이 투우의 숨통을 끊기 위해 사용하는 짧은 검에서 따온 이름이다)를 공개한 적도 있다. 비록 양산 계획이 타당성 조사 단계를 통과하지는 못했지만.

아벤타도르를 토대로 제작한 아스테리온은 우라코의 현대적인 해석이라 할 수 있었다. 그러나 람보르기니는 2014년에 이 콘셉트카를 공개한 뒤 양산차 제작을 포기하고 초고성능 자동차 제작에 집중하기로 했다.

람보르기니의 4도어 세단이라고? 2008년 파리 모터쇼에서 공개한 콘셉트카 에스토크에는 가야르도 모델에서 가져온 전방 장착형 10기통 엔진을 장착했다.

울트라 슈퍼 부자들에게 슈퍼카는 기름이 엄청 드는 장난감이고, 람보르기니는 여전히 그런 부자들을 위해 자동차를 만들고 있다. 그럼에도 '전기화' 문제의 불씨는 여전히 살아 있다. 지난 10여 년간 여러 고성능 자동차 제조사들은 이사회 차원에서 초조감을 드러냈다. 신생 전기 자동차 테슬라Tesla가 고객들에게 첨단 기술은 물론 도덕성까지(전기 자동차는 친환경적이라고) 과시할 수 있는 기회를 제공해 뚜렷한 차별화에 성공하면서 회사의 매출을 잠식해 들어왔기 때문이다. 그리하여 세간의 이목을 끄는 일련의 전기 자동차(EV) 하이퍼카들이 나왔지만, 대부분 눈요깃거리 수준의 고성능 콘셉트카들이었다.

람보르기니는 전기 자동차 분야에 갖은 노력을 기울인 데다가 실제로 양산용 전기 자동차를 내놓을 거라는 뜻을 여러 차례 내비쳤다. 그런 점에서는 타사에 비해 경쟁 우위에 있었다. 람보르기니의 EV 콘셉트카 테르조 밀레니오Terzo Millennio(3000년이라는 뜻)는 명문 매사추세츠공과대학(MIT)과 공동으로 개발하여 2017년 학교에서 공개되었다. 미티야 보커트가 처음 내놓은 디자인은 흠잡을 데 없이 뛰어났다. 믿기지 않을 만큼 낮고 넓은 차체에 뒤로 갈수록 좁아지는 서스펜션 킬과 돌출부 같은 현대적인 하이퍼카의 특징, 여기에 레이스카 스타일의 공기역학적 특징이 적절히 섞인 모습이었다.

"자동차에는 '와우!' 하는 감탄사가 터져 나올 만한 요소가 있어야 합니다. 그렇지 않으면 실패죠." 미티야 보커트의 말이다.

EV 콘셉트카 테르조 밀레니오의 스펙 중 상당 부분은 아주 이론적이었다. 원래 의도한 성능 기준에 따르면, 최고 속도가 시속 약 299km이었으며, 독일의 유명 레이싱 서킷인 뉘르부르크링 노르트슐라이페를 적어도 세 바퀴는 전속력으로 달릴 수 있었다. 이런 목표를 달성하기 위해 람보르기니가 취한 조치는 아주 흥미롭다. 탑승자들로 하여금 거대하고 무거운 리튬-이온 배터리 셀 위에 앉게 하는 대신 초전도체를 통해 전기 모터 4개에 동력을 전달하려 한 것이다. 초전도체는 만들기 어려운 데다 비용도 많이 들지만 전통적인 배터리보다 에너지 밀도

가 높고 무게가 가벼우며 충전 속도 또한 빠르다. MIT 공대와 지속적인 협력 관계를 맺은 건 구리 양극과 정극을 합쳐 탄소섬유 구조물을 만드는 기술을 개발하고, 궁극적으로는 항공우주 스타일의 폴리머, 즉 중합체를 개발해 자기회복 능력이 있는 차체를 제작하기 위해서였다.

테르조 밀레니오에서 구현하려 한 기술의 상당 부분은 여전히 지평선 너머에 있다. 그러나 표준 배터리들이 지닌 패키징 및 무게, 전원 방전의 한계들을 확실히 해결해줄 기술로 '슈퍼커패시터supercapacitor*' 기술이 제시되었다. 람보르기니는 2019년 프랑크푸르트 모터쇼에서 람보르기니 역사상 가장 강력한 로드카인 시안Sián FKP 37 모델을 공개했는데, 아벤타도르 SVJ 모델의 파워트레인을 장착하고 변속기 내에 슈퍼커패시터 구동 방식의 모터를 추가한 하이브리드 차량이었다. 이 모델은 정지 상태에서 시속 약 100km에 도달하는 데 2.8초밖에 걸리지 않았고, 최고 속도는 시속 약 354km였다.

람보르기니는 EV 콘셉트카 테르조 밀레니오 모델 제작 과정에서 첨단 소재 개발을 위해 MIT 공대와 협력했으며, 이 차에 재래식 배터리 대신 고방전 슈퍼커패시터 구동 방식의 전기 드라이브 트레인을 장착했다.

　모델명 시안 FKP 37에서 '시안'은 번개를 뜻하는 이탈리아 볼로냐 지방의 방언에서 따온 것으로, 이 차의 각종 부품은 람보르기니의 역사를 증언한다. FKP는 선견지명 있는 엔지니어이자 람보르기니 인수 당시 폭스바겐 그룹의 회장이기도 했던 페르디난트 칼 피에히Ferdinand Karl Piech(1937년에 태어나 이때는 이미 고인이었다)의 줄임말이었다. 이 모델은 63대를 제작했는데, 람보르기니가 생겨난 해인 1963년에 맞춘 숫자였다. 한정판으로 제작한 후반기의 람보르기니 슈퍼카와 마찬가지로, 공개되기 전에 이미 전량이 자동차 수집가들과 일반 고객들에게 팔렸다. '애드 퍼스넘'이라는 람보르기니의 고객 맞춤 제작 프로그램에 따라 철저히 주문 제작되어 지방세까지 포함하면 가격이 330만 달러에 달했음에도 불구하고 말이다. 아마 이 모델을 레고 테크닉Lego Technic 시리즈로 주문한다 해도, 당신이 원하는 대로 모형을 제작한다면 이조차 말도 못하게 비싸질 것이다.

　그런데 다소 실망스럽게도, EV 콘셉트카 테르조 밀레니오에서 영감을 받아 표면을 탄소 섬유로 에워싼 시안 FKP 37 모델은 하이브리드 시스템 부분을 제외하곤 내부가 아벤타도르 SVJ 모델과 똑같았다. 심지어 실내 장식도 비슷하다. 시안은 전기 모터에서 발생한 전력이 네 바퀴 전부에 공급됐고, 특히 상단 기어 전환 시 간극을 줄이는 방식으로 공급되어서 운전자가 레이스 트랙 지향적인 '코르사' 드라이빙 모드를 선택해 수동 기어 변속을 할 때 진정 괴물 같은 성능을 발휘했다.

　"그때, 바로 그때 엄청나게 비싼 이 모델이 비로소 제대로 값어치를 하는 것 같다고 느껴진다." 한때 영국 스포츠카 제조업체 TVR 소속 카레이서였던 스티브 서트클리프가 영국 자동차 잡지 《오토 익스프레스Auto Express》에 쓴 글이다. "시안은 아벤타도르보다 제작비를 훨씬 많이 들이지도 않았는데, 람보르기니에 큰 수익을 안겨주고 있다는 점에서 조금 특이한 이력을 가진 자동차이다. 그렇다고 해서 순전히 마케팅 덕만은 아닌 듯하다. 시안 모델은 실제 운전을 해봐도 기막히게 좋은 자동차로, 앞으로도 여러 해 동안 거대하며 거칠고 개성 있는 12기통 엔진을 장착한 람보르기니 모델을 움직일 첨단 기술이 담긴 자동차이기도 하다."

람보르기니는 이후 오픈카 버전(타르가 스타일의 루프조차 없어 늘 오픈된 상태이다)의 시안 모델을 공개했다. 오리지널 모델과 동일한 파워트레인을 장착했고, 지붕 없는 자동차치고는 놀랍게도 공기역학적 퍼포먼스가 지붕 있는 자동차에 비해 전혀 떨어지지 않았다. 리어-덱에는 전복 사고 시 탑승자 보호 장치인 롤 케이지를 설치했고, 지붕이 뚫려서 생겨나는 항력을 완화시킬 '액티브 냉각 날개'도 설치했다. 냉각 날개는 엔진 및 배기가스 온도가 일정 수준에 도달할 때 열리게 되어 있다. 19대만 제작한 오픈카 버전의 시안 모델 역시 공개되기도 전에 매진을 기록했다.

람보르기니가 아벤타도르 모델을 토대로 막대한 수익을 올리는 한정판 모델을 만든 건 시안이 처음은 아니었고, 아벤타도르가 다른 모델로 대체되기 전에 마지막으로 나온 모델 또한 시안이 아니다. 람보르기니는 2016년 제네바 모터쇼에서 페루치오 람보르기니 탄생 100주년을 기리기 위해 센테나리오Centenario 모델을 발표했다. 탄소섬유 소재로 제작한 특별 한정판으로 쿠페형 20대와 로드스터형 20대가 제작되었다. 모노코크와 공격적일 정도로 날카로운 차체는 모두 경량의 합성 소재로 제작되어, 훗날 아벤타도르 SVJ 모델에도 쓰이게 될 리어-휠 스티어링 시스템을 추가하면서 늘어난 무게를 상쇄할 수 있었다. 센테나리오에 쓰인

'번개'를 뜻하는 볼로냐 지방의 방언에서 이름을 따온 시안 모델은 람보르기니 역사상 가장 강력한 로드카이다. 아벤타도르 SVJ 모델의 파워트레인을 장착하고, 변속기 내에 슈퍼커패시터 구동 방식의 모터를 추가하여 람보르기니 주장에 따르면 최고 속도가 시속 약 354km에 이르렀다.

다음 페이지 시안의 오픈카 모델은 운전석이 오픈되면서 생겨나는 항력을 완화하는 '액티브 냉각 날개'를 설치했다. 람보르기니에 따르면 지붕 달린 모델과 동일한 공기역학적 퍼포먼스를 발휘할 수 있다고 한다.

쿠페형 20대, 로드스터형 20대로 한정 제작한 2016년형 센테나리오 모델은 페루치오 람보르기니 탄생 100주년을 기리는 모델이다. 겉면은 첨단 합성 소재로 둘러싸여 있지만, 부품은 대개 아벤타도르 SV 모델에서 왔다.

사륜구동 파워트레인은 아벤타도르 SV 모델에서 가져온 것이지만, 따로 손을 봐 최대 출력이 759 제동마력까지 올라갔다.

람보르기니를 수익성 있는 부문으로 바꾼다는 관점에서 람보르기니의 역사를 전환하려면 경영 전문가들이 말하는 이른바 '피봇*'이 필요했다. 2006년, 람보르기니는 미우라 콘셉트 모델을 내놓았는데, 월터 드 실바가 람보르기니의 수석 디자이너가 된 뒤 내놓은 첫 작품이었다. 무르시엘라고 모델을 토대로 제작한 미우라 콘셉트 모델은 미우라 공개 40주년을 기념하기 위한 것으로, 오리지널 미우라의 디자인을 현대적인 감각에 맞추어 재해석하고자 했던 드 실바의 열망을 담은 모델이기도 했다.

람보르기니의 최고경영자 슈테판 빙켈만은 람보르기니는 늘 미래 지향적인 기업이 되어야 하며, 이도 저도 아닌 애매한 장밋빛 향수에 기댄 제품을 제작해서는 안 된다는 생각이 확고했다. 그는 이런 말을 했다. "미우라는 람보르기니 역사에 길이 남을 기념비적 작품입니다. 그렇다고 복고풍 디자인을 내놓는 게 우리 목표는 아닙니다. 따라서 비록 한정판이라 해도 우린 미우라 콘셉트 모델을 복고풍으로 만들진 않을 겁니다."

하지만 2021년 쿤타치 모델 탄생 50주년을 맞아서는, 그의 원칙 내지 철학이 슬그머니 후퇴했다. 람보르기니의 폴로 스토리코Polo Storico 부서(람보르기니 클래식카를 복원, 보존하고 연구하는 부서)가 2만 5000 시간을 들여 오리지널 LP500 시제품을 멋지게 재현함으로써 잠시나마 람보르기니 팬들에게 즐거움을 선사해준 것이다. 미티야 보커트의 디자인 팀은 오리지널 시제품의 사진과 섀시 001(람보르기니 박물관에 있다)의 3D 스캔 사진을 이용해 정확

한 뼈대를 만들었고, 오리지널 청사진을 참고삼아 각 부품을 수작업으로 제작한 뒤 결합했다. 또한 오리지널 LP500 시제품을 세세한 면까지 재현하기 위해 타이어 제조업체 피렐리의 도움을 받아 신투라토 CN12 타이어를 원형 그대로 다시 제작했다.

오리지널 LP500 시제품과 다른 부분이 있다면? 이 자동차는 2017년 람보르기니에 해당 프로젝트를 제안한 익명의 고액 자산가가 개인 소장하기로 내정되어 있었다는 사실이다.

람보르기니는 아벤타도르의 섀시를 토대로 삼되 파워트레인은 시안 모델에서 가져온 새로운 한정판 모델에 쿤타치라는 이름을 쓰려 한다는 점을 사전에 확인해준 바 있다. 그렇게 해서 800 제동마력의 하이브리드 사륜구동 파워트레인을 장착해 나온 쿤타치 LPI 800-4 모델은 2021년 8월 캘리포니아주 몬터레이에서 열린 몬터레이 카 위크Monterey Car Week 기간 중에 공개되었다. 그 무렵에는 이미 112대 전량이 매진된 상태였다. 이런 한정판 모델의 경우, 관례에 따라 사전에 최우수 고객들에게 전화를 돌리는데, 제작 대수가 역사적 상징성을 띄었기 때문에(쿤타치의 프로젝트명이었던 LP112를 뜻한다) 고객을 엄선해야 했다. 쿤타치 LPI 800-4 모델은 기본형이 250만 달러, 풀 옵션을 선택할 경우 300만 달러로, 그야말로 극도로 부유한 자동차 수집가들만 구입할 수 있는 슈퍼카였다. 당시 《로드 & 트랙》은 이 모델에 대한 업계 관계자들의 생각을 간결하면서도 함축성 있게 요약해 "울트라 슈퍼 부자들을 겨냥한 냉소적인 돈벌이용 모델"이라고 표현했다.

당시 분개했던 업계 관계자 중에는 오리지널 쿤타치 모델을 디자인한 마르첼로 간디니도 있다. 그는 그해 6월에 람보르기니의 최고경영자 슈테판 빙켈만과 면담했는데, 그 자리가 쿤

쿤타치 LPI 800-4 모델(위, 오른쪽 위)은 오리지널 쿤타치 모델 디자이너인 마르첼로 간디니를 분개하게 만들었지만, 전량이 바로 매진됐다.

오른쪽 람보르기니의 스쿼드라 코르세 레이싱 부서는 현재 고액 자산가들을 상대로 주문 제작 자동차를 제공하고 있는데, SC20 모델(오른쪽 아래)은 이 방식으로 제공한 두 번째 모델이다. 아벤타도르 SVJ 모델의 섀시와 드라이브트레인을 토대로 제작했으며, 미티야 보커트가 고객 요청에 따라 디자인했다. 요청은 간단했다. "그저 멋지게 만들어주세요."

타치 모델 탄생 50주년 기념행사의 일환으로 오리지널 쿤타치 모델 제작을 논의하는 자리라고 믿었다. 그런데 자신의 면담 장면이 LPI 800-4 모델의 제작 발표 비디오에 담겨 나오자 뒤통수를 맞았다고 생각한 간디니는 자신이 LPI 800-4 모델 제작 계획과 무관하다는 성명을 발표하는 이례적인 조치를 취했다.

"저는 독특한 콘셉트로 람보르기니 슈퍼카들을 디자인하면서 디자이너로서의 정체성을 쌓아왔습니다. 제가 디자인할 새로운 모델은 하나같이 혁신적인 모델, 규칙을 파괴하는 모델, 그리고 이전 모델과는 완전히 다른 모델이 될 겁니다. 용기, 과거의 성공에 매달리지 않고 규칙을 파괴하는 능력, 습관에 굴복하지 않겠다는 신념, 이런 것들이 바로 제 디자인 철학의 핵심이었습니다. 물론 그간 시장 자체와 마케팅에 많은 변화가 있었던 건 사실이나, 제 경우 과거의 모델을 재탕한다는 건 제 DNA에 들어 있는 기본 원칙을 부정하는 거나 다름없다고 생각합니다."

우라칸과 아벤타도르를 후속 모델로 대체한 람보르기니 센트로 스틸레 디자인 센터는 적어도 시각적으로는 람보르기니라는 슈퍼카 브랜드의 미래 지향적인 이미지를 강화할 플랫폼을 갖추게 되었다. 그러나 엔지니어링 관점에서 보자면, 더 보수적인 성향을 띨 것이다. 소형화, 터보차징 방식 도입, 그리고 완전한 전기화는 람보르기니가 기존 고객층을 잃지 않고서는 건널 수 없다고 느끼는 루비콘강이나 다름없다. 게다가 전 세계적인 배출 가스 규제 강화는 람보르기니가 해결해야 할 또 다른 도전 과제이다. 2025년부터 람보르기니의 모든 모델군이 하이브리드화되는데, 슈퍼커패시터보다는 재래식 배터리를 쓸 가능성이 높아 필요한 정도의 이산화탄소 배출 감소는 기대하기 힘들 것이다. 2020년대 말까지는 어렵겠지만, 그 이후에는 완전히 전기화된 람보르기니 슈퍼카가 나올 지도 모르겠다.

강력한 12기통 엔진을 장착하지 않은 람보르기니 슈퍼카. 당신은 상상할 수 있는가? 그 슈퍼카를 만드는 사람들 역시 상상하기 어려울 듯하다.

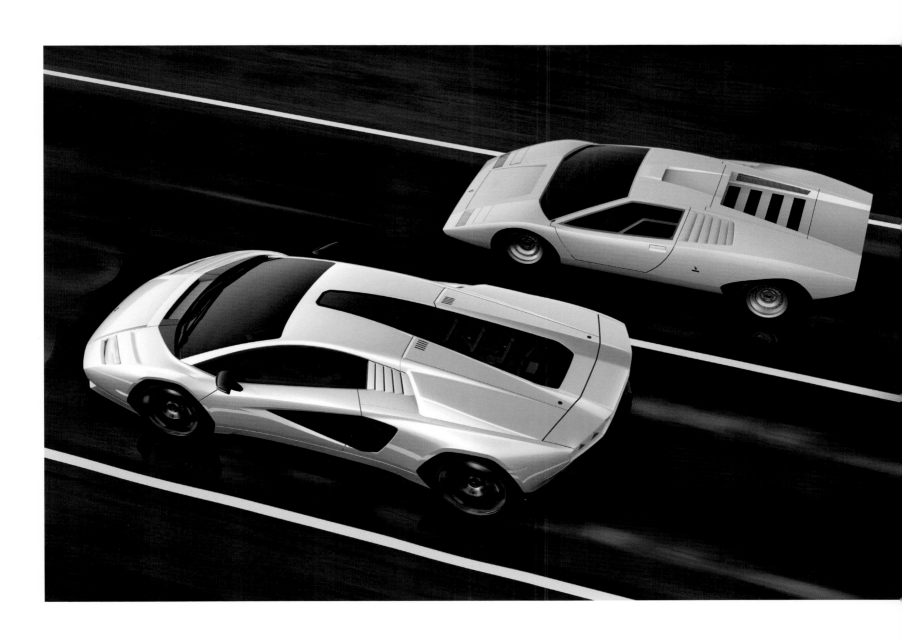

감사의 글

람보르기니의 가장 진귀한 자동차를 끝없이 쫓아다닌 제임스 만에게 감사 인사를 전한다. LAT 기록보관소를 이용할 수 있게 해주고, 카레이서 짐 클라크 기념 머그잔을 남겨준 케빈 우드와 모토북스(Motorbooks)의 잭 밀러에게도, 그리고 마지막으로 늘 사랑과 지지를 보내주는 아내 줄리에게도 고마움을 전한다.
스튜어트 코들링

제프 암스트롱, 피터 블레이크, 존 브리튼, 린 불과 리처드 불, 이안 카트리지, 제러미 콥, 존 롤러, 개리스 미트야드, 개리스 리처드슨, 스티븐 워드 등 람보르기니 소유주들과 슈퍼카 대리점 슈퍼베투라(Supervettura)의 토미 웨어햄에게 감사드린다. 람보르기니의 파젤 아다비와 케빈 피셔, 마리아-크리스티나 구이자르디, 줄리엣 자비스, 마르티나 타첼라에게도, 람보르기니 박물관의 파비오 람보르기니, 토니노 람보르기니, 프란체스카 포기올리에게도, 그 밖에 귀한 이미지를 제공해준 발렌티노 발보니, 마틴 버클리, 가일스 채프먼, 이안 도슨에게도, 마지막으로 JHW 클래식스(JHW Classics)의 마크 보가르드, 사이먼 휴스턴-플린, 케빈 리스, 두걸 맥도날드, 제인 와이츠만에게도 고마움을 전한다.
제임스 만

주요 용어

본문의 내용 이해를 돕기 위해 옮긴이가 작성한 것이다.

4점식 안전벨트four-point harness
레이스카에 쓰는 안정성 높은 안전벨트.

51구역 효과
Area 51은 미국 네바다주에 있는 미 공군 비밀 기지로, 극비리에
작전을 수행한다. 51구역 효과란 곧 비밀스러움을 극대화하는 효과를
말한다.

ABS
Anti-lock Braking System의 약자로 브레이크 잠김 방지 시스템.

F22 랩터F22 Raptor
세계 최고의 전투기로 평가받는 스텔스 전투기.

GT
Gran Turismo 또는 Grand Tourer의 줄임말. 레이스카 제조 기술을
적용한, 장거리 운전을 목적으로 설계된 고성능 자동차.

Prova MO
테스트 드라이빙 차량에 부착하는 번호판. MO는 모데나 지역을 의미한다.

Thoroughbred & Classic Cars
잡지의 이름을 원어 그대로 실었다. Thoroughbred는 순종(純種)이라는
뜻으로 동물, 특히 고급 경주마를 의미하지만, 최고급 자동차를
지칭할 때도 쓰인다.

건조 중량dry weight
냉각수, 연료, 각종 오일류를 제외한 무게.

걸윙 도어gullwing door
갈매기 날개처럼 위로 젖히며 열리는 도어.

그랜드 투어링카grand touring car
장거리 주행을 편하게 할 수 있는 자동차.

극관성모멘트polar moment of inertia
외력에 의해 부재(部材) 내부에 발생하는 구조적 성질의 하나.

기어비gear ratio
서로 맞물리는 두 기어에서 큰 기어의 톱니 수를 작은 기어의 톱니 수로
나눈 값.

노킹knocking
실린더 내에서의 이상연소로 망치 두드리는 듯한 소리가 나는 현상.

녹아웃knock-out
한 번 지면 바로 탈락하는 방식.

다운포스downforce
공기역학적으로 차의 보디를 노면 쪽으로 내리누르는 힘.

댐퍼damper
진동 에너지를 흡수하는 장치.

덕트duct
공기가 흐르게 만든 공기 통로.

드라이브트레인drivetrain
구동 바퀴에 동력을 전달하는 부품들. 엔진과 모터는 제외.

디퍼렌셜differential
차량의 각 바퀴에 토크를 분산시키는 장치.

레벤톤Reventón
2007년 프랑크푸르트 모터쇼에서 첫선을 보인 람보르기니의
한정판 양산 스포츠카.

레이거노믹스Reaganomics
미국 대통령 로널드 레이건이 1981년부터 1989년까지 수행한
시장 중심적 경제 정책.

로드 레이스road race
트랙이 아닌 도로에서 치러지는 레이스.

로드스터roadster
지붕이 없는 2인승 자동차.

로즈 조인트rose joint
공 모양의 스페리컬 조인트로, 영국의 Rose사가 가장 먼저 스페리컬
조인트를 제조·판매한 것에서 비롯된 용어.

론치 컨트롤launch control
정지 상태에서 최대 가속으로 출발하는 것.

롤 바roll bar/**롤 케이지**roll cage
전복 사고 시 탑승자를 보호하기 위해 차 안에 설치하는 강철 파이프나
케이지.

롤 후프roll hoop
자동차 전복 시 운전자의 머리가 압박되는 것을 방지하는 장치.

롤링 섀시rolling chassis
완전히 조립된 섀시.

루버louver
폭이 좁은 판을 비스듬히 일정 간격을 두고 수평으로 배열한 것.

루시타니아호Lusitania
1915년 독일군 U 보트의 어뢰에 맞아 침몰한 영국 원양 여객선.

루크 동커볼케 Luc Donkerwolke
2025년 현재, 현대자동차그룹의 글로벌디자인본부장 겸
최고크리에이티브책임자를 맡고 있다.

맨아워man-hour
한 사람이 한 시간에 생산하는 노동 혹은 생산성의 단위.

모노코크monocoque
보디와 프레임이 하나로 이루어진 차량 구조.

모델 연도model year
자동차가 설계된 연도.

미드-엔진mid-engine
자동차 중앙에 위치한 엔진.

버킷 시트bucket seat
자동차의 1인용 좌석.

보디 셸body shell
도어, 후드, 트렁크 뚜껑 등을 제외한 자동차 바깥쪽 부분의 총칭.

비스커스 커플링viscous coupling
하우징 내에 2종류의 형상이 다른 아우터 플레이트 및 이너 플레이트를
상호 배치하여, 점도 높은 실리콘 오일을 봉입한 조인트.

비틀림 강성torsional rigidity
기둥 모양의 탄성체가 외력에 대해 비틀리기 어려운 정도.

사이드월sidewall
타이어의 접지면과 테두리 사이의 부분.

설룬saloon
도어 4개에 뒤에 트렁크가 있는 승용차.
세단형 승용차라고도 한다.

성난 황소raging bull
람보르기니의 엠블럼을 가리킨다.

쇼카show car
모터쇼에서 시선을 끌기 위해 제작한 자동차.

수페르레게라Superleggera
'초경량'이라는 뜻의 이탈리아어.

슈퍼커패시터supercapacitor
커패시터, 즉 콘덴서의 성능 중 전기 용량의 성능을 강화한 것으로,
배터리의 용도로 사용된다.

스트라다Strada
'길, 도로'라는 뜻의 이탈리아어로, 스트라다 모드는 도로 주행 모드를
뜻한다.

스트럿 서스펜션strut suspension
조향장치의 일부와 코일스프링, 쇼크 업소버를 한데 모아 이루어진
서스펜션.

스티어링 컬럼steering column
핸들과 조향 장치를 연결하는 축.

스페이스-프레임space-frame
입체 뼈대라고도 한다.

시프팅 로드shifting rod
기어를 변속할 때 기어박스 내의 기어를 조작하는 역할을 하는
부품.

아우토스트라다autostrada
이탈리아의 고속도로.

안티-다이브anti-dive
브레이크를 밟을 때 차 앞부분이 내려가는 것.

안티-스쿼트anti-squat
급가속 시 차 뒷부분이 내려가고 앞부분이 올라가는 것.

어라이브-앤드-드라이브arrive-and-drive
사람들이 레이스 트랙에 와서 직접 차를 몰아보는 것.

언더스티어understeer
코너를 돌 때 회전 반경이 핸들을 돌린 각도보다 커지는 것.

업시프트upshift
좀 더 고속 기어로 변속 레버를 세팅하는 것.

에볼루지오네Evoluzione
'진화'라는 뜻의 이탈리아어.

에어 스쿠프air scoop
공기 흡입구.

에트나산Mount Etna
이탈리아 시칠리아섬 해안에 있는 활화산.

여기서 만든 게 아니다 증후군not-invented-here syndrome
직접 개발하지 않은 기술이나 연구 성과는 인정하지 않으려는
배타적인 조직 문화로 간단히 NIH 증후군이라고도 한다.

오버스티어oversteer
코너를 돌 때 회전 반경이 핸들을 돌린 각도보다 작아지는 것.

오버스티어링oversteering
코너를 돌 때 회전 반경이 핸들을 돌린 각도보다 작아지는 현상.

오토클레이브autoclave
고온고압 상태에서 화학 처리를 하는 용기.

오프로드off-road
도로가 아닌 야지나 험지를 달리는.

원-메이크 레이스one-make race
동일 차종만 참가하는 레이스.

원-오프one-off
고객이 주문한 대로 제작되어 같은 차가 오직 한 대뿐인.

웨트-라인드 블록wet-lined block
실린더가 실린더 라이너에 삽입되어 있으며 실린더 라이너가 냉각수에
접촉하는 방식의 엔진 블록.

인스트루먼트 패널instrument panel
대시보드에서 각종 기계 장치가 달린 부분.

일 코멘다토레 Il Commendatore
'사령관'이란 뜻으로 페라리 창업자 엔초 페라리의 별명.

자라마Jarama
스페인 라만차 지역에서 태어난 투우 종에서 따온 이름.

전고
타이어 접지면부터 자동차의 가장 높은 부분까지의 길이.

제로백zero 100
정지 상태에서 시속 100킬로미터에 이르는 시간.

조향비steering ratio
핸들 돌리는 각도와 바퀴가 도는 각도의 비율.

지상고ground clearance
노면에서 차체 바닥까지의 높이.

친 스포일러chin spoiler
자동차 전면 하부에 붙인 턱 모양의 스포일러.

카운터스티어링countersteering
뒷바퀴가 오른쪽으로 미끄러지면 핸들을 오른쪽으로,
뒷바퀴가 왼쪽으로 미끄러지면 핸들을 왼쪽으로 꺾는 것.

캠샤프트camshaft
밸브를 개폐하는 캠에 붙어 있는 축. 배전기나 연료 펌프를 구동하는
기어나 캠이 붙어 있다.

캡 포워드cab forward
운전석을 아주 앞으로 내보내는 것.

코닉세그Koenigsegg
스웨덴의 슈퍼카 제조사.

코르사Corsa
'달리기, 레이싱'이라는 뜻의 이탈리아어.

코팡고cofango
이탈리아어 cofano(보닛)와 parafango(흙받이)의 합성어.

크로스 멤버cross member
　뼈처럼 생긴 부품으로 강도와 강성을 높여준다.

타이밍 체인timing chain
　밸브 작동 시기를 조절하는 기어 전동용 체인.

태코미터tachometer
　엔진 회전수를 표시하는 계기. '엔진 회전계'라고도 한다.

터브tub
　차량의 차체 구조.

테스트 뮬test mule
　정식 출시 전에 시운전을 목적으로 만들어진 시험용 자동차.
　development mule이라고도 한다.

토크 벡터링torque vectoring
　자동차 바퀴의 토크 분배를 최적화해 운동 성능을 향상시키는 것.

트랙 데이track day
　일반 운전자가 레이스 트랙을 자유롭게 달릴 수 있는 날.

트랙track
　뒷바퀴들 사이의 좌우 거리.

파가니Pagani
　이탈리아의 슈퍼카 제조사.

파워트레인powertrain
　클러치, 토크, 컨버터, 트랜스미션, 디퍼렌셜 등의 동력 전달계.

패독 클럽 Paddock Club
　포뮬러 원 레이스를 볼 수 있는 VIP 라운지 서비스.

퍼스펙스Perspex
　유리 대신 쓰는 강력한 투명 아크릴 수지.

페이스리프트facelift
　자동차 모델의 앞뒤 부분을 거의 신차에 가깝게 바꾸는 것.
　근본적으로 자동차 모델을 완전히 바꾸는 '풀 체인지'와 전체적인 틀은
　바꾸지 않고 겉모양만 바꾸는 연식 변경 모델의 중간 정도에 해당한다.

포뮬러 원 Formula One
　국제자동차연맹이 주관하는 세계 최고의 자동차 레이스, F1이라고도 한다.

풍동wind tunnel
　인공적으로 바람을 일으켜 공기의 흐름이 물체에 미치는 영향을
　조사하는 장치.

프로암pro-am
　프로들과 경기하는 특권을 얻기 위해 아마추어들이 모금한
　자선 금액으로 개최되는 골프 대회.

프롭샤프트propshaft
　구동 샤프트라고도 하며, 엔진에서 발생한 동력을 차량의 바퀴나
　다른 구동 부품으로 전달하는 역할을 하는 부품.

플렉시글라스plexiglass
　비행기 유리창에 사용되는 유리처럼 투명한 합성수지.

피더 시리즈feeder series
　상위 대회에 참가하기 위한 드라이버를 육성하는 하위 레이스 대회.

피봇pivot
　'중심축'이라는 뜻으로 기존의 비전을 그대로 유지하면서
　전략을 수정하는 것.

피스톤 크라운piston crown
　피스톤 상단 또는 연소실을 향하고 있는 면.

하드톱hardtop
　플라스틱 또는 금속판으로 만든 자동차 덮개를 뜻하며,
　임의로 뗐다 붙였다 할 수 있다.

하이퍼카hypercar
　성능이나 가격이 슈퍼카를 뛰어넘는 초고성능 자동차.

헤드업 디스플레이head-up display
　운행 정보가 전면 유리에 나타나는 전방 표시 장치.

휠 스핀wheel spin
　타이어가 지나친 구동력으로 접지력의 한계를 넘어 공회전하는
것.

휠 아치wheel arch
　바퀴 위의 아치형 부분.

휠베이스wheelbase
　자동차의 앞바퀴 중심과 뒷바퀴 중심 사이의 거리로,
　축간거리라고도 한다. 숏-휠베이스는 축간거리가 짧아 차량 길이도
　상대적으로 짧아진다.

람보르기니 60년

초판 1쇄 발행 2025년 5월 12일

지은이 스튜어트 코들링
사진 제임스 만
옮긴이 엄성수

책임편집 이현은 **편집** 이호정 **디자인** 피크픽
제작·마케팅 이태훈 **경영지원** 김도하 **인쇄·제본** 재원프린팅

펴낸곳 주식회사 잇담
펴낸이 임정원
주소 서울특별시 강남구 언주로 201, 1108호
대표전화 070-4411-9995
이메일 itdambooks@itdam.co.kr
인스타그램 @itdambooks

ISBN 979-11-94773-02-3 13030